영유아생활지도

GUIDANCE OF YOUNG CHILDREN

영유아생활지도

GUIDANCE OF YOUNG CHILDREN

강문희 지음

(주)교문사

머리말

'내가 알아야 할 모든 것은 유치원에서 배웠다' 많은 독자들의 공감을 얻었던 이 제목의 책은 다시 보아도 수긍이 간다. 아이가 태어나서 세상을 살아가는 데 갖추어야 하고 배워야 할 덕목과 지식의 항목들은 셀 수 없을 정도로 많아 아마도 일생 동안 계속되어야 할 과업이라고 생각된다. 특히 자기가 속한 사회에서 '사람답게' 더불어 살아가며 마음과 몸을 건강하게 유지, 발전시키는 지혜를 하나씩 깨닫고 자신의 것으로 만들어가는 가장 중요한 시기는 영아기와 유아기의 어린 시절임은 두말할 필요도 없을 것이다.

근자에 이르러 전통적인 의미의 가족제도가 붕괴되고 소위 핵가족이라고 하는 부모-자녀의 직계가족으로 이루어진 가족체계가 대세로 자리를 잡으면서 부모, 특히 어머니의 손에 의해 영유아기에 필요한 다양한 교육과 훈련이 이루어지는 상황이 되었다. 그러나 어머니가 직업을 가진 맞벌이 가정이 폭발적으로 증가하면서 영유아의 생활지도를 누가 더 책임 있게 담당해야 할 것인가의 문제는 한 가족만의 과제가 아닌 사회와 국가의 과제로 부상하게 되었고, 이는 비단 우리나라만의 문제가 아니라 세계적인 추세라고 해도 과언이 아니다. 우리나라에서는 만 3세 이상의 유아를 위한 생활지도의 필요성을 인식하고 유아교육기관을 중심으로 하는 생활지도의 목표와 내용을 담은 교육지침이 1990년대에 교육부에서 구체적으로 제시되었으며, 늦은 감은 있으나 2000년대에는 어린이집에서 보육을 받는 영아와 유아를 위한 생활지도의 내용과 영역을 담은 〈영유아 보육지침〉을 여성가족부 등 관련 부서에서 펴낸 것은 다행한 일이라고 하겠다.

이 책은 교육 및 보육기관에서 영유아를 위해 반드시 포함해야 된다고 생각하는 생활지도의 여러 영역 중에서 실제적으로 다루게 되는 생활지도의 다양한 과제와 문제점 그리고 그 지도방법들을 제시함으로써 현재 교육현장에 임하고 있는 교사들과 앞으로 교육과 보육의 현장에서 일하고자 대학에서 전문적인 교육을 받고 있는 학생들, 그리고 영유아의 생활지도에 관심이 있는 일반인과 관련 전문가들을 위하여 준비되었다. 그러나 생활지도의 새로운 패러다임을 과감히 도입하기보다는 2000년에 출간된 필자의 『유아생활지도』를 전반적으로 보완하고 새로운 정보를 제시하고자 하였다. 특히 독자들이 생활지도를 단순히 영유아의 생활 또는 교육 영역에 따르는 행동지도라는 단편적인 개념보다는 영유아생활지도에 대한 보다 통합적이고 종합적인 학문적 이해를 바탕으로 영유아를 지도할 수 있도록 하고자 노력하였다.

이 책의 제1부에서는 생활지도의 학문적 개념을 기초로 심리검사나 관찰 또는 사례연구 등의 방법으로 아동의 행동을 이해할 수 있는 기틀을 마련하고, 제2부에서는 생활지도의 영역별 지도의 내용과 방법을 보다 구체적으로 제시하였다. 제3부에서는 일상생활이나 유치원, 어린이집 등 교실 내·외의 생활 속에서 적응상의 어려움을 경험하거나 교사의 특별한 지도와 전문가의 도움을 필요로 하는 문제 행동들을 보이는 영유아를 위한 지도방안으로 그림, 음악, 놀이, 행동수정 등의 다양한 방법을 활용하여 행동을 지도할 수 있는 방안을 제시해 보았다. 제4부에서는 교실에서 일반 영유아를 교육하는 방법으로는 충분하지 않은 특수 문제를 가지고 있는 영유아를 교사들이 발견하고 도움을 줄 수 있는 방안을 제시하였다.

언제나 책을 마무리 지으면서는 흡족한 마음보다는 문제점과 허점이 눈에 띄는 경험을 한다. 이 책도 마찬가지이다. 특히 영아니 유아니 아동이니 하는 용어의 사용에서부터 독자들이 혼돈스럽게 느껴질까 걱정이 앞선다. 필자의 의도는 영아, 유아 그리고 경우에 따라서는 초등학교 저학년까지를 포괄적으로 지칭할 때 아동이라는 용어를 사용하고자 하였으며 그 외에는 영아 또는 유아, 영유아라는 용어를 선별적으로 사용하였기 때문에 실제로 본문의 내용을 이해하는 데에는 문제가 없으리라고 믿는다. 독자들의 혜안을 통한 이해를 바란다.

이 책이 나오기까지 많은 분들의 도움이 있었다. 특히 비교적 까다로운 편집과 수정의 과정, 그리고 거듭된 교정과 편집 요구를 너그러이 수용하고 흔쾌히 작업을 진행해 주신 (주)교문사의 편집부 직원들께 감사의 말씀을 드리며, 출판계의 어려운 현황에도 출판을 맡아주신 류제동 사장님께도 감사를 드린다.

2012년 1월

저자 씀

차 례

Part

영유아생활지도의 영역과 내용

Part

영유아생활지도의 방법

Part 1

영유아생활지도의 기초

01
Chapter

생활지도의 기초 개념

이 장에서는 생활지도의 기초개념으로서 생활지도의 정의를 먼저 살펴보고, 생활지도가 왜 필요하며, 그 목표는 무엇인지 그리고 이러한 목표를 달성하기 위해서 펼쳐 나가야 할 생활지도의 일반적인 원리를 알아보기로 한다. 아울러 생활지도에 대한 간단한 역사적 고찰을 하기로 한다.

일상생활 속에서 아동은 새로운 경험을 통하여 많은 것을 배우면서 성장한다. 그러나 매일의 생활에서 부딪치는 다양한 종류의 많은 문제들을 아동이 혼자서 독립적으로 해결하고 적응해 나가기를 기대하기는 어렵다. 영유아기의 발달과정에서 아동이 자신의 문제를 스스로 이해하고 해결할 수 있는 능력을 갖추기 위해서는 상당한 기간 동안 부모나 교사 등 주위 사람들의 도움이 필요하다.

1 | 생활지도의 개념과 정의

'생활지도란 무엇인가?' 라는 질문에 대한 대답은 결코 간단하지 않다. 생활지도는 영어 'guide'의 명사형인 'guidance'에서 유래하는데 이는 '지도하다', '안내하다', '조언하다', '이끌다' 등의 의미를 가지고 있다. 즉, 생활지도란 아동을 바람직한 방향으로 이끌어주고 안내하며 지도하는 것을 의미한다고 할 수 있다. 그러나 학문적인 차원에서 보다 구체적인 생활지도에 대한 정의는 학자마다 조금씩 다르므로 한마디로 정의하기란 쉽지 않다. 몇몇 학자들의 생활지도에 대한 정의를 살펴보면 다음과 같다.

먼저 오래전에 생활지도에 대한 학문적 접근을 제시한 트랙슬러(Traxler, 1966)는 "생활지도란 학생 각자로 하여금 자신이 가지고 있는 능력, 흥미, 인격적 제 특성을 이해하게 하여 이를 최대한으로 발전시켜 나가며, 또한 자신의 생활목표와 결부시켜 궁극적으로는 민주사회의 바람직한 시민으로서 원만하고도 성숙한 자기 지도를 이루게 하는 과정이다."라고 정의내림으로써 생활지도에서 생활지도의 대상이 되는 아동과 청소년의 자기 이해와 자기 지도를 강조하고 있다. 그란즈와 헤이스(Glanz & Hays, 1968)는 생활지도는 다수에 관심을 두고 진행되는 교육과는 달리 집단보다는 개인에 우선적으로 중점을 두면서 개인이 긍정적으로 사고하고 당면한 문제를 해결하며 미래를 준비하는 과정을 중시한다고 하였다. 그러나 교육과 생활지도는 상호보완적이며 상호의존적이라는 점을 강조하였다.

1970년대에 와서 쉐르쳐와 스톤(Shertzer & Stone, 1974)은 생활지도를 "개인이 자기 자신과 자신의 세계를 이해할 수 있도록 도와주는 과정이다."라고 정의하였으며, 힐(Hill, 1974)은 생활지도를 아동·학생들의 성숙과 발달을 돕고 특히 교육적이고 직업적인 선택과 계획을 돕는 과정이라고 함으로써 직업선택에서의 지도 기능을 강조하였다. 아버클(Arbuckle, 1975)은 생활지도를 아동·학생들이 자기 자신을 이해하도록 도움을 주는 조직적인 절차와 과정이라고 정의하였다.

우리나라 학자들의 생활지도에 대한 정의를 살펴보면 외국 학자들의 정의와 거의 유사하다. 이영덕과 정원식(1973)은 "생활지도는 한 아동이 자신의 문제의 성격을 정확히 파악하고, 그 문제해결을 위한 이해와 통찰을 기름으로써 보다 안정되고 통합된 성장을 할 수 있도록 도움을 받는 과정이다."라고 정의하였다. 또한 황응연과 윤희준(1983)은 "생활지도활동은 다른 교육활동과 마찬가지로 학생 개개인의 성장과 발달을 극대화시키고 잠재능력을 개발해서 일상생활에서 당면하는 가정적·교육적·직업적·신체적·정서직·성격적인 여러 가지 문제를 자신의 힘으로 유효적절하게 해결해 나갈 수 있도록 지도하는 활동"이라고 정의하였다. 정원식(1982) 또한 아동생활지도를 "모든 아동이 그들이 일상생활에서 당면하는 여러 가지 문제를 자력으로 해결함으로써 건전하게 성장·발달할 수 있도록 도와주는 봉사활동의 과정"이라고 정의하였다.

2000년대에 이르러 생활지도라는 용어는 초·중·고등학교는 물론 유아교육 현장에서도 그 중요성이 부각되면서 각급 학교에서 교육의 대상이 되는 아동·청소년의 소위 문제행동을 지도하는 좁은 의미의 활동뿐만이 아니라 학업, 진로, 인성 등의 제반 영역에서 그들의 발달 잠재력을 최대한으로 발휘하도록 돕고 문제 상황에 당면했을 때 아동·청소년이 스스로 최선의 선택을 통해 자발적으로 의사결정을 하면서 문제를 해결해 나갈 수 있도록 돕는, 보다 광범위하고 전문적인 교육활동이라는 인식이 높아지고 있음을 볼 수 있다.

이 책에서는 여러 학자들의 정의를 종합해 볼 때, '생활지도란 아동 각자가 자신의 일상생활에서 당면하는 여러 가지 상황을 이해하고 이에 자율적으로 대처해 나갈 수 있는 능력을 길러줌으로써 건전하게 성장·발달할 수 있도록 도와주는 과정'이라고 정의하고자 한다. 여기에서 아동이란 영아, 유아를 포함하는 개념이며, 특히 이 책에서는 영아와 유아를 대상으로 하는 생활지도와 교육을 중점적으로 다룰 것이다.

2 생활지도의 중요성

앞에서 살펴본 바와 같이 생활지도는 아동 개개인의 성장·발달을 극대화시키고 잠재적 능력을 개발해 나가도록 돕는 과정이다. 그럼으로써 아동이 현재 당면하고 있는 문제를 현명하게 해결해 나갈 수 있게 할 뿐만 아니라, 앞으로 부딪칠지도 모르는 문제를 효과적으로 다룰 수 있는 능력을 길러 주려는 것이다. 이렇게 볼 때 생활지도는 인간교육에서 필수적인 교육활동이 된다.

1) 생활지도의 목표

아동을 위한 생활지도의 목표는 단기적 목표와 장기적 목표로 구분된다. 아동생활지도의 단기적 목표는 우선 아동이 현재의 환경에서 당면하는 여러 가지 문제들을 적절히 해결해 나감으로써 현실에 잘 적응하도록 돕는 일이다. 아동생활지도의 장기적 목표는 말할 것도 없이 아동이 성장하여 행복하고 잘 적응하는 성인으로 발달해 나가도록 돕는 것이다. 따라서 생활지도는 생애 중 어느 한 시기에만 집중적으로 필요한 도움의 손길이라기보다는 영유아기에서부터 청소년기에 이르기까지 진행되어야 할 하나의 연속적인 과정이라고 볼 수 있다(계정희 등, 1983) 아동생활지도의 일반적인 목표를 정리하면 다음과 같다.

(1) 아동의 자기이해를 증진시킨다

생활지도의 중요한 목표 중의 하나는 아동으로 하여금 자기 자신과 자기의 환경에 대하여, 그리고 현재 자신이 당면한 상황이 무엇인지에 대하여 보다 정확하게 이해할 수 있도록 돕는 것이다. 여기에는 자신이 당면한 현재의 상황에서 무엇을 얼마나 잘 할 수 있는가 하는 능력의 정도를 이해하고 자신이 흥미와 관심을 가지고 하고 싶은 일이 무엇인지를 알게 하며 더 나아가 이러한 능력을 잘 발휘하여 상황에 잘 적응해 나가도록 돕는 과정이 포함된다.

(2) 아동의 자율적인 문제해결능력을 기른다

생활지도는 아동 자신이 당면하고 있는 사태에 대처해 나가는 데 있어서 남에게 의존하기보다는 자율적이고 효율적이며, 창의적으로 해결해 나갈 수 있도록 돕는다는 목표를 가지고 있다. 즉, 아동이 자기 자신을 보다 잘 이해하고, 수시로 부딪치는 문제를 스스로 해결할 수 있도록 도와줌으로써 궁극적으로 자율적 성장을 기하도록 하는 것이다. 여기에는 신체적인 측면의 자율성뿐만이 아니라 지적·심리적·정서적·사회적인 제 측면에서 자율적이고 독립적으로 사고하고 판단하며 대처해 나감으로써 상황에 효율적으로 적응하는 능력을 기르는 과정이 포함된다.

(3) 아동 각자가 자기가 지닌 성장 가능성을 최대한으로 개발·실현할 수 있도록 돕는다

아동은 신체적·정서적 문제나 불리한 환경적 여건 등 여러 가지 원인으로 인해서 자기의 잠재 가능성을 충분히 실현하지 못하는 경우가 있게 된다. 생활지도는 이러한 방해 요인들을 제거해 주거나, 아동과 그의 가족들이 스스로 그것들을 극복하도록 도와줌으로써 아동의 자아실현에 도움이 될 수 있다.

(4) 아동의 전인적 성장을 돕는다

생활지도는 문제 해결이나 증상의 제거뿐만 아니라 아동의 전인적 성장을 고려한 가운데 이루어져야 한다. 즉, 아동 각자의 신체적·지적·정서적 측면과 사회적 측면을 고루 포함한 잘 조화되고 통합된 성장을 이룰 수 있도록 돕는다.

(5) 아동의 적응을 돕는다

아동 각자가 앞으로의 생활에 보다 건전하고 성숙한 적응을 할 수 있는 기초를 마련하도록 돕는다.

(6) 아동이 성숙한 민주시민으로 성장할 수 있도록 돕는다

생활지도는 '아동으로 하여금 원만하고 성숙한 민주시민으로 성장·발달할 수 있도록 돕는다'는 목표를 가지고 있다. 사실상 생활지도의 궁극적인 목표는 아동이 자신과 자신을 둘러싸고 있는 주위의 인적·물리적 환경을 올바르게 이해하고 일상생활 속에서 당면하는 크고 작은 문제들을 현명하고 성숙한 방법으로 대처해 나가는 능력을 기름으로써 성숙하고 원만한 민주시민으로 성장·발달할 수 있도록 돕는 과정을 통하여 아동 각자가 자신이 속한 사회를 위하여 자기 나름대로의 독특한 공헌을 할 수 있도록 하는 것이 중요하다.

이상에서 본 바와 같이, 아동생활지도는 아동을 중심으로 계획하고 실천하며, 아동 각자를 돕는다는 것이 무엇보다 중요한 목표가 된다. 이렇게 하기 위해서는 아동을 돕는 지도자가 전문적 지식과 체계적 방법을 갖추고 있어야 한다. 아울러 아동생활지도는 한 번으로 끝나는 것이 아니라 구체적 목표를 달성할 때까지 지속적으로 이루어지는 것도 중요하다.

2) 생활지도의 필요성

최근 아동의 성장과 발달에 따른 여러 가지 특성에 관한 연구들이 잇따라 발표되면서 아동에 대한 지식과 정보가 축적되고 있다. 또, 현대사회의 가치관 변화는 아동에 대한 인식을 새롭게 하였으며, 이에 따라 아동을 더 효과적으로 지도할 수 있는 방법이 필요하게 되었다. 다음에서는 영유아를 중심으로 하는 아동의 생활지도가 필요하게 된 주요 원인들을 살펴보기로 하겠다.

(1) 아동에 대한 가치관의 변화

얼마 전까지만 해도 아동은 자발적으로 환경을 탐색하고 문제를 해결할 수 있는 능력을 가지고 있지 못한 무기력한 존재로 여겨 왔다. 그러나 최근에 이르러 아동도 어른과 마찬가지로 자기 나름대로의 능력과 소질을 가지고 있으며, 자신의 관심과 욕구를 충족시키기 위해 부단한 노력을 하고 있음이 증명되었다. 즉, 아동은 무기력하고 수동적인 존재가 아니라 적극적이고 자발적인 존재로서, 자신의 환경과 상호작용하며 문제의 해결 방안을 탐색해 나가는 인격체라는 인식이 차츰 고조되어 가고 있다. 이와 같이 아동에 대한 가치관의 변화에 따라 아동의 잠재능력이 개발되도록 돕는 방법으로 생활지도가 필요하게 되었다.

(2) 급격한 사회변화

현재 우리나라는 과거 어느 때보다도 극심한 사회변화를 경험하고 있다. 급격한 경제성장과 산업의 근대화를 이룩하고 있고, 경제발전에 따른 산업과 취업구조의 변화는 인구의 도시 집중화, 핵가족화, 여성 취업의 증가 그리고 빈부의 격차를 가속화하고 있다. 교통수단의 발달은 세계의 거리를 좁혀 주었고, 전국을 1일 생활권으로 단축시켰다. 또한 통신수단의 발달과 더불어 찾아온 대중매체의 양적 증대는 우리의 안방을 지배하고 있다.

이와 같은 물질문명의 발달은 우리에게 편리한 생활을 제공하는 반면에, 우리의 전통문화와 가치관에 큰 혼란을 일으켜 세대 간의 격차와 갈등을 심화시키고 있다. 그러므로 가정과 학교, 지역사회에서는 변화하는 사회에서의 새로운 사상과 가치관, 또는 개인에게 부과된 사회의 기대 등에 아동들이 적응해 나갈 수 있도록 도와 줄 필요가 있게 되었다.

(3) 다양한 개인차의 인정

현대 민주주의 사회에서는 개인의 독특한 개성을 인정하며, 개인이 가지고 태어나는 잠재능력과 가능성을 최대한으로 이용하고 개발하는 것에 매우 큰 가치를 둔다. 그러므로 개인의 욕구·흥미·동기·가치·결정 등을 중시하는 개인존중 시대로 접어듦에 따라 교육도 각자의 개인차를 존중하고 인정하는 방향으로 기울게 되었다.

(4) 적응문제를 가지고 있는 아동의 증가

현대 사회에서 또 다른 문제점 중의 하나는 아동에게 높은 학업성취를 요구하는 경향이 증가하고 있다는 점이다. 이러한 경향은 대부분의 가정에서 부모들이 자녀에게 우수한 학업성취를 해 줄 것을 기대하고 있으며, 많은 경우 학교에서나 가정에서 아동의 성취수준에 의해 아동 자체를 평가하려는 태도를 보임으로써 아동이 이로 인한 스트레스를 받게 된다. 과도한 정신적 긴장과 경쟁적인 일상생활은 학교생활 부적응의 문제를 가져다주기 쉬우며 나아가 또래관계를 원만히 이루어 나가는 데 부정적인 영향을 주게 되기 쉽다. 실제로 서울시 소아청소년 보건센터에서 2006년 4월에 서울시내의 초·중·고등학교 및 학부모를 대상으로 역학조사를 실시한 결과에 의하면 초·중·고등학생의 약 35%가 정신건강에 문제가 있음이 밝혀졌다(동아일보, 2006년 4월 10일자). 학교와 가정에서 보이는 아동의 적응 문제를 감소시키고 미연에 방지하기 위해서는 생활지도 전문가가 학교와 가정에서 적절한 방법으로 개입할 필요가 있다고 하겠다.

아동들은 같은 연령이라고 해도 각자의 능력이 다르고, 신체의 발달 속도도 다르며, 성격이나 취미 등도 각각 다르다. 그러므로 이들의 잠재능력과 특징을 조기에 발견하여 성장과 발달에 도움이 되도록 지도할 필요가 있다. 이와 같이 민주 사회의 요구로서 아동들의 개성을 키워 주고, 사회적·문화적 변화에 현명하게 적응하도록 도와주기 위하여 생활지도가 필요하게 되었다. 따라서 지금까지 알려진 아동에 대한 지식과 정보를 최대한으로 활용하여 아동을 효율적으로 이해하고 지도해야 한다.

3 | 생활지도의 기본 원리와 영역

생활지도의 궁극적인 목표는 아동으로 하여금 타고난 능력을 발휘하여 신체적으로나 정신적으로 건강하게 자라서 사회생활을 잘 영위할 수 있도록 돕는 데 있다. 이러한 목표를 달성하기 위하여 취해야 할 생활지도의 기본 원리와 영역은 다음과 같다.

1) 생활지도의 기본 원리

(1) 생활지도는 모든 아동을 대상으로 한다

생활지도라고 하면 문제 행동을 보여 주는 아동을 머리에 떠올리고, 소위 문제 아동에게 행해지는 치료적 조처로 생각하는 경향이 있다. 그러나 생활지도는 모든 아동 개개인의 신체적·정서적·사회적인 각 영역에 걸친 전인적인 성장·발달을 돕는다는 목표를 가지고 있다. 따라서 잘 적응하고 있는 아동들도 그들의 잠재력을 최대한 개발시키도록 하기 위하여 생활지도는 제공되어야 한다.

(2) 생활지도는 영유아기에서부터 청년기에 이르기까지 모든 연령층의 학생을 대상으로 한다

일반적으로 생활지도라고하면 중·고등학교 학생들을 대상으로 하는 것으로 인식되고 있다. 그러나 생활지도는 생애 초기에서부터 가정에서 부모에 의해 적절히 이루어지는 것이 매우 중요하다. 또한 성장하여 유아교육을 받을 연령이 되면서 생활교육과 지도는 더욱 중요하게 자리잡게 되는데, 이에 따라 본격적인 생활지도가 영유아기에서부터 가정과 교육기관의 일상생활 속에서 이루어지는 것이 바람직하다. 또한, 초등학교와 중·고등학교는 물론, 대학생 시기에 이르기까지 각 연령층과 발달수준 그리고 발달과업과 요구에 알맞은 생활지도가 제공되어야 한다.

(3) 생활지도는 아동을 하나의 인격체로서 존중하는 데에서 출발한다

인간의 존엄성과 가치, 자유와 평등을 존중하는 것이 민주주의의 기본인 것과 마찬가지로 생활지도는 아동을 하나의 인간으로서 존중하고 그의 자유와 권리를 소중히 여기는 것을 전제로 이루어져야 한다. 이것은 아동이 우수한 능력을 가졌거나 예절바른 행동을 보여주기 때문에 존중해 주어야 한다는 의미가 아니다. 지적 능력이 우수한 천재나 지능이 낮은 발달지체아나 다 같이 인간으로서의 존엄성을 가지고 있음을 인정하고 존중하는 데에서 생활지도가 출발해야 함을 뜻한다.

이러한 전제가 가능해야만 비로소 아동에게 자율적·자발적으로 자신의 문제를 해결하고 행동의 방향을 선택하며 건전한 인간관계를 맺을 수 있는 잠재적 능력이 있음을 인정하게 될 것이다.

(4) 생활지도는 사후상담이나 교정보다는 예방에 중점을 둔다

생활지도는 이미 발생한 문제의 해결이나 처벌, 교정보다는 문제의 발생을 예방하도록 지도하고 아동의 성장과 발달을 촉진시키는 데 중점을 둔다. 아동의 행동이나 습관은 그가 살고 있는 가정이나 학교 그리고 이웃에서 이루어지고 있는 인간관계에 의해 형성되는 경우가 대부분이다. 아동이 좋은 습관이나 행동을 보여줄 때 이를 긍정적으로 인정해주고, 바람직하지 못한 행동이나 습관을 보여줄 때 이를 수용하거나 인정해주지 않는다면, 아동은 자연스럽게 바람직한 행동과 태도 그리고 생활습관을 익히게 될 것이다. 이러한 예방적인 지도는 사건이 발생한 후 처벌하거나 교정하려는 것보다 시간과 노력면에서 경제적이며, 더 효과적이다.

(5) 생활지도는 아동의 발달적 요구에 초점을 둔다

생활지도는 부모나 교사의 편의에 따라 이루어져서는 안 되며, 아동들의 성장과 발달과정에서 요구되는 신체적·심리적·사회적 필요에 의해서 이루어져야 한다. 아동의 필요를 존중하지 않을 때, 행동과 습관은 바람직하지 않은 방향으로 나타나기 쉽다. 따라서, 가정이나 학교에서는 아동의 이러한 발달적 요구들을 존중하면서 각별한 배려로 지도해야 한다.

(6) 생활지도는 과학적이고 객관적인 근거에 기초를 두고 이루어져야 한다

아동들은 각각 개성이 다르며 능력이나 흥미, 가치관이 다르고 발달의 속도도 다르다. 이러한 개인차를 충분히 고려하면서 지도하기 위해서는 아동을 지도해 본 풍부한 경험이 밑바탕이 되어야 한다. 또 각종 심리검사나 아동 행동의 관찰기록, 환경조사서나 개인 성장기록표 등과 같은 객관적인 자료들은 종래의 상식적 판단에 의한 편협하고 주관적인 이해방법에서 벗어나게 함으로써 보다 효율적으로 아동을 이해할 수 있도록 도울 것이다.

(7) 생활지도는 지속적이고 체계적으로 이루어져야 한다

생활지도는 아동이 문제 행동을 보여줄 때에만 시행되고 그 후에는 하지 않아도 되는 일시적이고 단절적인 지도가 아니다. 생활지도는 영유아기에서부터 초등학교, 중·고등학교, 대학에 이르기까지 전 교육과정을 통하여 지속적이고 체계적으로 이루어져야 한다. 이러한 의미에서 생활지도는 한 개인이 성장·발달하는 과정에서 전인적 발달을 촉진시키기 위한 전체적 교육과정으로서 의의를 가지게 된다.

이러한 원리에 입각하여 생활지도 활동이 지속적으로 이루어질 때 가장 효율적으로 최대한의 목표달성이 가능하다고 하겠다.

2) 생활지도의 영역

생활지도의 주요 영역은 생활지도 대상자의 연령, 성, 지역 등의 특성에 따라 그 구체적인 목표와 활동의 내용이 달라지게 마련이다. 예를 들면 중·고등학교 학생들을 대상으로 하는 생활지도에서는 진로계획이나, 직업, 교육에 대한 정보의 제공 등이 중요한 생활지도활동 영역으로 들어가게 된다. 또한 유아와 초등학교 아동을 위해서는 기본적인 생활과 관련된 기초 행동과 태도 등을 지도하는 것이 생활교육과 지도의 주요 활동으로 다루어지게 된다. 물론 진로계획이나 다양한 직업 정보의 제공은 영유아기에서부터 여러 방법을 통하여 제공되어야 한다. 그 가치와 중요성에 대한 믿음은 현대사회에 이르러 더욱 부각되고 있는 것도 사실이다.

생활지도를 제공하는 전문가의 입장에서 볼 때 생활지도의 주요 활동 영역에는 아동 이해의 활동과 상담활동이 포함된다. 예를 들면, 아동이나 청소년들을 대상으로 진로나 직업지도 등을 효율적으로 수행하기 위해서는 대상자의 특성을 알고 이해하는 것이 중요하다. 이를 위해서 생활지도를 제공하는 전문가는 아동을 이해하기 위한 개인적·심리적·사회적 자료를 객관적으로 수집하고 분석하며 해석할 수 있어야 할 것이다(이재창, 2005). 또 가정이나 학교생활에 적응하기 어려운 아동에게 적절하게 문제를 해결할 수 있도록 돕기 위해서는 집단이나 개인 상담을 통해서 아동이 자신을 이해하고 자신의 흥미나 적성, 능력을 발견하여 올바른 방향으로 성장 발달하도록 도움을 주는 상담활동이 중요한 생활지도의 영역으로 포함된다. 앞에서 밝힌 바와 같이 이 책에서는 주로 생활지도의 일차적 대상을 영유아로 함으로써 생활지도의 목표와 이에 따르는 활동 영역도 영유아에 맞추어 다루고자 한다.

영유아를 위한 생활지도는 말할 것도 없이 영유아들이 생활하고 있는 모든 영역에서 이루어져야 한다. 즉, 가정과 학교는 물론, 지역사회에서 부딪치는 다양한 문제를 이들이 스스로 해결할 수 있도록 도와주며, 이러한 경험들을 통하여 조화로운 성장과 발달을 이룰 수 있도록 기초와 토대를 마련하도록 돕는 활동이 바로 생활지도의 활동 영역이 된다. 보다 구체적으로 다음과 같은 영역들이 영유아와 아동을 위한 생활지도활동에 포함된다.

(1) 기본 생활습관지도

기본적인 생활습관은 아주 어렸을 때부터 몸에 배고 익히게 된다. 올바른 인사 예절, 청결한 몸과 마음 가꾸기, 질서 지키기, 건강한 식사습관과 수면습관 가지기, 절약하기 등은 어릴 때부터 형성해야 할 중요한 기본 생활습관들이다. 우리 속담에 '세 살적 버릇이 여든까지 간다.' 라는 말이 있듯이, 생활습관은 어렸을 때부터 형성되므로 영유아기에서부터 아동기에 이르기까지 좋은 습관을 기를 수 있도록 지속적으로 교육하고 지도하는 것은 매우 중요하다.

(2) 사회생활지도

유아들은 사회생활을 통하여 많은 것을 배우며, 다른 유아들과 어울려 활동하는 동안 협동 정신과 사회적 규범의 중요성을 깨닫는다. 또한, 인간관계 속에서 자신의 생각과 감정을 적절히 표현할 수 있는 능력을 기르며, 친구들과 함께 힘을 모아 어떤 일을 이루기도 하고, 또 이루어 놓은 일에 대하여 만족감을 얻기도 한다. 이와 같이 사회생활은 유아들의 사회적·정서적 발달에 대단히 큰 구실을 한다.

이러한 사회생활지도는 영유아기에서부터 꾸준하게 이루어져야 하는데, 특히 또래관계에 대한 관심이 높아지는 초등학교의 아동들은 또래 친구들과의 관계를 통하여 사회생활에 필요한 행동을 배우며, 사회적으로 인정받을 수 있는 바람직한 행동양식과 올바른 사회적 태도, 도덕적 가치관 등을 배우게 된다는 점을 간과해서는 안 된다. 또한 어떤 행동이나 의사 결정을 할 때, 아동기까지는 어느 정도 가정에서 부모들의 영향력을 많이 받게 되는 시기라고 할 수 있으나, 초등학교 고학년부터 중·고등학교 시기의 청소년들은 부모의 영향력으로부터 차츰 멀어져서 또래와 친구들의 의견이나 그 시대의 유행적 흐름을 따르고자하는 열망이 커지는 경향을 볼 수 있다. 따라서 유아기에 단련된 사회생활에 대한 기본적인 태도와 행동이 기초가 되어 원만한 민주 시민으로 성장할 수 있도록 사회생활을 지도하는 것은 생활지도의 중요한 활동 영역이 된다.

(3) 신체적 안전지도와 건강지도

영유아들은 정서적으로 호기심이 많은 시기이나, 아직 지적인 판단력이 충분히 성숙하지 못했기 때문에 환경이 주는 자극물에 대해 민감하게 반응하며, 때로는 충동적인 행동을 함으로써 자기 자신의 안전을 위협하는 경우가 생기게 된다. 가정이나 학교, 놀이터, 거리 등 우리의 생활주변에는 안전사고를 유발할 수 있는 요소들이 산재해 있다. 따라서 아동에게 안전교육을 철저히 하여 사고를 사전에 예방할 수 있도록 안전지도를 하는 것은 생활지도의 중요한 활동영역이 된다.

또한, 건강은 유아들의 신체적 성장과 발달은 물론, 지적·정서적·사회적 발달의 밑바탕이 된다. 유아의 건강 교육은 사후의 치료보다 사전의 예방에 역점을 두어야 한다. 즉, 건강할 때 건강상태를 유지하고 증진시킬 수 있도록 교육하여야 한다. 아동들이 자신의 생활환경을 청결하게 유지하고, 성장·발육에 필요한 영양을 충분히 섭취하며, 운동과 휴식을 적절히 조절할 수 있도록 지도하는 것은 유아와 아동을 위한 생활지도의 또 다른 영역이 된다.

(4) 친환경행동과 생활지도

예로부터 인간은 자연 속에서 그것을 친근하게 여기고 이용하며, 자연과 더불어 살았다. 그러나 근래의 급격한 산업화와 경제성장 우선의 정책 그리고 환경관리 소홀은 공기와 물의 오염, 녹지의 황폐화, 오존층의 파괴 등 심각한 환경문제를 가져왔다. 깨끗하고 오염되지 않은 환경을 가꾸고 유지하는 일은 오늘날 인간의 생존과도 밀접한 관계를 가지는 중요한 과제이다.

생활습관과 태도의 기본이 형성되는 유아기에서부터 환경에 대한 긍정적인 경험과 체계적 교육을 통해 아동으로 하여금 환경에 대한 올바른 인식과 태도를 가지게 하고, 환경을 보전할 수 있는 기초적인 지식을 습득하게 하여 궁극적으로는 환경 보존을 실천할 수 있도록 돕는 일은 매우 중요한 생활지도의 내용이 된다.

위에서 제시한 생활지도의 각 영역에서 지도를 하다보면 교사가 학교상황에서 다루기 어려운 전문적인 활동이 필요한 경우가 있다. 이러한 아동들을 보다 효과적으로 돕기 위하여 생활지도 전문가의 전문적인 활동 영역을 생각해 볼 수 있다.

① 아동 이해와 관련된 활동

아동을 정확하게 이해하는 것은 매우 중요하다. 따라서 아동의 행동을 보다 잘 지도하기 위해서 아동과 관련된 정보를 수집하게 되는데, 이를 위해서 지능검사·인성검사·적성검사·흥미검사 등 다양한 심리검사를 실시하고 아동의 심리적 특성과 발달의 정도 등을 과학적인 방법으로 수집하여 아동을 이해하는 데 활용할 수 있다. 생활지도를 실시하는 교사가 심리검사를 실시하고 그 결과를 해석하는 데 준비가 되어 있지 않을 경우에는 심리검사 전문가의 도움을 받아 아동을 위한 최선의 지도를 하는 것이 바람직하다.

② 상담과 관련된 활동

일반적으로 교사는 부모 면담의 형태나 아동상담의 방법으로 아동의 일상적인 적응을 돕게 된다. 따라서 교사가 부모 또는 아동과의 면담 기술을 익히는 것은 매우 중요하다. 그러나 교사가 다루기 어려운 행동 문제나 적응상의 문제를 가지고 있는 유아와 아동을 돕기 위해서 다양한 방법의 상담 및 심리치료활동을 제공할 필요가 있게 된다. 이 경우에 교사는 관련 전문가들에게 의뢰하여 보다 효과적인 방법으로 아동을 지도할 수 있도록 배려해야 한다.

③ 진로지도와 관련된 생활지도활동

오늘 날 과학의 발달, 특히 TV나 인터넷의 보편화로 정보의 홍수 속에서 살아가고 있다는 말을 자주 듣는다. 아동들에게도 다양하고 건전한 정보를 신속하게 알게 하고 이를 이해할 수 있도록 도울 필요가 있다. 특히 직업의 세계가 나날이 다양화되고 세분화되면서 앞으로 민주사회 시민으로서 사회와 국가에 공헌하는 건강한 삶을 살도록 돕기 위해서는 발 빠르게 변화하는 직업세계에 대한 정보에 관심을 갖고 이를 탐색하며 더 나아가 자신의 적성과 능력을 조기에 발견하여 잠재력을 기르도록 돕는 일은 매우 중요하다. 아동의 연령이 증가하고 중·고등학교에 진학하게 되면서 진로지도의 비중이 커지게 되는데 그에 대한 준비는 유아기와 아동기에서부터 시작되어야 할 것이다.

4 생활지도의 이론적 기초

아동을 이해하고 그의 적응을 돕기 위한 방법은 과학적 지식과 경험적 증거를 체계화한 여러 가지 이론에 근거를 두고 있다. 이러한 생활지도 이론에 대한 체계적 지식을 습득하는 것은 아동생활지도의 목표를 보다 효율적으로 달성하기 위하여 매우 필요하다. 다음에서는 생활지도의 몇 가지 이론들을 알아보기로 하겠다.

1) 정신분석 이론

프로이트(S. Freud)는 모든 인간의 심리적 현상에는 원인이 있으며, 인간 행동은 대부분의 경우 무의식에서 그 원인을 찾을 수 있다고 주장하였다. 그는 인간의 마음을 의식과 무의식으로 구분하였는데 의식은 지각·사고·추리 등과 같이 분명하게 인식될 수 있는 것을 가리키며, 무의식은 본능적 욕망, 마술적 소망, 꿈 등을 통해서 나타나는 것으로 현실을 무시하고 자기중심적으로 작용하는 것이라고 하였다.

프로이트는 인간의 마음에서 가장 큰 비중을 차지하는 것은 무의식으로, 의식이 바다에 떠 있는 빙산의 일각이라면, 무의식은 바다에 잠겨 있는 빙산의 거대한 부분이라고 하였다. 따라서 대부분의 사람들은 무의식의 세계에 있는, 알 수도 없고 통제할 수도 없는 어떠한 힘에 의해 지배받으면서 살아간다는 것이다.

그는 또 인간의 성격구조가 원초아(id), 자아(ego), 초자아(super ego)로 이루어진다고 생각하였다. 원초아는 본능적 충동으로서 배고픔, 목마름, 졸음 등과 같은, 태어날 때부터 지니고 있는 생리적 동기로 이루어져 있으며, 도덕이나 양심과 상관 없이 충동적이며 즉각적으로 이러한 생리적 욕구를 충족시키려고 한다. 그래서 원초아는 쾌락의 원리에 의해서 지배된다고 하였다.

아동은 성장·발달해 나가면서 가족이나 주위의 여러 사람들과 인간 관계를 맺고 현실에 적응해 나가는 방법을 배우게 된다. 이제는 생후 초기의 어린아이 때처럼 본능에 따라 행동하여 즉각적으로 욕구를 충족시키는 것이 더 이상 용납되지 않는다는 것도 깨닫게 된다. 그리하여 아동은 본능에 따르는 행동을 차츰 자제하고 현실에서 요구되는 행동을 수행함으로써 어른들의 인정을 받는 동시에 어느 정도 자신의 욕구도 충족시키는 방향으로 행동을 조정하게 된다. 프로이트는 이러한 역할을 하는 것을 자아라고 하였다.

성격구조의 세 번째 요소인 초자아는 흔히 양심 또는 도덕성이라고 불리는 것이다. 초자아는 어떤 행위가 나쁘고 어떤 행위가 좋은 것인가를 판단하게 하는 것으로, 이는 아동이 성장해 나가는 과정에서 부모나 가족, 이웃, 학교, 친구 등과의 관계 속에서 자연스럽게 습득하게 된다. 즉, 부모가 옳지 않다고 판단하는 행동, 예를 들면 거짓말을 하는 행동을 자녀가 보여주었을 때, 거짓말을 하지 않도록 부모가 벌이나 꾸중 등의 방법으로 제재를 가하게 되면, 아동은 그 행동을 하는 것이 옳지 않음을 알게 되므로 더 이상 거짓말하는 행동을 보이지 않게 된다. 이와 같이, 어떤 행동에 대한 가치 판단은 자연스럽게 아동의 도덕성 또는 양심으로 자리잡게 됨으로써, 어느 정도의 시일이 흐른 후에는 부모가 일일이 제재를 가하지 않아도 그 행동을 하지 않게 되는 것이다.

프로이트는 성격구조 중 원초아가 지나치게 커다란 세력을 지니게 될 때 정신건강을 해치게 되는 것과 마찬가지로 초자아의 기능이 지나치게 강화되어도 오히려 문제가 될 수 있다고 하였다. 따라서, 정신분석은 본능과 양심을 적절히 충족시키는 역할을 담당하는 자아의 기능을 강화하는 데에 중점을 두고 있다.

2) 행동주의 이론

행동주의 심리학자들은 인간의 내면세계에서 일어나고 있는 일에 대해서는 전혀 관심을 갖지 않고 오직 표면에서 나타나는 행동에만 관심을 둔다. 따라서, 객관적으로 관찰할 수 있고 측정이 가능한 행동을 생활지도의 대상으로 삼는다. 행동주의 이론의 기본적인 특징을 살펴보면 다음과 같다.

첫째, 관찰 가능한 행동에만 관심을 가진다. 예를 들면 5세의 유아가 공격적인 행동을 보여주었을 때, 그 행동이 나오게 된 원인이나 동기 또는 잠재되어 있는 감정보다는 현재 관찰할 수 있는 공격적 행위 자체에 더욱 관심을 가진다.

둘째, 인간의 모든 행동은 그것이 정상적인 행동이건 비정상적인 행동이건 학습된 결과라고 본다. 그러므로 무의식적 동기가 어떤 행동을 하도록 지배한다고 보는 것은 잘못된 생각이라고 주장한다.

셋째, 바람직하지 않은 행동들, 예를 들면 다른 아이를 때리거나 욕하거나 손가락을 빠는 등의 행동들은 모두 학습된 것이므로 교정이 가능하다고 본다.

행동주의 이론은 아동이 사회적으로 바람직한 행동을 보여주었을 때 보상을 해주면 그 행동이 증가되는 반면에, 바람직하지 못한 행동을 보여주었을 때 벌을 가하면 그 행동은 감소된다고 주장한다. 예를 들면, 유아가 장난감을 가지고 논 후에 이를 잘 정리했을 때 어머니가 칭찬을 해주면 기분이 좋고, 그 후에는 어머니의 칭찬을 듣기 위해서 정리·정돈을 잘 하게 된다. 반면에, 유아가 다른 아이의 장난감을 빼앗는 행동을 보여주었을 때, 이를 꾸짖거나 심리적으로 보상을 해주지 않으면 이러한 행동은 더 이상 나오지 않게 된다는 것이다. 행동주의 이론가들은 아동의 행동을 지도하기 위해 교사가 상과 벌을 적절히 사용하는 것이 매우 중요함을 강조하고 있다.

3) 인본주의 이론

인본주의 이론의 기본적인 가정은 "적절한 환경이 제공된다면 인간은 누구나 스스로 긍정적 방향으로 성장할 수 있으며, 자신의 문제를 이해하고 이를 스스로 해결할 수 있는 잠재적 능력을 가지고 있다."는 것이다.

인간 중심의 아동생활지도에서 교사는 아동의 인격을 존중하며, 아동의 생각과 느낌을 이해하고 반영해 주는 역할을 한다. 또 아동의 잠재적인 성장 가능성을 철저히 믿으므로 아동의 행동을 통제하거나 명령·지시·충고를 하지 않는다. 반면에 아동의 능력을 긍정적으로 보아 하나의 독립된 인격체로서 아동을 있는 그대로 받아들이고 진심으로 존중하는 태도를 보여줌으로써, 긍정적인 자아개념을 발달시키도록 돕는다.

5 | 생활지도활동의 역사적 고찰

생활지도가 언제 어디에서부터 비롯되었나 하는 것은 한마디로 쉽게 대답하기 어렵다. 생활지도의 의미와 개념을 보다 넓게 해석한다면 인류 역사의 출발과 함께 생활지도가 시작되었다고 말할 수 있다. 옛날 대가족제도하에서 어른이 어린 아이와 청소년을 정신적·신체적·사회적 측면에서 돌보고 지도했던 것을 생각해 본다면, 사실상 생활지도의 역사는 인류의 역사와 같다고 해도 과언이 아닐 것이다. 그러나 여기에서는 현대를 중심으로 보다 조직적이고 체계적인 생활지도활동의 역사를 살펴보기로 하겠다.

1) 심리학의 발달과 생활지도

심리학의 발달은 생활지도활동에 커다란 기여를 했다. 인간의 행동에 관하여 과학적이고 심층적인 방법으로 연구하며 기술하고 설명·예언하려는 목적을 가진 심리학은, 인간의 심리적 특징을 체계적으로 이해하도록 하는 데 도움을 주고 있다.

이 중에서 특히, 지능검사나 적성검사 또는 성격검사와 같은 심리검사를 통하여 인간을 이해하려는 노력과, 인간이 건강한 생활을 유지하기 위해서는 신체적 건강도 중요하지만 정신적 건강도 이에 못지 않게 중요하다는 점을 강조하는 정신건강운동, 그리고 청소년과 아동을 대상으로 펼쳐진 직업지도 활동이나 아동지도활동 등이 생활지도의 발전에 중요한 영향을 주었다.

(1) 실험심리학의 공헌

1879년 분트(Wundt)는 독일 라이프치히 대학에 실험실을 만들어서 인간의 행동과 반응양식 등을 보다 과학적인 방법으로 연구하기 시작했다. 그는 인간 행동에 대한 직접적인 관찰과 엄밀하고 체계적인 실험을 강조하면서 인간의 감각적 인식을 매우 중요시하였다. 따라서 인간행동의 법칙을 찾아내기 위해서는 철저히 통제되고 엄밀하게 관찰되는 실험연구를 해야 하며 실험자는 가치중립적이고 객관적인 태도를 취해야 한다는 심리학의 전통을 세웠다.

한편 러시아의 동물생리학자 파블로프(Pavlov)는 행동과 자극 간에 이루어지는 연관관계에 관한 연구를 하였다. 그는 1899년, 개를 피험자로 하여 조건반사에 관한 실험을 하였는데, 이 실험을 통하여 행동이 어떻게 습득되는가에 관한 이론적 설명을 하고 있다. 즉, 개에게 음식을 줄 때 종소리를 함께 들려주면, 처음에는 음식을 먹게 됨으로써 자연스러운 생리적 반응으로 흘러내리던 침이 마침내는 종소리만 울려도 침을 흘리게 됨으로써 음식에 대한 반응과 똑같은 반응이 나타난다는 것이다.

이러한 현상은 개에게서 뿐만 아니라 인간에서도 나타나며 정상적인 행동뿐 아니라 신경증과 같은 문제행동을 학습해 나가는 과정을 설명하는 데에도 적용되었다. 이러한 파블로프의 연구를 기초로 하여 스키너(B. F. Skinner)는 그의 조작적 조건형성(operant conditioning)이라는 학습이론을 내놓기에 이르렀다. 심리학에서는 이들을 행동주의학파라고 부르며, 이들의 이론을 기초로 행동수정 또는 행동치료(behavior therapy)라는 치료방법을 주로 유아·아동 등의 문제를 다루는 데 적용함으로써 효과를 보았다는 임상보고가 나오게 되었다.

(2) 심리검사와 생활지도

개인마다 능력과 흥미, 적성 그리고 성격이 다르다는 사실은 이미 예전부터 인식하고 있었다. 그러나 이러한 개인차에 대하여 과학적인 연구가 시작된 것은 19세기 말부터이다. 특히, 영국의 갤턴(Galton)은 천재들의 가계를 연구하는 데에 관심을 가지고 천재가 어떤 가계에서 나오는지를 탐색해 보았다. 그는 이러한 개인차를 연구하려면 수량적인 측정방법이 필요함을 깨닫게 되었다. 그리하여 마침 만국박람회가 영국에서 열리게 된 기회를 이용하여 여러 사람들의 신체적 특징, 정신적 능력 등을 수량적으로 측정하여 통계적인 분석을 시도하였다.

그 후, 프랑스의 비네(Binet)는 아동의 지능을 과학적으로 측정하는 데 결정적인 공헌을 하였다. 당시 프랑스의 교육부에서는, 같은 연령의 아동들 중에 왜 어떤 아동은 학업을 잘 수행해내는 데 비해 어떤 아동은 학업을 제대로 수행해낼 수 없는지를 알고자 했다. 그리하여 교육부는 입학 전에 미리 학업을 잘 해낼 수 있는 아동과 그렇지 못한 아동을 판별해낼 수 있는 방법을 개발해 줄 것을 비네에게 부탁하게 되었다. 1905년, 비네는 시몽(Simon)이라는 의사와 함께 비네-시몽검사를 제작함으로써 지능의 개인차를 측정하여 수량화하는 데 커다란 공헌을 하였다.

이 비네-시몽검사는 1916년, 미국 스탠퍼드 대학에서 터먼(Terman)에 의해서 미국인을 대상으로 제작된 미국판 지능검사로 개발되었다. 터먼은 스탠퍼드-비네검사로 3세부터 성인에 이르기까지 지능을 측정할 수 있게 하였으며, 지능지수(Intelligence Quotient, IQ)라는 개념을 발전시켰다. 그 후 제1차, 제2차 세계대전을 거치면서 새로 모집된 신병을 그들의 적성·능력에 따라 신속하게 분류·배치할 수 있는 방법이 모색되었는데, 이것으로 인해 집단적으로 검사를 실시할 수 있는 집단용 심리검사가 개발되었다. 그리고 현대에 이르기까지 적성이나 지능뿐 아니라 흥미·성격·태도·성취도에 이르기까지 다양한 검사들이 개발되었다. 이와 같이, 인간의 여러 속성들을 객관적인 방법으로 측정하여 인간을 이해하려는 노력은 생활지도활동을 촉진시키는 중요한 요인이 되어 왔다.

(3) 정신건강운동과 생활지도

17세기까지만 해도 정신병자들은 '신의 저주를 받은 자'라고 하여 처형되거나 집단수용소, 수도원같은 곳에 감금되어 생활하였다. 1792년, 프랑스의 의사 피넬(Pinel)은 수용소에 감금되어 있는 정신병자들의 쇠사슬을 풀어 주게 하고, 수용소 내의 생활조건을 개선하도록 함으로써 정신병자가 보다 인간다운 삶을 살도록 하는 데 크게 공헌하였다. 이러한 피넬의 노력은 곧 유럽 여러 나라에까지 번져, 인도주의적인 입장에서 정신병자들을 보다 인간적으로 다룰 것을 요구하게 되었다.

그러나 20세기 전까지만 해도 정신질환자를 위한 병원이나 치료시설이라는 것은 대부분 단순 보호 또는 유치시설에 지나지 않았으며, 환자들의 내면적인 세계를 이해함으로써 병을 치료하려는 시도는 거의 없었다고 볼 수 있다.

실제로 정신건강 문제가 본격적으로 거론된 것은 20세기에 들어서면서부터였고, 정신병을 앓고 있는 사람을 치료하여 정상생활로 되돌아가게 하려는 노력도 이때부터 시작되었다. 특히, 1908년 미국인 비어스(Beers, 1876~1943)가 『스스로를 찾은 마음』(A Mind That Found Itself)이라는 책을 출간한 데서 정신위생 운동은 본격적으로 시작되었다. 이 책은 비어스가 3년 동안 정신장애로 여러 병원을 거치면서 그가 경험한 투병기를 글로 펴낸 기록이었다. 이 기록은 수많은 사람들에게 깊은 공감을 불러일으켰으며, 정신건강에 관한 관심을 갖게 만드는 데 큰 역할을 담당하게 되었다. 또한, 비어스는 책을 쓴 데 그치지 않고 그 당시 유명한 정신과 의사인 메이어(Meyer)나 심리학자인 윌리엄 제임스(William James) 등과 함께 미국에 전국정신건강위원회를 설립하기에 이르렀다. 이 위원회는 정신병의 예방과 조기 치료를 강조하며 정서적으로 병든 간질환자와 정신지체자들의 치료와 보살핌을 개선하고 육아, 직장 및 범죄에서 심리적·정신적인 장애가 나타나는 부분의 원인을 해명하려는 목적을 가지고 활동하였다. 이러한 노력의 결과로 이 운동은 마침내 많은 교육자, 학부모 그리고 일반인의 관심을 끌게 되었다.

정신건강에 대한 관심은 1940년대에 들어와서 크게 확산되어, 제2차 세계대전이 끝난 직후인 1946년에는 미국 정부가 「정신건강법」을 제정하기에 이르렀다. 이 법의 제정을 계기로 인간의 정신적 고통은 육체적 고통만큼이나 중요하며, 이에 대해 적절한 상담과 심리적 치료를 받을 필요가 있음이 교육자와 학부모뿐만 아니라 일반인에게도 널리 인식되었다.

이러한 사회적·국가적 관심은 학교에서의 생활지도활동에도 영향을 끼치게 되었다. 그리하여 생활지도 담당자가 될 사람들의 훈련과정에서 성격심리나 정신건강과 같은 영역을 강조함으로써 보다 전문적이고 구체적인 도움을 줄 수 있도록 하는 촉진제가 되었던 것이다.

(4) 아동상담활동의 발달

아동상담활동은 1909년, 미국 시카고에서 힐리(Healy) 부부에 의해서 시작되었다. 그들은 병원에서 일하면서 시카고 빈민가에 살고 있는 아동들의 신체적 문제뿐만 아니라 심리적 문제를 치료할 수 있는 진료소가 필요함을 느끼게 되었다.

한편, 정신과 의사들이 정신병 환자들을 상담해 본 결과, 많은 성인 환자들의 정신질환이 영유아기와 아동기에 시작되었다는 것이 입증되었다. 따라서, 아동의 정서적 문제를 초기에 도와주는 것이 성장한 후 정신질환 발병률을 최소화하는 데 공헌할 것이라는 사실이 밝혀지게 되었다. 이러한 이유들로 해서 1909년 시카고에서 최초의 아동상담소가 개설되기에 이른 것이다. 아동상담소에서는 주로 거짓말, 가출, 무단결석, 성문제와 같은 아동의 문제행동과 불안, 퇴행, 백일몽, 수치심과 같은 심리적 문제 등을 다루었다. 이러한 광범위한 문제를 다루면서 처음에는 아동의 교육과 양육방법에 대하여 부모에게 조언을 하는 데 중점을 두었다가, 차츰 직접 아동을 상담하고, 부모를 상담하며, 가족을 상담하는 데까지 발전하게 되었다.

따라서, 아동상담소는 심리학자, 사회사업가, 교육전문가, 소아과 의사, 교사 등 각 분야의 전문가들이 같이 참여하면서 아동의 정신건강을 위하여 최선을 다하도록 조직·운영하여 오늘날에 이르게 되었다.

(5) 진로지도활동과 생활지도

20세기에 이르러 초등학교의 확장과 의무교육화는 교육 인구의 양적 증대를 가져왔다. 또 중등교육과 고등교육을 받은 학생의 수가 급증하면서 학교교육은 개인의 균형 있는 전인적 성장을 돕는다는 본래의 목적을 상실하고 지나치게 교과목 위주의 지식주입교육으로 흘러가게 됨으로써 아동의 전인적인 인격 도야를 위한 생활지도의 필요성이 대두되었다.

초기의 생활지도활동은 무엇보다도 직업을 선택하고 준비하는 것을 중심으로 하는 직업지도에 중점을 두었다. 더욱이 급진적인 산업의 발달로 인하여 직업의 종류가 다양해지고 복잡해졌으며, 특수한 기술을 필요로 하는 직업들로 점점 세분화됨에 따라 청소년들은 학업을 마친 후 어떤 직업을 선택해야 할지를 결정하는 데 상당한 어려움을 겪게 되었다.

파슨스(F. Parsons)는 청소년들의 이러한 직업선택 문제를 돕기 위하여 1907년, 미국 보스턴을 중심으로 직업지도활동을 전개하였다. 이것이 체계적인 생활지도의 출발이라고 생활지도 전문가들은 기록하고 있다. 즉, 사실상 생활지도의 여러 가지 활동들은 파슨스에 의하여 처음으로 시작된 직업지도활동에서 파생되고 발전된 것으로 보고 있는 것이다. 1908년, 파슨스는 보스턴에 직업국을 신설한 후, 이곳을 중심으로 체계적이고 활발한 직업지도, 진로지도활동을 펼쳐 나가게 되었다. 이 직업지도활동은 각 개인에게 다음과 같은 세 가지 도움을 주는 것을 목적으로 삼았다.

- 개인의 능력, 적성, 흥미, 장래의 희망, 포부, 제한점 등에 관하여 명백하게 알도록 한다. 즉, 자기 자신에 대해 이해하도록 돕는다.
- 여러 가지 직업에 관한 정확하고 조직적인 지식과 정보를 알도록 한다. 즉, 특정직업에서 성공하는 데 필요한 조건은 무엇이며, 작업조건은 어떠하고, 보상과 승진의 기회는 얼마나 주어지는지, 그리고 그 직업을 얻기 위한 자격은 무엇이며, 앞으로의 전망은 어떤지 등에 관한 지식을 가지도록 돕는다.
- 일에 대한 정보와 자기 자신의 여러 가지 특성과 조건을 토대로 하여 가장 현명한 결정을 내릴 수 있는 능력을 가지도록 돕는다.

직업지도활동은 처음에는 학교를 중퇴하였거나 학교를 다니지 못하는 청소년을 위하여 시작되었으나, 차츰 학교에 다니는 청소년들을 위한 직업지도활동으로 파급되었다. 또, 직업지도에서 시작된 생활지도활동은 아동이나 청소년들의 진로지도나 진로교육에서 그치지 않고 이들의 전인적인 발달을 위한 심리·교육적인 측면까지의 생활지도로 그 범위를 넓혀 가게 되었다.

이러한 움직임은 1913년 미국에서 전국직업지도협회(National Vocational Guidance Association)를 설립하는 계기가 되었으며, 1915년에는 학회지를 정기적으로 출간하기에 이르렀다. 그 이후 1952년에는 미국생활지도협회(American Personnel and Guidance Association)로 발전하여 생활지도를 좀 더 과학적인 상담과 인간의 발달에 초점을 두어 활동하게 되었다(이재창, 2005). 이후 현재까지 직업지도에서 시작된 생활지도운동은 진로지도나 진로교육뿐만 아니라 개인의 발달단계에 따르는 특성을 고려하면서 아동, 청소년의 건강한 마음과 몸을 종합적으로 다루는 생활지도 프로그램으로 발전하기에 이르렀다.

2) 우리나라의 생활지도활동

우리나라의 생활지도는 대가족제도와 유교적 철학관의 영향을 받아, 주로 가정에서 예절과 덕목 쌓기를 중심으로 하는 비형식적인 교육의 형태를 취해왔었다. 그러나 8·15 광복과 더불어 민주적인 교육사상이 도입되어 아동의 복지, 인간성의 존중을 기초로 하는 아동에 대한 깊은 이해를 중요시하면서부터 생활지도활동이 전개되기 시작하였다. 특히, 1950년대에 우리나라에서도 각종 심리검사가 개발되어 사용하게 된 것이 아동이해와 아동생활지도에 관심을 가진 교사 및 생활지도 담당자들에게 커다란 활력소가 되었다.

1957년, 서울특별시 교육위원회가 처음으로 '카운슬러 강습회'를 개최하여 40여 명의 전문적 상담교사를 단기 교육한 것을 시작으로 생활지도활동에 박차를 가하게 되었다. 그 후 1961년 말까지 약 2개월간 다섯 차례에 걸쳐 강습회를 개최하여 모두 170여 명의 교사에게 카운슬러 훈련을 시켰다. 또, 교육부와 중앙교육연구소에서도 단기 강습을 통해 180여 명의 카운슬러를 배출해 냈다. 이와 같이, 현직 교사 중에서 중견 교직 경험자를 대상으로 생활지도의 이론과 실제에 관한 강습을 받게 한 후 교육현장에서 생활지도업무를 맡도록 한 것이 우리나라 중·고등학교에서의 생활지도활동의 발단이다.

1960년대에 이르러서 몇몇 대학에 학생생활연구소가 설립되었는데, 이것을 계기로 하여 생활지도활동의 정착화를 위한 노력이 활발해졌다. 그리하여 1964년에는 중·고등학교 카운슬러 자격규정이 제정되었고, 한국 카운슬러협회 및 각 시·도지회가 발족되었으며, 심리검사윤리위원회가 발족되는 등 생활지도의 본격적인 활동이 활발히 전개되었다. 이후 1990년 초에는 '교도교사'라는 명칭이 '진로상담교사'로 바뀌었으며, 1999년에는 다시 '전문상담교사'라는 명칭으로 바뀌면서 학교에서 학생상담을 전담하는 교사로 자리매김하게 되었다.

현재 이러한 생활지도활동은 주로 상담활동을 중심으로 하여 중·고등학교에서 시행되고 있으며, 유치원이나 초등학교에서도 아동의 생활지도와 상담의 필요성이 점점 더 부각되고 있는 실정이다. 한편, 유아교육기관에서는 매일 매일의 교육활동 자체가 생활지도의 주요 내용이 되는 경우가 대부분이므로, 수시로 생활지도가 이루어진다고 보아야 할 것이다.

이에 따라 교육부가 고시하는 유치원교육과정 제5차와 6차에 유아생활교육의 목적과 목표 그리고 활동내용 영역을 명시함으로써 유아를 위한 생활지도와 교육의 중요성과 필요성을 명백히 밝히고 있다.

02

Chapter

아동발달의 이해

생활지도가 효율적으로 진행되기 위해서는 대상자의 발달적 특성이 반드시 고려되어야 한다. 아동의 지적·정서적·사회적인 측면에서의 발달수준은 신체적 발달과 함께 중요하다. 이 장에서는 영유아기와 아동기의 발달적 특성과 함께 이러한 발달에 영향을 주는 개인적·환경적인 요인들을 살펴보기로 하겠다.

1 | 아동발달의 단계적 특성

인간은 태어나면서부터 영아기, 유아기, 아동기, 청년기, 성인기 그리고 노년기를 맞이하여 생애를 마감한다. 발달은 아동의 유전적 특성과 개인이 처해있는 환경적 특성에 따라 진행되는 속도가 다르며 변화의 양상에도 개인차가 있음을 충분히 인식하고 인정하는 것이 중요한데, 특히 생애 중 발달이 가장 빠르게 진행되는 영아기에서 유아기 그리고 아동기에 이르기까지 생활지도를 일차적으로 책임지게 되는 부모는 물론, 교사와 생활지도 전문가들이 반드시 숙지하고 있어야 한다. 다음에서는 영아기와 유아기, 그리고 아동기의 몇 가지 발달적 특성들을 살펴보기로 하겠다.

1) 영아기의 발달적 특징

영아기는 일반적으로 출생에서부터 만 2세까지를 지칭하는데, 영아기의 특징은 신체적 발달이 일생 중 가장 빠르게 진행되는 시기이면서 동시에 운동발달도 활발하게 이루어져서 걷기를 배우고, 또 언어를 습득하며 자신과 타인에 대한 개념을 형성하는 등 인지발달도 이루어진다는 점이다. 이 시기의 발달적 특징을 요약하면 다음과 같다.

(1) 신체와 운동기능의 발달

출생 시에 키가 약 50cm, 몸무게가 약 3.5kg이던 영아는 두 살이 되면서 각각 1.5배와 3배로 증가한다. 두뇌의 발달도 빨라서 두 살이 될 때까지 성인 뇌의 약 75% 정도 발달하는데, 이는 뇌의 세포를 보존해주는 보조신경세포가 계속 증가하여 두뇌의 크기가 점차 커지기 때문이다. 뇌의 각 부위의 발달 속도도 빨라서 출생 시에는 각성, 반사기능, 소화, 배설 등 주로 생물학적 기능을 담당하는 뇌간과 중뇌가 먼저 발달하다가, 생후 6개월경에는 피질부의 감각영역과 운동영역의 발달이 이루어지고, 이로 인해 운동기능이 발달하게 된다.

감각기관의 발달도 활발하게 이루어져서 청각과 시각을 통한 환경으로부터의 자극에 민감하며, 이러한 정보를 근거로 반응을 보여준다. 또한 미각과 후각도 보다 예민하게 발달하여 맛과 냄새에 대한 기호가 보다 뚜렷해진다. 영아기의 운동발달은 크게 이행운동과 협응기능의 발달로 구분할 수 있다. 이행운동의 발달은 고개 들기, 몸 뒤집기, 앉기, 기어다니기, 일어서기, 걷기, 뛰기의 순서로 진행된다. 이렇게 자신의 몸을 움직여서 이동하는 이행운동은 발달이 두 살까지 진행되어 두 살이 되면서는 안정된 자세로 걸을 수 있고 달리기, 계단 오르내리기 등을 할 수 있게 된다. 또한 눈과 손의 협응능력도 발달하여 움켜쥐기, 옷 벗기, 공 던지기, 블록 쌓기 등을 할 수 있으며 소근육운동이 발달하여 두 살에는 비록 많이 흘리기는 하지만 혼자서 숟가락으로 밥을 먹을 수 있게 된다.

(2) 인지와 언어능력의 발달

인지란 개념은 감각기관을 통해 수집된 외부의 자료를 해석하고 이것을 기억해 두었다가 필요할 때 재생시켜서 사고, 추리, 문제해결에 이용하고 이를 기초로 하여 환경에 대한 지식과 태도를 획득해가는 과정이라고 할 수 있다(강문희 등, 2007).

영아들은 보고, 듣고, 맛보는 등의 직접적인 감각적 경험과 운동경험을 통해 환경을 탐색하고, 이해하며, 문제를 해결해가는 능력이 발달한다. 피아제(Piaget)는 영아기에 감각-운동을 통해 많은 인지발달이 이루어진다고 주장하면서 영아는 능동적으로 인지학습을 구성해 나간다고 하였다.

영아는 인지능력이 발달하면서 의사소통의 수단이 되는 언어를 습득하게 되며 타인과 기본적인 언어적 상호작용을 할 수 있게 된다. 생후 2~3개월부터 시작되는 옹알이를 통해서 영아는 모국어의 음소를 획득하게 되어 언어발달의 기반을 형성하게 된다. 6개월경에는 옹알이가 거의 끝나게 되고 영아는 자신 스스로 소리를 만들어 반복해내는 자기소리 모방을 시작하며, 9개월경부터 주변사람들의 말소리를 의식적으로 모방하기 시작한다. 첫돌을 전후하여 영아는 하나의 단어나 어휘로 자신의 의사를 표현하는 한 단어 단계로 접어든다. 영아가 처음에 주로 사용하는 단어들은 친숙한 사물이나 대상의 이름이 대부분이며, 일반적으로 음식, 신체부분, 옷, 동물, 자동차 및 사람에 관한 것이다. 18~24개월 사이에 영아는 두 개 또는 세 개의 단어를 사용하여 문장을 만들어 의사소통을 하게 되는데, 표현할 수 있는 어휘의 수보다 타인의 말을 이해하는 데 사용되는 어휘의 수가 더 많음이 특징이다. 영아의 인지능력도 발달하여 개념의 발달과 사물에 대한 지각과 이해능력이 발달하며 대상영속성능력을 획득하게 된다.

(3) 정서와 사회성의 발달

영아기에는 기쁨, 놀람, 분노, 두려움, 슬픔과 같은 기본정서가 발달하게 되며, 두 살이 되면서부터는 이러한 정서들을 보다 세분화하여 표현할 수 있게 된다. 영아기의 정서는 인지발달과 행동발달에 영향을 미치며, 기본 정서와는 달리 수치심, 죄의식, 자부심, 질투와 같은 복합정서는 영아의 사회화 과정에서의 다양한 경험을 통하여 발달한다.

이 시기에 영아는 부모 또는 일차적 양육자와의 애착을 형성하게 되는데, 애착은 영아가 세상과 인간에 대한 기본적인 신뢰감을 발달시키는 데 밑받침이 된다. 영아의 정서·사회발달에는 영아가 출생 직후부터 보여주는 기질도 중요한 역할을 한다. 아기들은 저마다 다른 기질을 나타낸다. 체스(Chess, 1965) 등은 231명의 어린이들을 대상으로 한 연구에서 아기들의 개인차에 나타난 아홉 가지 특징들을 기질이라고 분석하여 다음과 같이 기술하였다.

- 활동 수준 : 어떤 아기는 신체적으로 보다 활동적인가 하면 어떤 아기는 덜 활동적이다.
- 규칙성 : 대부분의 아기들은 먹고, 자고, 배설하는 등의 생리적 시간이 규칙적인 것에 반해서 어떤 아기들은 불규칙적이다.
- 새로운 상황에 대한 반응 양상 : 어떤 아기들은 새로운 상황에 대해 능동적으로 접근하지만 어떤 아기들은 보다 소극적으로 반응하거나 철회한다.
- 일상 생활 변화에 대한 적응 : 시간이 흐름에 따라 아기가 일상생활의 변화에 대해 반응하는 양상은 각기 다르다.
- 민감성의 수준 : 밝은 불빛, 소음, 혼란스러움, 젖은 옷이나 질감이 다른 옷 입기, 고통 등에 대한 아기의 반응이 다양하다. 어떤 아기들은 다른 아기들보다 이러한 경험에 대해 더 민감하게 반응한다.
- 긍정적 또는 부정적 분위기 : 아기들도 역시 성격적으로 분위기를 갖고 있는데 긍정적이고 적극적 분위기의 아기가 있는 반면 소극적이며 부정적 분위기의 아기도 있다.
- 반응의 강도 : 반응 강도는 아기의 힘씀의 정도를 의미한다. 아기의 힘씀도 각각에 따라 차이가 있다.
- 산만함 정도 : 산만함은 아기의 집중 정도를 말한다. 어떤 아기는 산만하지 않고 집중을 잘하는 반면 어떤 아기는 산만하다.
- 끈기와 주의력 : 어려운 문제에 부딪쳤거나 방해가 있을 때 다시 시도하며 계속 해결하고자 하는 능력의 차이는 아기에 따라 다양하다.

2) 유아기의 발달적 특징

유아기는 만 3~6세까지를 지칭하는데 대부분의 아동들은 만 3세가 되면서 유치원이나 어린이집 등의 유아교육기관에서 생활지도를 받게 된다. 유아기의 발달적 특징을 간략히 살펴보면 다음과 같다.

(1) 신체와 운동기능의 발달

유아기는 영아기에 비해 신장과 체중의 성장 속도가 차츰 완만해진다. 6세경의 유아는 신장은 출생 시의 약 2배 정도가 되고, 체중은 20kg 내외여서 출생 시의 약 6배가 되는 것이 일반적이다. 유아기에는 지방이 많은 통통한 살은 빠지고, 팔과 다리가 급속히 성장하면서 머리의 비율이 적어져 신체의 비율은 성인과 비슷해진다.

대근육 운동능력도 발달하여 유아의 운동량이 급속히 증가하게 되는데, 달리기, 뛰기, 공 던지고 받기, 자전거 타기 등을 할 수 있다. 3세경에는 발을 바꾸어 가며 계단을 오를 수 있으며, 4세경에는 율동적으로 움직이고 움직임의 속도 조절이 가능해지며, 5세경에는 멀리뛰기도 가능하고, 6세경에는 두발자전거를 탈 수 있다.

소근육도 점차 발달하여 옷의 단추를 끼운다거나 신발 끈을 매는 등의 일을 차츰 할 수 있으며 눈과 손의 협응을 통해 크레용으로 색칠하기, 그림 그리기 등을 할 수 있다. 유아기의 운동발달은 유연성, 균형성 및 협응면에서 향상을 보인다. 뿐만 아니라 운동감각, 위치감각, 자세감각 등이 발달하면서 여러 가지 협응동작이 가능해진다.

(2) 인지와 언어능력의 발달

유아의 언어와 인지능력의 발달은 빠르게 이루어져서 3세경에는 주변환경에서 일어나는 사건이나 일들의 원인에 대해 "왜?"라는 질문을 하면서 인과관계에 대해 관심을 보인다. 또한 현실과 가상세계를 구분할 수 있게 되며 논리적으로 설명하려는 노력을 보이기도 하는데, 5세경이 되면 시간과 공간에 대한 개념과 인과관계를 알기 시작한다.

특히 유아의 언어능력은 괄목할 만한데, 3세경에는 "싫어.", "아니야.", "내가 할래.", "나는 할 수 있어."와 같은 말들을 하게 되며 자신의 행동을 어떻게 해야 할 것인가를 스스로 결정하고자 하는 행동을 보여준다. 3세경에는 문법에 맞지 않는 두 세 단어의 불완전문장을 구사하나 네 살이 되면 3~7개의 단어로 구성된 문장을 말할 수 있으며, 어휘의 수도 약 1,600개 정도로 증가한다. 5세 유아는 완전한 문장을 말할 수 있어서 거의 성인수준의 언어 이해력을 보여주며, 의사소통에 거의 불편함이 없을 정도로 언어능력이 발달한다. 그리하여 유아는 다른 사람과 이야기하기, 이야기 듣기, 노래 부르기 등을 좋아하며 글자와 숫자에도 관심을 가져 읽기, 쓰기의 기초를 습득할 수 있다.

(3) 정서와 사회성의 발달

3세까지만 해도 혼자 놀기를 좋아하고 다른 아이와 장난감을 나누지 않으려 하던 유아는 4세가 되면서 또래에 대한 관심이 많아지고 혼자 하는 놀이보다는 또래들과 어울려 하는 놀기를 선호하기 시작한다. 5세가 되면 타인에 대해 관심을 표현하고 또래와 협동하여 놀이를 하며 장난감을 공유하는 등 사회성의 발달을 보여준다.

정서적으로는 4세가 되면서 성인의 지시에 따라 어느 정도 감정의 통제를 할 수 있게 되나 여전히 분노나 질투의 감정을 잘 참지 못하여 돌발적으로 표현하기도 한다. 또한 성인과 또래의 인정과 칭찬에 관심을 나타내며 이로 인해 자신감과 자부심이 발달하는 계기가 되기도 한다. 유아기는 아이의 사회적 세계가 확장되는 중요한 단계이다. 유아는 3세가 되면 사회적 이유기(social weaning)를 맞아 사회적 반경이 부모나 가족 이외 다른 사람에게로 확장된다. 즉, 부모, 가족, 친척, 의사 정도였던 사회적 관계가 슈퍼마켓, TV의 장난감 광고, 다른 아이들과 그들이 가진 물건들, 그리고 다른 사람들, 놀이방이나 유치원, 어린이집에 관한 것 등 보다 넓은 세상으로 확장되는 것이다. 이에 따라 유아는 놀이를 통해 또래와 사회적 관계를 맺고 즐거움을 경험하며 사회적 관계 속에서 자신이 속한 사회의 사회적 규범과 가치관을 습득하게 된다.

유아기에는 성역할에 대한 관심도 연령에 따라 달라지는 것을 볼 수 있는데 3세경에는 남녀의 구별이 없이 또래를 사귀고 놀이를 하지만 네 살이 넘으면서부터 동성의 또래에 대한 관심이 증가하고 자신의 성에 알맞은 놀이를 선호하며 성별에 적합한 성역할 행동을 보여준다.

3) 아동기의 발달적 특징

아동기는 만 6세가 되면서 초등학교에 다니게 되는 만 6~12세까지 6년간의 시기를 지칭한다. 아동기의 발달적 특징을 간략히 살펴보면 다음과 같다.

(1) 신체와 운동기능의 발달

아동기는 영아기나 유아기에 비해 신체발달이 비교적 완만하게 진행되는 시기이다. 그러나 아동기 중기를 넘어서면서부터 11~13세가 되면 신장이나 체중의 개인차와 성차가 나게 되며, 성인으로서의 신체적 성숙이 이루어질 수 있는 준비를 갖추게 된다. 발달의 속도가 빠른 아동은 초등학교 4학년이 되면 제2차 성적(性的) 특징이 나타나기도 한다.

아동기의 운동기능은 유아기에 비해 속도, 정확성, 안정성, 호응성 및 역량이 더욱 발달하고 보다 정교해진다. 이러한 운동기능은 지적·정서적·사회적 발달을 촉진시키며 더 나아가서 성격 형성에도 영향을 준다. 달리기, 줄넘기, 자전거타기, 수영, 구기놀이, 각종 스포츠 등을 즐기며 이를 통해 또래들과 상호작용하고 인정을 받고자 한다.

(2) 인지와 언어능력의 발달

아동기에 접어들면서 수행해야 할 중요한 발달과업은 인지적 성취라고 할 수 있다. 아동은 학교생활을 하면서 학업과 관련된 여러 가지 과제를 학습하고 평가를 통해 학습의 결과가 다른 또래들의 결과와 비교되는 경험을 하게 된다. 학습에 대한 동기가 교사나 부모 등 타인에 의해 유발되기도 하지만 자발적으로 학습욕구를 가지게 되기도 한다.

아동기는 피아제(Piaget)의 인지발달 단계에 의하면 구체적 사고기에 속한다. 따라서 아동은 유아기의 자기중심적 사고에서 차츰 벗어나 타인의 입장이나 감정 등을 이해할 수 있는 조망수용능력을 습득하며, 가역적 사고를 할 수 있게 되어 보존의 원리를 이해한다. 또한 분석적 사고와 추론적 사고를 할 수 있게 됨으로써 사물의 유목화나 서열화가 가능하다. 그러나 아동은 구체적인 문제나 상황에서만 논리적인 사고를 적용하는 것이 가능하다. 아직은 가설적 상황에서 논리적 사고를 하는 것에는 한계가 있다.

언어발달은 이미 유아기에 상당한 정도까지 이르나 아동기가 되면서 어휘가 확장되고 사용하는 문장의 길이가 길어질 뿐만 아니라 문법적으로도 더욱 세련되고 복잡한 문장을 사용할 수 있게 된다.

이러한 언어능력을 통하여 또래와는 물론, 성인과의 의사소통도 무리없이 거의 완벽할 정도로 이루어진다. 특기할 만한 것은 학교생활을 통하여 읽기, 쓰기, 산술 등의 능력이 습득됨으로써 인지활동과 사고능력의 발달이 촉진되는 결과를 가져온다는 것이다.

(3) 정서와 사회성의 발달

학령기의 아동은 또래 및 교사와 새로운 관계를 맺게 되어 사회생활의 영역이 질적·양적으로 변화되고 확장된다. 초등학교 저학년 시기에는 유아기의 특징이 남아있기 때문에 부모나 성인에게 의존하는 경향이 있으며, 수평적인 또래관계보다는 수직적인 인간관계에 의존하여 부모나 교사의 말에 순종한다. 그러나 고학년에 접어들면서는 성인 의존성에서 벗어나 또래와의 관계가 생활에서 큰 비중을 차지한다.

또래는 사회적 모델로서 그리고 사회적 행동에 대한 강화자로서 중요한 역할을 한다. 아동기의 또래와의 상호작용은 아동이 타인의 문제에 관심을 갖고 타인의 관점을 이해하게 되며, 집단활동을 통해 대인관계의 기술을 배우고, 타인에 대한 호감 또는 적대감을 사회적으로 받아들여지는 방법으로 적절하게 표현할 수 있도록 하는 데 효과적이다.

2 생활지도 시 고려해야 할 주요 발달 특성들

여기에서는 주로 영유아기와 아동기를 중심으로 유아교육기관과 초등학교에서 아동을 생활지도할 때 유념해야 할 주요 사항들을 생각해보기로 하겠다.

1) 영유아기의 생활지도

영유아기에 아동을 지도하면서 우선적으로 고려해야 할 발달적 특성들은 대인관계를 중심으로 행동의 통제능력을 기르면서 동시에 자율성을 기르는 일일 것이다.

(1) 건강한 신체발달과 애착의 형성

건강하고 안정된 신체발달과 운동발달을 이루도록 돕는 것은 모든 발달단계에서 중요하고 필수적인 것이지만, 특히 영유아기는 발달이 급속히 진행되는 시기임으로 더욱 중요한 생활지도의 시기가 된다. 또한 대인관계, 특히 주 양육자와의 애착관계가 신뢰롭고 안정되게 형성되도록 하는 것은 이후의 사회성 발달에도 영향을 주기 때문에 영유아생활지도에서 반드시 고려해야 한다.

(2) 자율성의 함양

두 살이 지나면서 유아는 본격적으로 주위환경을 탐색하고자 하는 욕구가 커지지만 아직은 완전하게 혼자서 독립적으로 호기심을 충족시키거나 독자적으로 환경을 탐색하기에는 역부족인 상태에 있다. 따라서 부모나 교사 등 양육과 교육을 담당하는 어른들의 지시를 따르고 부모가 정해주는 행동의 제한과 한계를 받아들이면서 점차적으로 정서와 충동적 행동을 통제하는 능력을 발달시키게 된다. 다른 한편으로 유아는 인지능력과 언어가 발달하면서 놀이와 의사소통능력이 급속히 증가하고 자발적으로 즐길 수 있는 시기이기도 하다.

그러나 만약 양육자나 가까운 성인들의 행동제한이 지나치게 엄격하거나 아니면 반대로 지나치게 허용적 또는 일관적이지 못하고 어른의 기분이나 상황에 따라 유동적으로 적용될 때 유아는 정서적으로 혼란이 가중되어 환경을 독립적으로 탐색하는 것을 포기하거나 또는 불복종과 고집으로 대처하는 등의 행동문제를 보이기 쉽다는 점을 유념한다.

(3) 자기통제능력의 발달

유아기는 아동이 자기의 감정이나 충동을 언어와 같은 사회적으로 바람직한 방법으로 표현할 수 있는 능력이 아직 충분히 발달하지 못한 시기이기 때문에 자신이 원하는 것을 얻지 못하거나 욕구가 즉각적으로 충족되지 못할 때 흔히 소리 지르고, 물고, 발로 차고, 분노를 터트리는 등의 행동을 보여준다(Davies, 1999). 즉, 아직 어린 유아들은 자신의 정서와 행동을 통제하기 어려운 시기라고 할 수 있다. 유아들은 일상생활 속에서 나름대로 여러 가지 문제 상황에 부딪치면서 좌절을 참아내야 한다든지, 불안과 두려움을 대처해 나가야 한다든가, 또래를 사귀기 위해 자신의 감정을 조절해야 하는 등 상황에 따르는 문제를 해결해 나가야 한다.

자기통제란, 개인이 정해놓은 목표를 달성하기 위해서 순간의 충동적인 욕구나 행동을 억제할 수 있는 능력으로서(정옥분, 2002), 자기통제를 할 수 있기 위해서는 최소한 자기의 주변에서 자기에게 원하는 것이 무엇인지를 알아야 하고, 그러한 요구에 맞추기 위해 어떻게 행동을 적응시켜야 하는지를 이해해야 한다(강문희 등, 2004). 아동의 자기통제능력은 연령이 더해가면서 증가하는 것으로 알려져 있는데 그 이유는 여러 가지가 있겠으나 무엇보다도 아동의 인지능력이 향상되면서 상황에 대처하는 능력, 즉 상황에 대한 판단이 보다 정확해진다는 점과 외부의 규준을 준수하고 이를 자기행동에 반영시키는 준거가 점차 내재화되면서 자기행동을 조절할 수 있는 능력이 증가한다는 등의 이유를 생각해볼 수 있다(강문희, 2007).

연구결과에 의하면 자기통제능력과 자아존중감 그리고 자신감 등이 정적 상관이 있는 것으로 밝혀지고 있으며, 이러한 상관은 아동기뿐만 아니라 청년기까지도 비교적 안정적인 경향을 보이는 것으로 보고되고 있다(Berk. 2006). 따라서 자아개념과 자아존중감이 형성되는 시기인 유아기와 아동기 초기에 자기통제능력을 길러주도록 돕는 것은 아동이 환경과의 상호작용에서 잘 적응하도록 돕는데 필수적인 요소라고 하겠다.

2) 아동기의 생활지도

초등학교에 다니는 아동의 생활지도는 학교생활과 밀접한 관계를 가지게 된다. 학교에서의 적응은 아동의 정서적 안정과 행복도에 기여하기 때문에 이러한 사항들을 유념하면서 생활지도를 하는 것이 바람직하다.

(1) 인지능력의 발달과 학업수행능력

대부분의 나라에서 법적으로 의무교육이 시작되는 만 6세의 아동은 무엇보다도 읽기, 쓰기, 셈하기의 학업을 수행해 나갈 수 있는 기본적인 인지적 능력을 발달시키는 것이 중요하다. 그러나 미국정신상담학회의 자료에 의하면(1994) 학령기 아동의 약 2~10%에 해당하는 아동들이 학업을 정상적으로 수행해 나가는 데 어려움을 경험하고 있으며, 그중 5% 정도는 심각한 정도의 학업장애로 고통을 받고 있다고 보고하고 있다. 학업문제는 대부분이 행동문제를 수반하기 때문에 상담실로 의뢰되는 아동의 상당수는 말할 것도 없이 학업문제와 연계된 행동문제를 가진 아동이라고 해도 과언이 아니다. 주의력결핍-과잉행동장애(ADHD)를 보이는 초등학교 아동들의 대부분도 학업장애의 문제를 가지고 있다(Durlak, 1992).

이러한 학업장애의 문제는 학업부진으로 단순히 끝나는 것이 아니라 아동의 공격성, 또래관계에서의 문제, 우울 등의 문제로 이어지며 청소년기에 이르러서는 학교폭력, 범죄, 학교의 중도 퇴학, 그리고 정신장애에 이르기도 하는 심각한 문제행동의 원인이 된다는 점에서 생활지도를 담당하는 교사들이 중요하게 다루어야 할 주제라고 생각된다.

(2) 자아개념과 자아존중감

자아개념과 자아존중감은 유아기, 아동기 그리고 청소년기에 거쳐 대부분이 발달하는 것으로 알려져 있다. 그러나 가장 중요한 자아개념의 발달 시기는 초등학교에 다니는 아동기에 이루어진다(Schroder & Gordon, 2002). 자아개념이 자기 자신에 대한 개인의 견해라고 한다면, 자아존중감은 자기 자신에 대한 개인의 평가 또는 실제의 자아개념과 이상적 자아 간의 격차라고 정의 내리기도 한다(Harter, 1983).

초등학교 시기의 학업수행능력은 교사나 부모 또는 또래 등으로부터 '좋은 평가' 또는 '좋지 않은 평가' 등의 피드백을 받게 되는데, 이러한 사항은 아동의 자아개념과 자아존중감에 점차로 중요한 영향을 미치게 된다. 특히, 10세 전후의 아동들은 자아존중감이 사회적·정서적 발달에 절대적인 역할을 한다. 상담을 필요로 하여 의뢰되는 아동들의 상당수에 해당되는 아동이 낮은 자아존중감을 가진 아동들임을 고려해 볼 때 자아존중감에 대한 이해는 생활지도 담당자들이 반드시 가지고 있어야 할 전문영역이라고 생각된다.

(3) 또래관계

사회적 관계의 발달을 연구한 하텁(Hartup, 1989)에 의하면 인간은 자기보다 지식이 많고, 더 큰 사회적 힘을 가지고 있는 타인과의 '수직적 관계'를 가지는 것도 중요하며 동시에 자신과 동등한 정도의 지식과 사회적 힘을 가지고 있는 타인과의 '수평적 관계'를 가지는 것도 중요하다고 하였다. 왜냐하면 수직적인 관계, 즉 어른과의 관계는 아동에게 심리적 안정감과 보호를 제공해주는 반면에 수평적 관계는 자신과 비슷한 수준에 있는 사람, 즉 또래관계를 통해 동등성, 협동성, 친밀감과 같은 사회적 기술을 배울 수 있기 때문이다.

아동기는 아직 부모의 절대적인 보호하에 성장하면서 학교 교육과 함께 다양한 물리적·사회적 환경에서 여러 가지 학습이 진행되는 시기이다. 이에 따라 유아기에서 아동기 초기에 이르기까지 부모나 교사 등 중요한 어른들의 심리적 지지 여부는 아동의 행동에 거의 절대적인 영향을 준다. 그러나 아동이 열 살이 넘어가면서 점차로 어른의 영향력은 감소하고 또래관계에서의 놀이나 작업, 갈등, 수용 등의 문제가 중요한 당면과제로 떠오르게 된다. 또래관계에서 수용되었을 때 아동은 정서적 안정감을 가지고 세계를 탐색하며 인간관계를 긍정적으로 맺어갈 수 있다. 그러나 또래관계에서 소외되거나 수용받지 못했을 때 아동은 고립감을 가지게 되며 이로 인해 심한 우울감에 빠지게 되고, 더 나아가서 철회적 행동이나 일탈행동, 또는 공격적인 행동을 보이는 등 문제행동으로 연결되기 쉽다. 실제로 상담과 임상의 현장에서 전문적 도움을 필요로 하여 의뢰되는 아동의 상당수는 아동이 또래관계문제를 가지고 있는 사례임을 볼 수 있다. 따라서 또래관계의 주제는 생활지도에서 중요하게 이루어져야 할 활동영역이라고 하겠다.

3 발달에 영향을 주는 환경적 요인

아동의 신체적·심리적 건강에 영향을 미치는 요인들은 아동 자신의 선천적인 유전적 요인이나 기질적 요인들과 함께 아동이 성장·발달하면서 직면하게 되는 심리적·물리적 환경, 즉 가정환경이나 가족관계, 부모의 양육방법과 태도 등인데 이러한 환경적 요인들은 아동의 개인적 특성과 상호작용하면서 아동의 발달에 영향을 주게 된다.

발달에 영향을 주는 환경적인 요인은 여러 가지가 있으나 여기에서는 가족관계, 사회관계, 그리고 특정 사회나 문화에서 요구하는 사회화 과정의 특징 등을 중심으로 생각해보기로 하겠다.

1) 가족관계

가족관계는 아동의 정서발달과 성격 형성에 영향을 주는 가장 중요한 요인이면서 가장 밀접한 사회적 관계라고 할 수 있다. 가족관계는 정적(靜的)인 관계라기보다는 동적(動的)인 관계이다. 왜냐하면 가족은 부모-자녀관계로서 고립된 집단의 단위라기보다는 그들을 둘러싸고 있는 사회적·정치적·종교적·교육적 환경으로부터 알게 모르게 압력을 받고, 이에 대응해 나감으로써 그 자체가 변화를 경험하게 되는 집단이기 때문이다. 예를 들면, 아이를 양육해 나가는 방법에 대해서도 가족은 비교적 민감하게 반응하게 되는데, 가령 '모유가 좋은가, 우유가 좋은가', '체벌을 가하는 것이 좋은가, 나쁜가', '허용적이어야 하는가, 아니면 보다 더 엄격해야 하는가' 등의 문제에 대해서 부모들은 그 시대의 흐름에 동조하게 되는 경향이 있기 때문이다(강문희, 2008).

보다 구체적으로 보면, 가족관계는 어머니-자녀, 아버지-자녀 간의 관계 또한 매우 중요한 양상을 띠게 되는데, 이러한 관계는 자녀를 양육하는 방법을 통하여 나타나게 된다. 예를 들면, 권위적인 양육방법을 사용하느냐 아니면 허용적이거나 익애적인 양육방법을 사용하느냐는 아동의 정서적·성격적 발달에 영향을 줄 뿐만 아니라 인지적·사회적 발달에도 영향을 주어 아동의 적응 행동에도 영향을 미치게 된다.

특히 오늘날 이혼가정, 한부모가정, 조손가정 등 가족형태가 다양해지면서 이러한 가정에서 온 아동들을 어떻게 생활지도해야 하는가의 문제는 교사들의 중요한 명제 중의 하나가 되고 있다.

2) 형제관계

아동발달에서 출생순위와 관련된 연구는 이미 갤턴(Galton)에서부터 시작되었다. 갤턴은 영국의 유명한 과학자들의 가정배경을 조사해 본 결과, 대다수가 장자(長子)였음을 밝힌 바 있다. 코흐(Koch, 1955)는 5~6세된 360명의 아동을 광범위하게 연구해 본 후 맏이가 언어표현능력과 지적 성취도에서 동생들보다 높은 점수를 보였으며, 또한 보다 책임감이 높았음을 보고하였다.

산업사회의 발달과 함께 일하는 주부들이 증가하고 핵가족화되면서 다자녀가족보다는 한 자녀나 두 자녀를 선호하는 사회적 풍토가 도래하였다. 이러한 1~2명의 자녀와 부모로 이루어진 소가족의 형태는 아동의 성격 형성에도 영향을 주는데, 예를 들면 외동아의 경우 형제가 많은 가족의 아동보다 더 자기중심적이고 의존적이며 고집이 세고 내향적인 성격 특징을 갖기 쉽다고 한다. 그러나 이러한 특징은 부모의 양육태도에 따라 달라질 수 있음은 말할 필요도 없다.

3) 또래관계

또 하나의 중요한 인간관계 요인은 또래집단이다. 유아기에 같은 나이 또래들과 접촉하고 놀이를 즐기는 경험은 아동의 사회성 발달에 커다란 영향을 준다. 특히 2살 이후에는 또래와 함께 놀 기회가 증가하게 되며, 또래들 간의 공통적인 놀이를 즐기는 경험이 중요하다. 더욱이 네 살이 넘으면서부터는 부모의 인정과 칭찬뿐 아니라 또래로부터 받는 인정도 매우 중요시하게 됨으로써 사회성 발달이 활발하게 된다. 유아는 또래들과의 놀이를 통하여 어떻게 행동하는 것이 또래들의 인정을 받으며 인기를 얻을 수 있는지를 알게 된다. 이를 통해서 유아는 타인을 돕는다든지, 같이 협동한다든지, 집단의 규칙을 따르는 것, 친절한 것 등이 사회적으로 인정받는 행동이며, 반면에 위축해 있거나, 지나치게 공격적인 행동, 집단의 규칙을 따르지 않는 행동, 혼자만 독점하려는 행동 등은 사회적으로 인정받지 못하는 행동임을 배우게 된다.

뿐만 아니라 또래와의 관계를 통하여 아동은 대인관계의 기술을 습득하게 되며 또래의 행동을 관찰하고 모방함으로써 대인관계의 수줍음이나 두려움을 감소시킬 수 있게 되어 보다 자신감이 커지게 된다. 또한, 친구들과 흥미나 행동, 능력, 힘을 비교해 봄으로써 자기 자신에 대한 보다 올바른 평가를 하게 되기도 한다.

이러한 또래와의 관계에서 얻어진 사회적 기술은 아동이 청년기, 성인기가 되어 보다 광범위한 인간관계를 가지는 데까지도 지속적인 영향을 주는 행동 특성으로 남아 있게 된다.

4) 사회화 과정

사회화란 기본적으로 자신이 속해 있는 사회·문화에서 요구하는 바람직한 행동규범, 가치관, 도덕관 등을 습득해 나가는 과정이라고 할 수 있다. 즉, 아무것도 모르는 상태에서 생을 시작했던 어린아이가 성장·발달해 나가면서 점차로 적절한 사회적 판단을 해나갈 수 있게 되며, 이에 알맞은 자기 조절과 통제를 함으로써 책임감 있는 사회의 구성원이 되어 나가는 과정이라고 할 수 있다. 사회화 과정에 작용되는 심리적 요인들은 부모나 교사 등 유아와 아동의 행동에 영향을 미치는 중요한 성인들이 아동에게 칭찬과 벌 등의 훈육과 생활지도를 어떠한 방법으로 적용하는지 등이 주요한 요인으로 작용한다.

03 Chapter 아동행동 이해의 방법

생활지도는 아동의 행동에 대한 이해에 기초를 두고 전개되어야 한다. 이 장에서는 아동의 행동을 보다 정확하게 이해하기 위하여 행해지는 정보수집활동 중 몇 가지 방법을 소개하기로 한다.

아동의 행동을 이해하는 방법을 구체적으로 설명하기 전에 먼저 아동의 문제행동을 이해하는 데 참고가 되는 세 가지 견해의 모델을 소개하면 다음과 같다(계정희, 1985).

- 통계적 모델 : 통계적 모델은 소위 정상분포곡선(normal distribution curve)이라는 그림의 분포를 중심으로 인간의 행동을 이해하려는 시도라고 할 수 있다. 그림 3-1에서 볼 수 있는 바와 같이 0을 중심으로 하여 표준편차로 ±1이 되는 범위 내에 100명 중 약 67명이 속한다는 계산이 되므로 대부분이 여기에 몰려 있고 양쪽 극단으로 갈수록 그 빈도가 줄어들도록 되어 있다. 즉, 가운데에 속해 있는 대다수를 정상이라고 부르고, 극단 쪽에 있는 소수를 비정상이라고 간주하는 모델이라고 할 수 있다.

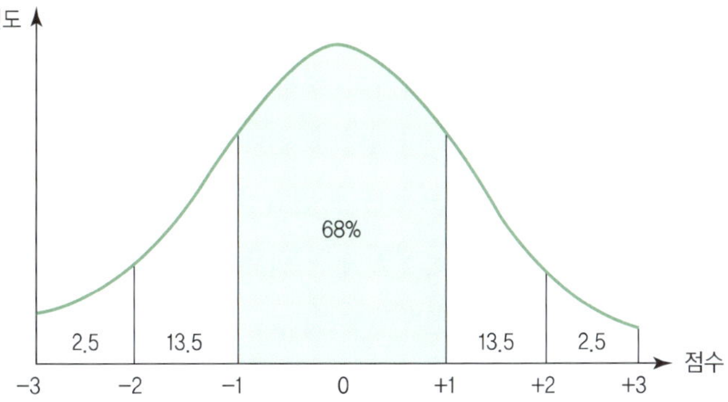

그림 3-1 정상분포곡선

통계적 모델은 지능이나 언어·인지발달 등에서 발달속도의 빠름과 느림을 이해할 때 도움이 된다. 그러나 아무 경우에나 적용할 수는 없으며 결과를 함부로 해석하는 데에서 오히려 문제 발생의 소지가 있으므로 조심성 있게 사용해야 한다.

의학적 모델 : 의학적 모델에서 강조하는 것은 문제행동의 원인을 진단해 내는 일이다. 마치 우리 몸에 열이 높아졌을 때 열이 오른 원인이 무엇인지를 각종 검사나 진찰을 거쳐 알아낸 후에 이에 대응하는 처방을 내리고 치료를 시작하는 의사들의 진료과정과 흡사한 것이다. 마음의 병도 반드시 그 원인이 있다고 믿고 있으며, 이 원인을 진단해 내는 것이 가장 중요한 진료과정이 된다고 믿고 있다. 오늘날 정신의학에서 아동의 문제행동을 이해하고 이에 대한 치료를 진행해 나가는 과정도 바로 이 의학적 모델에 의한 경우가 대부분이다.

그러나 문제행동의 원인을 찾았다고 해서 심리적 문제가 반드시 해소되는 것은 아니라는 점에서 한계점을 가진다고 하겠다.

절대적 모델 : 절대적 모델은 통계적인 관점에서 타인과의 비교를 거쳐 정상이냐, 아니냐를 판단하기보다는 개인의 심리적 자각과 적응상태를 더욱 중요시하는 모델이다. 즉, 통계적으로 볼 때는 대다수에 속하는 정상인이라고 판정된다고 해도 개인이 심리적으로 불안감과 불편감, 불행감을 느낀다면 문제로 삼아야 하며, 반면에 통계적으로 비정상에 속한다 해도 개인적으로

고통감을 느끼지 않는다면 문제삼을 필요가 없다는 견해이다.

개인의 규준에 따라 그의 개인적 행복감과 환경에의 적응성을 기준으로 하여 문제점이 있고 없고를 따진다는 점에서는 아동의 문제를 이해할 때 도움이 된다. 그러나 개인적으로는 불편감을 느끼지 못한다고 해도 그가 사회적으로 받아들여지지 않는 행동을 한다면(예 : 반사회적 행동) 그것은 문제행동이라고 보아야 할 것이다.

이상에서 아동의 문제를 이해하려는 세 가지 관점을 살펴보았다. 그러나 이 중에서 어느 것 하나만을 선택하여 사용하는 데는 여러 가지 제한점이 있으며, 그 정확도나 예언도에서도 충분하지 않을 것으로 생각된다. 따라서 한 아동의 심리와 행동을 이해하려면 다각적인 관점에서 살펴보아야 하며, 항상 조심스러운 태도로 판단해야 할 것이다.

1 | 관찰을 통한 이해

아동을 이해하는 방법 중에서 가장 오래되고, 기본적이며 직접적인 방법은 관찰법이다. 관찰법은 표면적으로 나타나는 아동의 행동을 직접적이고 객관적으로 관찰하고 이를 기록하여, 아동과 그 아동이 놓인 장면과의 관련성을 분석하는 것이다.

관찰자는 이러한 과정을 통하여 아동의 행동 특징이나 행동을 지배하는 규칙이 무엇이며, 성격 특징이나 심리적 특성 등이 행동을 통해 어떻게 표현되는가를 이해하게 된다.

깁슨과 미첼(Gibson & Mitchell, 1999)은 관찰을 구조화된 정도에 따라서 세 가지 수준으로 나누고 있다.

즉, 첫 번째 수준의 관찰은 일상적 관찰(casual information observation)의 수준으로서 일상생활 속에서 누구나 접할 수 있는 구조나 아무 계획 없이 우연하고 우발적으로 일어나는 관찰이다. 여기에는 특별히 훈련된 관찰자나 관찰도구가 필요하지 않음이 특징이다.

두 번째 수준의 관찰은 지시적 관찰(guided observation)로서 관찰을 하고자 하는 분명한 목적을 가지고 계획, 지시된 관찰이다. 이 경우 관찰자는 약간의 훈련이 필요하며 체크리스트나 평정척도와 같은 비교적 단순한 관찰도구들을 사용하는 것이 보통이다. 아동생활지도에서 가장 많이 사용되는 방법이라고 할 수 있다.

세 번째 수준의 관찰은 임상적 관찰(clinical observation)로서 통제된 상황에서 비교적 지속적으로 행해지는 관찰이다. 고도의 훈련을 받은 전문가에 의해 관찰이 이루어질 수 있는 전문적인 기법과 도구를 활용한다(이재창, 2005).

1) 관찰의 종류와 특성

관찰의 종류는 분류 기준에 따라 다양하게 나누어지는데, 여기에서는 몇 가지 대표적 기준에 의한 관찰의 종류를 알아보고, 그 개념 및 특성에 대해 살펴보기로 하겠다.

(1) 자연적 관찰법

자연적 관찰법은 있는 그대로의 자연스러운 상황에서 아동의 행동이나 사건들을 관찰하는 방법이다. 따라서, 자연적 관찰법은 미리 어떤 의도를 가지고 관찰을 하거나 선입견을 가지고 관찰을 하는 것이 아니므로, 아주 자연스러운 상황에서 아동을 이해할 수 있는 좋은 기회가 된다.

또, 일상생활환경에서 자연발생적인 아동의 행동을 관찰한 것이기 때문에 현실적이고 실제적이며 아동을 이해하는 방법으로서의 가치를 인정받게 된다. 이 방법은 특수한 형식이나 사전계획이 필요하지 않으므로, 아동과 접촉이 많은 부모나 교사 등이 가장 손쉽고 유용하게 사용할 수 있는 방법이라고 할 수 있다. 반면에, 자연적 관찰법은 아동의 자연스러운 행동을 이해하는 데에는 도움이 되지만, 자칫하면 관찰자의 주관적 판단과 해석에 의해 자료가 왜곡되기 쉬운 단점을 가지고 있다. 특히, 관찰하고 기록한 장면이 아동에게 어떤 의미가 있는지를 연결시키기 어려울 수도 있으며, 관찰한 행동이나 사건을 즉시 정리하고 기록해 두지 않았을 경우에는 기억에 의존하여 아동의 행동을 이해해야 하므로 그 신뢰성이 의심스러워질 수도 있다. 따라서 아동의 행동에 대하여 관찰한 바를 그때그때 기록해 두는 것이 매우 중요하다.

(2) 조직적 관찰법

조직적 관찰법이란 대체로 관찰할 사항이나 행동 등에 대해서 일정한 목표를 정하고 이것을 보다 체계적으로 관찰하는 방법이다. 위에서 설명한 자연적 관찰법은 비조직적 관찰법으로서, 이 방법에서는 어떤 사건이나 행동이 왜 일어나는지에 대한 원인과 발생 조건을 분석·파악하기 어렵다. 이러한 단점을 보완하기 위해, 대상 장면이나 조건을 연구 목적에 따라 조직적으로 관찰하려는 것이 조직적 관찰법이다.

다음으로 조직적 관찰법의 종류와 그 특징에 대해 살펴보겠다.

① 시간표집법

시간표집법은 관찰 장면을 제한하지 않는 대신 일정한 시간을 정해 놓고 그 시간 안에 미리 정해진 특정한 행동이 얼마나 자주 일어나는지를 여러 번에 걸쳐 관찰함으로써 양적으로 측정하는 방법이다(표 3-1). 예를 들면, 미리 관찰할 행동을 정해 놓고(예 : 공격성) 비교적 짧은 시간을 정해서(예 : 오전 10시~10시 20분까지), 이 시간 안에 몇 번이나 이 행동이 일어났는지를 관찰·기록하는 것이다.

시간적 차원에서의 행동을 표집할 때 유념해야 할 것은 관찰하고자 하는 아동의 행동이 무엇인가(예 : 또래와의 관계에서 친화적 행동 또는 공격적 행동)에 따라, 관찰하고자 하는 시간이 언제인가(예 : 오전이냐 오후냐에 따라 대상행동의 특성에 차이가 날 수 있다), 그리고 관찰하는 시간의 길이가 어느 정도나 되는가에 따라(예 : 짧은 시간 여러 번 반복 관찰, 또는 긴 시간 계속 관찰) 관찰하고자 하는 아동행동의 대표적 특성이 달라질 수 있으며, 이에 따라 아동행동의 이해를 위한 자료에 오류가 발생할 수 있다.

표 3-1 시간표집에 의한 관찰(예)

관찰 날짜	시간 표집(5분 간격) 0 5	10	15	20	25	30	35	40	45	50	55	60	빈도/ 표집 수	행동비율 (%)
4월 9일	−	−	−	−	−	+	−	+	+	+	+	+	6/12	50
10일	+	+	+	+	+	+	+	+	+	+	+	+	12/12	100
11일	−	−	+	+	−	+	−	−	−	+	+	−	5/12	41.7
계													23/36	63.9

*+ : 집단놀이 참가, − : 집단놀이 이탈

② 상황표집법

무엇을 관찰할 것인지의 대상이 확실히 정해져 있을 때, 그 행동이 잘 나타나는 장면을 선택해서 관찰하는 것이 상황표집법이다. 예를 들면, 아동의 사회적 행동을 알고 싶을 때에는 집단놀이나 협동작업을 하는 장면을 관찰하고, 아동의 지도성을 보기 위해서는 학급회의 활동 등을 관찰한다. 따라서, 관찰자는 그 행동이 언제 일어날 것이며, 어떤 상황에서 일어나는지를 알아두는 것이 중요하다.

(3) 역동적 관찰법

역동적 관찰법은 임상적 관찰과 유사한 것으로 관찰하려는 장면이나 조건을 인위적으로 조작하여 동일 행동을 보다 정확하고 엄밀한 조건하에 관찰하고자 하는 방법이다. 흔히 실험적 방법을 적용할 때 사용하는 관찰법이라고 할 수 있다.

인간의 행동은 단순히 그가 처해 있는 상황에 의해서만 유발되는 것이 아니라 개인의 특성과 환경 간의 상호작용에 의해서 결정된다. 따라서, 아동의 행동을 관찰하고 이해하기 위해서는 아동의 개인적 요인인 정신적·신체적·정서적 요인들과 그 행동이 일어난 상황적 요인을 동시에 관찰하여 이 요인들 간의 역동적 관계를 찾아내야 한다고 주장하는 것이 역동적 관찰법이다. 즉, 행동을 환경과의 상호관계에서 이해하려는 방법이다.

이 방법은 아동의 행동을 관찰할 때 어떤 부분만을 선택하는 것이 아니라 전체를 관찰할 수 있는 장점이 있다. 그러나 인간의 심리와 행동에 대한 깊은 이해가 없이는 충분한 효과를 거두기 어렵다.

2) 관찰 시 유의점

관찰은 관찰자의 훈련배경과 역량에 크게 의존하기 때문에 관찰의 성패는 관찰자에게 달려 있다고 말할 수 있다. 또 잘못된 관찰결과에 의하여 인간 행동을 해석하고 판단할 때 돌이킬 수 없는 잘못을 범하게 된다. 관찰 시 유의해야 할 점은 다음과 같다.

- 실제로 보고 들은 관찰의 자료와 거기에서 얻은 결론 간에는 명백한 구분을 지어야 한다. 즉, 관찰은 사실을 있는 그대로 보고 듣는 것이어야 한다.
- 관찰은 객관적인 태도로 이루어져야 한다. 객관적이란, 관찰자의 편견이나 주관적 의견이 스며들지 않은 상태를 말한다. 관찰이나 기록은 객관적이어야 하고, 관찰과 해석을 분명히 구별할 줄 알아야 하며, 해석 이전단계에서는 개인의 편견이 첨가되지 않아야 한다. 관찰자의 편견이나 의견이 첨가되면 관찰된 자료는 객관성을 잃게 된다.
- 관찰의 대상이 된 행동이 일어난 상황을 고려하면서 관찰해야 한다. 같은 행동이라도 환경 조건에 따라서 해석이 달라질 수 있으므로 행동을 이해하고 해석하려고 할 때에는 반드시 상황적 요인을 고려하도록 한다.
- 관찰의 대상이 된 아동과 관찰된 내용은 전문적 목적 외에는 사용할 수 없으며, 반드시 비밀이 보장되어야 한다.
- 가능한 한 정확한 용어로 관찰된 행동을 기술한다. 과장하거나 장황한 설명과 용어의 사용은 관찰의 정확성과 객관성을 잃게 할 가능성이 있다.
- 관찰의 결과를 기록할 때에는 다음의 내용을 포함시키도록 한다.
    - 관찰자의 이름
    - 관찰 대상자의 연령, 생년월일, 성, 기타 필요한 사항들
    - 관찰이 일어난 날짜와 시간
    - 관찰이 일어난 구체적인 상황, 장소(예 : 운동장, 놀이방, 교실, 시장, 우체국 등)

3) 관찰법의 장점과 단점

(1) 장 점

관찰법의 장점은 다음과 같다.

- 관찰법의 장점은 무엇보다도 생생한 자료를 얻을 수 있다는 것이다. 특히, 있는 그대로의 행동과 반응 형태를 보고 듣고 느낌으로써 개인에 대한 보다 직접적인 정보를 얻을 수 있다.
- 관찰법은 아동을 이해하기 위한 다른 어떤 방법보다도 접근하기가 쉽다. 특히, 교사가 학급이나 아동의 생활 장면에서 그들의 행동을 관찰하게 되므로 별다른 제약조건이 요구되지 않는 장점이 있다.
- 관찰에서 얻어진 자료는 비교적 자세하고 풍부하기 때문에 아동의 행동을 이해하는 데 기초가 된다.
- 아직 나이 어린 아이의 심리를 이해하기 위한 심리검사는 비교적 많이 개발되어 있지 않은 편이고, 또 개발된 검사들도 아동에게 적용하기에 무리가 있다는 점을 생각할 때 자연적인 상황에서 아동의 자발적인 행동을 관찰한다는 것은 아동 이해의 중요한 방법이 될 수 있다.
- 관찰법은 관찰대상자의 능력이나 교육 정도에 의해 제한을 받지 않는다. 연령, 학력, 그리고 사회·경제적 지위와는 무관하게 어떠한 대상에게도 적용될 수 있으며 특히 언어적 표현의 능력이 부족한 영유아는 좋은 관찰의 대상이 될 수 있다.

(2) 단 점

관찰법의 단점은 다음과 같다.

- 개개인을 한 번에 한 명씩밖에 관찰하기가 어렵다는 점을 생각할 때 관찰자의 시간과 노력, 경비 면에서 비경제적이다.
- 관찰자의 편견이나 의견 및 주관적 판단을 완전히 배제하고 객관적이기 어렵다. 즉, 관찰자가 가지는 개인적 특성의 차이를 완전히 제거하기 어려운 단점이 있다.

- 관찰 대상자가 자신이 관찰의 대상이 됨을 의식하게 되었을 경우 대상자의 의도적이고 가면적인 행동을 예방하기 어렵다.
- 관찰은 관찰의 대상이 되는 행동을 현장에서 포착하는 것이므로 통제된 관찰이 아니라면 관찰대상 행동이 일어날 때까지 기다려야 한다는 어려움이 있다. 심지어 어떤 행동은 관찰이 불가능한 것도 있으므로 계획성 있는 관찰을 하기 위한 사전준비 없이는 실패하기 쉽다.
- 관찰법은 일반적으로 작은 규모의 표집을 사용한다. 이로 인해 수량화하여 통계적 분석방법에 의한 객관적이고 양적인 해석을 하기보다는 주관적이고 심층적인 질적 분석을 하게 될 가능성이 크기 때문에 많은 수의 대상을 관찰하여 행동 특징을 직접적으로 비교하기 어렵다.

4) 관찰의 기록과 활용

관찰한 바를 그때 그때 기록한 정보들을 아동을 이해하기 위한 중요한 자료로 사용할 수 있도록 만드는 것은, 어떤 의미에서는 관찰 자체보다 더 소중할 수 있다.

특히, 자연적 관찰에서는 관찰의 대상이 된 아동의 행동 특성이 언제 다시 반복해서 나타난다는 예측을 하기 어렵기 때문에, 사건이 일어나서 그에 대한 관찰이 이루어진 즉시 이를 정확하고 객관적인 태도로 기록하는 것이 바람직하다.

관찰한 것을 기록하는 방법에는 여러 가지가 있으나, 이 중에서 교사가 손쉽게 기록할 수 있는 방법의 종류는 다음과 같다.

(1) 일화 기록법

일화 기록법이란 아동의 성격적 특징, 행동의 경향, 적응양식 같은 것을 이해하기 위해서 아동의 행동 사례를 구체적으로, 가능한 한 생생하게 기록해 가는 방법을 말한다.

일화 기록법은 어떤 짧은 내용의 사건들, 즉 일화들을 관찰한 그대로 기록함으로써 한 개인에 대하여 그의 성격이나 행동의 중요한 특징을 찾아내는 방법이

일화 기록

- 아　동: 이명수　　　　　　　　　　　　　• 날　짜: 2011. 6. 8.
- 관찰자: 김순희　　　　　　　　　　　　　• 시　간: 10시 30분
- 장　면: 유치원 놀이터
- 내　용: 명수는 모래놀이를 하고 있었다. 명수가 부삽으로 모래를 퍼서 그릇에 담고 있는데, 철이가 그 옆으로 다가가 물 뿌리개를 집어 들었다. 명수는 철이에게 모래를 던지면서, "안돼, 그건 내 꺼야."라고 했다. 철이는 모래 바닥에 주저앉아 울음을 터뜨렸다. 그러자 명수는 고개를 돌려 교사를 바라본 후, 두 눈을 내리깔고 작은 목소리로 "안돼, 안돼."를 계속해 댔다.
- 의　견: 명수는 어른들의 꾸중을 몹시 두려워하는 듯하다.

그림 3-2 일화 기록의 예

다. 일화 기록의 대상은 관찰 대상 아동의 특징을 이해하는 데 도움이 될 만한 사건들로서, 반드시 문제가 되는 행동이나 언행, 태도만이 아니라 긍정적이고 바람직한 행동 특성에 대해서도 기록해 나갈 수 있다.

또, 일화 기록은 특정한 시간이나 사건에 제한됨이 없이 언제 어디서나 기록할 수 있으며, 특별한 준비나 계획 없이도 관찰자에게 흥미가 있다고 생각되는 것이면 무엇이나 그때 그때 기록하면 되므로 교사의 입장에서 가장 손쉽게 접근할 수 있는 아동 이해의 방법이다.

일화 기록을 할 때에는 다음과 같은 점에 유의한다.

- 사건이 생긴 후 곧바로 기록한다. 따라서, 언제나 기록할 수 있도록 연필과 기록카드를 항상 가까이에 준비해 놓도록 한다. 그러나 관찰 대상 아동이 자신이 관찰의 대상이 되고 있음을 의식하게 되면 부자연스럽게 행동할 우려가 있으므로 아동이 보는 앞에서는 기록하지 않도록 한다.
- 대상 인물의 말과 행동을 구별해서 기록한다.
- 관찰시간, 장면, 진행 중인 활동 등 상황적인 자료를 반드시 기록에 포함시키도록 한다.
- 대상 인물의 언어와 행동을 기록함과 동시에, 그 상황에 있는 다른 사람들의 반응도 기록한다.

- 대화의 정확한 의미를 파악하기 위해서 대상 인물이 사용한 말을 그대로 인용한다.
- 일련의 사건을 기록할 때에는 사건이 일어난 순서대로 기록한다. 즉, 일화에는 시작, 중간, 끝이 있어야 한다.
- 일화의 내용을 구체적으로 쓰도록 하며, 일반적이고 평가적인 입장에서 기록하는 것은 피한다. 예를 들면, '영이는 언제나 음악을 좋아한다.' 와 같은 일반적인 서술이나, '영이는 대단히 감상적인 아동이다.' 와 같은 평가적인 측면에서 서술하는 것은 바람직하지 못하다.
- 객관적이고, 사실적이며, 완전한 기록이어야 한다. 길게 설명을 덧붙여서 쓰는 것보다는 간결하나 객관적이고 사실 그대로를 기록하도록 유의한다. 특히, 관찰자의 편견이 개입되지 않도록 한다.

(2) 빈도 기록법

이 방법은 일정한 시간 동안에 관찰대상 행동이 얼마나 자주 발생하는지 그 발생 횟수를 기록하는 방법으로, 시간표집 관찰법에서 자주 쓰이는 관찰 기록방법이다. 예를 들어, 친구들이 놀 때 그들을 툭툭치며 놀이를 방해하는 영수의 행동을 관찰, 기록하는 데 이 방법을 이용하는 경우를 살펴보자. 여기서는 매일 오전 중에 1시간씩, 5일 동안 영수의 행동을 관찰하기로 했다.

표 3-2와 같은 표를 만들어서 영수가 친구들의 놀이를 방해하는 행동을 할 때마다 그 횟수를 기록하였다. 표 3-2에서 볼 때, 영수는 1시간 동안 평균 9.8회나 다른 아동들의 놀이를 방해하는 행동을 한다는 것을 알 수 있다. 이 표는 영수의 행동에 대한 현재의 수준이자 강도를 나타낸 것으로, 교사가 앞으로 영수의 행동을 지도하고 행동변화를 평가하기 위한 기초 자료가 된다.

표 3-2 행동빈도 관찰 기록(예)

관찰 날짜	발행 횟수/시간	계
5월 8일	𝍸 𝍸 //	12
9일	𝍸 //	7
10일	𝍸 𝍸 /	11
11일	𝍸 ///	8
12일	𝍸 𝍸 /	11

(3) 도시법

도시법(圖示法)이란, 관찰의 결과를 문장이나 수량에 의하여 기록하지 않고 특정한 기호나 그림으로 표시하는 방법을 말한다. 흔히 한 집단 내의 상호관계, 집단의 분위기, 놀이의 관찰 등에 사용되며, 다른 기록법의 보조방법으로 사용되기도 한다. 도시법에 쓰이는 기호나 그림은 교사가 고안하여 사용할 수 있으나, 일반적으로 많이 쓰이는 기호와 도시법에 의한 기록의 예를 보면 그림 3-3과 같다.

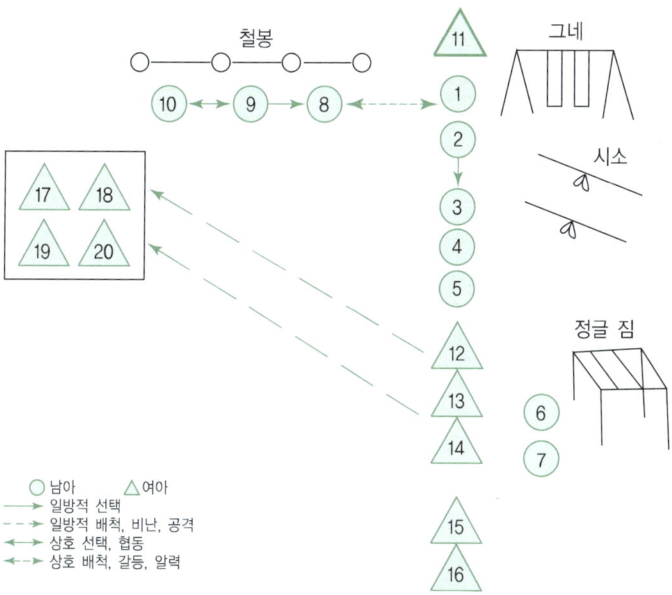

그림 3-3 놀이터에서의 놀이 관찰(예)

(4) 일기법

일기법은 일정한 기간 동안 어떤 특정 아동에 대해서 그의 행동상의 흐름이나 변화과정을 관찰한 결과를 기록해 나가는 방법으로 전기적 관찰법(bibliographical observation)에서 주로 종단적으로 장기간 적용하는 관찰법이라고 할 수 있다. 그러나 종단적인 관찰연구가 아니어도 일기법의 기록을 통해 관찰 대상의 아동이 자기 주변의 다른 사람들과 어떻게 적응해 나가는가 하는 것들을 계속해서 세밀하고 심층적으로 알아볼 수 있다는 장점을 가지고 있다.

일기법으로 관찰 기록하기 위해서는 한번에 오랜 시간을 관찰하여 기록할 것이 아니라, 한 번에 5~10분 정도로 여러 번의 관찰을 통해 보다 정확하고 완벽하게 기록해야 한다.

- 날 짜: 2011. 4. 20.
- 이 름: 김수연(여자), 5년 4개월

시 간	사 실	해 석
10시 47분	수연이는 유치원의 운동장에서 커다란 상자와 널빤지 위에 올라가서 놀고 있다. 친구 미숙이와 지수도 같이 놀고 있다. 널빤지 위에서 미끄럼을 타기도 하고 다시 기어 올라가기도 한다.	미숙이와 지수는 짝이 되고 있는 것 같다. 수연이는 두 사람이 놀이 친구로서 받아 주었을 뿐이지 친한 것 같지는 않다. 수연이는 이 정도로 만족하고 있는 듯하며, 말은 별로 없고, 자기 자신을 얼마나 내세워야 될지를 자기 스스로 의심하고 있는 듯하다.
10시 48분	미숙이가 수연이에게 "우리들이 만든 상자집에 들어오지 않겠니?" 하고 물으니까, 수연이는 "그래." 하고 미소 지으며 대답한다. 수연이는 곧 모래밭으로 달려가서 거기서 놀겠다고 말한다. 나무 상자에 모래를 가득 채우고, 그것을 미숙이네 아이들이 있는 곳에 가져와서 파티를 하자고 한다. 그리고 그 모래 상자를 미숙이에게 건네준다.	수연이의 열성이 좀 더 커졌으며, 지금 막 파티가 진행되려고 한다.
10시 52분	미숙이와 지수는 모래를 더 가지러가고, 순이는 이들에게 빨리 들어오라고 외쳐 댄다. 유치원 선생님이 오니까 수연이는 "선생님, 안녕하세요?" 하고 인사를 한다. "우리는 지금 파티를 하고 있어요." 하고 말한다. "선생님, 우리 파티에 안 오시겠어요?"	수연이와 친구와의 관계는, 교사의 출현으로 곧 허물어지고 만다.

그림 3-4 일기법에 의한 관찰 기록(예)

2 | 사례연구를 통한 이해

사례연구란, 특정한 개인을 보다 심도 있게 이해하기 위한 여러 종류의 정보를 조사해서 그 개인이 가지고 있는 문제의 원인을 진단하고, 그에 따라 그에게 적절한 지도를 펼쳐 나가는 과정이다.

사례연구는 이미 기원전 4000년에 비형식적이나마 직업 소개를 위하여 사용되기 시작했다고 한다. 그러나 19세기 후반에 와서야 보다 체계적이고 조직적인 사례연구방법이 사용되었으며, 오늘날에는 사회사업 분야를 비롯하여 의학, 법학, 사회학, 심리학, 정신의학 및 교육현장에서 널리 쓰이고 있다. 특히, 생활지도의 개념이 심리학과 교육현장에 도입되면서, 인간에 대한 '전인적 이해'와 '잠재능력의 개발'이라는 목표를 달성하기 위한 방법 중의 하나로서 사례연구의 가치가 인정되기 시작하였다.

사례연구에 관하여 구체적인 설명을 하기 전에 이에 관련되어 사용하고 있는 유사한 용어들을 정리하는 일을 먼저 해둘 필요가 있다(황응연, 1983).

- 생육사(life history) : 주로 개인의 신체적인 성장발달 사항을 객관적으로 묘사한 것이다. 신체의 발육, 건강상태, 병력 등이 중요하게 다루어지며, 본인이 아닌 제3자에 의해서 상세하게 기록한 발달기록이라고 할 수 있다.
- 사례사(case history) : 생육사의 내용을 포함해서 개인에 관한 거의 완전하고 객관적인 자료를 제공해 주는 역사철(歷史綴)이라고 할 수 있다. 생육사가 신체의 성장·발달을 주로 취급하는 데에 비해서, 사례사는 그 밖에도 능력, 적성, 흥미, 관심, 가정환경, 대인관계, 정서특징, 성격 등 개인을 이해하는 데 필요한 여러 가지 자료를 광범위하게 수집하여 정리해 놓음으로써 보다 포괄적인 자료의 역할을 제공한다. 그러나 사례사에서는 수집해 놓은 자료를 정리해 놓는 것으로 끝나며, 그 자료의 해석이나 이에 근거를 둔 결론은 내리지 않는 것이 특징이다.
- 사례분석(case analysis) : 일반적으로 사례연구와 동의어로 사용되고 있다.

사례연구(case study) : 생육사나 사례사의 범위를 넘어서 각종 도구나 방법 및 기술을 활용하여 개인을 이해하기 위한 모든 자료를 수집·정리하고 이를 기초로 하여 개인의 문제를 정확하게 해석하고 진단하며 더 나아가서는 실제로 지도나 교정 및 치료까지도 행하게 되는 모든 과정이라고 할 수 있다. 즉, 생활사나 사례사는 역사적·발달적 사실을 중심으로 한 기록에 그치는 데 반해서 사례연구는 자료의 수집, 기록, 조직화뿐 아니라 분석, 해석, 진단 및 상담까지도 포함하는 보다 포괄적인 개념이라고 하겠다.

1) 사례연구의 용도

일반적으로 사례(case)라고 하면 부정적이고 소극적인 입장에서 문제나 문제행동을 연상하는 경향이 있다. 그러나 생활지도의 대상이 전체 아동이며 또한 이들의 보다 나은 적응을 지도한다는 것이 그 목적임을 생각해 볼 때 사례연구 또한 반드시 부정적인 문제성을 지닌 아동만을 상대로 하는 것이 아니라, 긍정적이고 정상적인 아동들도 대상으로 삼을 수 있음을 유의하여야 할 것이다. 이러한 입장에서 사례연구의 몇 가지 용도를 생각해 보기로 하겠다.

첫째, 사례연구는 문제의 진단이나 지도방안의 기초로서 사용된다. 아동이 보여 주고 있는 문제 행동의 성격에 관하여 여러 가지 가능한 자료와 정보를 수집하는 것은 아동을 이해하고 바람직한 도움을 주는 데에 필수적인 기초 단계라고 생각된다. 문제에 관한 심층적인 고찰과 이해 없이 피상적으로만 다룬다면 올바른 진단을 내릴 수 없으며, 따라서 적절하고 확실한 지도를 기대하기는 어렵다.

둘째, 사례연구는 모든 아동을 대상으로 한다. 소위 문제아동만을 대상으로 할 것이 아니라 정상아를 포함한 모든 아동을 대상으로 해야 한다. 이 경우에 사례연구는 아동 개개인의 전반적인 성장·발달에 관한 정보 및 자료를 계속적으로 수집하고 지도하는 과정으로 사용된다.

사례연구의 방법은 개개 아동의 전반적인 발달에 영향을 미친 신체적·심리적·환경적인 모든 요인을 조사하여 개인에 관한 포괄적인 이해를 돕는 것이 그 목적이라고 할 수 있다. 따라서 사례연구는 일반 아동들의 보다 나은 성격적·정서적 적응을 돕기 위해서 개개 아동에 대한 충분한 자료를 수집, 종합, 분석, 해석 등을 하는 데 큰 도움이 될 것이다.

셋째, 사례연구는 아동의 효과적인 학습을 돕는 기초로 사용된다. 아동이 유치원이나 초등학교에서 학교생활에 보다 잘 적응하도록 하기 위한 방법으로서 사례연구는 유용하게 사용될 수 있다. 특히 상급학년으로 올라가면서 개개 아동의 능력과 소질 또는 적성을 파악하며, 그의 잠재능력을 최대한으로 발달시키도록 하기 위해서 개인에 대한 집중적인 조사연구가 필요하게 되는 경우가 있다. 더욱이 교과학습 분야에서 학습 습관의 교정이나 부진한 과목의 보충을 위한 기초자료로서 사례연구는 유용한 방법이 된다.

넷째, 사례연구는 교육학이나 사회학, 심리학 등의 분야에서 하나의 연구방법으로 사용된다. 이 경우에 사례란 개인이 될 수도 있으나, 특정 집단이나 지역 또는 기관 등 연구의 목적에 따라 그 대상이 달라질 수도 있다. 이때 조사연구의 대상을 정하고 그에 관한 충분한 자료를 수집하며, 이를 분석하고 종합·조직하여 결과를 보고하는 것은 사례연구방법에 의하여 이루어지게 된다.

2) 사례연구의 양식과 내용

사례연구의 결과를 보고서로 작성할 때에는 어떤 정해진 양식에 따르기보다는 사례연구의 대상과 목적에 따라 작성하도록 한다. 그러나 사례연구에 반드시 포함해야 할 중요한 영역과 내용이 있으므로, 이러한 내용을 중심으로 체계화하여 보고서를 작성한다면 보다 간결하고 유용할 것이다.

사례연구 양식에 반드시 포함되어야 할 내용들은 다음과 같다.

- 인적사항 : 성명, 주소, 생년월일, 성별 등 개인에 관한 사항들을 기록한다.
- 문제의 진술 : 현재 아동이 가지고 있는 문제는 무엇이며, 사례연구자가 관찰한 문제 행동은 무엇인지, 그리고 왜 이러한 문제가 발생했는지를 기록한다.
- 가정사항 : 아동과 동거하고 있는 가족은 누구이며, 가족들이 아동을 대하는 태도와 훈육방법은 어떠한지, 그리고 가정의 사회·경제적 위치는 어느 정도인지를 기록한다.

- 건강상태 : 아동의 일반적인 신체적 발달수준과 아동이 과거에 앓았거나 현재 가지고 있는 특별한 병명을 기록한다.
- 생육사 : 아동의 출생과정, 영유아기의 성장 특징, 그리고 언어·지능·정서·사회 등 각 영역의 발달상황을 기록한다.
- 학교생활 : 학교에의 적응상태, 학업성취도 현황, 학교 전학기록, 흥미 있는 분야, 친구관계, 학교 내에서의 훈육문제, 장래의 교육계획 등을 기록한다.
- 생활지도의 방향 : 앞으로 아동을 지도하는 방향에 대해 도움이 되는 제언을 기록한다.

이상의 영역과 내용을 포함시킨 사례연구 양식을 보다 구체적으로 소개하면 다음과 같다.

(1) 대상 아동의 인적 사항

① 성명(필요한 경우 가명 사용)

② 생년월일, 성별

(2) 문제의 개요

사례연구의 대상이 된 문제 행동, 또는 사례연구의 대상으로 선정된 이유를 구체적으로 진술한다.

(3) 대상 아동에 대한 자료

부모·아동·교사 등과의 직접적인 면담이나 심리검사의 결과, 환경조사서, 생활기록부, 관찰, 가정방문 등의 방법으로 자료를 수집한다.

① 가족 상황

- 가족 및 동거인의 인적 상황(연령, 직업, 교육 정도)
- 가정의 사회·경제적 수준
- 대상 아동에 대한 가족의 태도
- 부모의 훈육, 양육방법

② 신체발달과 건강상태

- 신체검사의 결과
- 표준형에 비추어 본 대상 아동의 신체 각 부위의 발달상황
- 시력, 청력, 신경계통, 내분비선상의 이상 여부
- 병 력
  - 왼손잡이인가? 오른손잡이인가? 언제 이것이 확정되었는가?
  - 경련, 발작 또는 기절한 사례가 있었는가?
  - 약물복용(과도하게 장복한 한약 또는 양약이 있었는가? 언제부터 언제까지였는가?)
  - 현재 앓고 있는 병은 없는가?

③ 생육사

- 임신 중 모친의 건강상태, 정서상태
- 출생 시의 상황(순산, 조산, 난산 등)
- 출생장애의 여부
- 수유 및 이유의 시기, 방법, 문제점 등
- 배변훈련상황(시기, 방법, 문제점)
- 기타 성장상의 특징

④ 인지 발달의 상태

- 다른 아동과 비교해서 특기할 만한 발달 특성
- 발달의 지체 또는 조숙의 여부

⑤ 정서적 발달

- 감정의 일반적인 특성
- 정서적·안정성
- 독립성·의존성
- 지배성·복종성
- 애착 행동

⑥ 사회적 발달

- 친구와의 관계
- 집단에서의 적응 상태

⑦ 각종 심리검사의 결과

(4) 종합적 해석과 지도방안의 제시

- 수집된 자료를 기초로 대상아동에 대한 문제의 원인 및 관련 변인에 관한 진단을 잠정적으로 내린다.
- 앞서 내린 진단을 기초로 지도방안을 구체적으로 제시한다.

(5) 지 도

- 대상 아동의 직접적인 지도(유치원, 어린이집, 가정 등)
- 대상 아동의 간접적인 지도(부모나 가족을 통한 지도)

(6) 추후 보고

지도한 결과를 종합하며, 앞으로의 계획을 보고한다.

3) 사례연구의 장단점

사례연구의 가치에 대해서는 학자들의 학문적 접근방법에 따라서 서로 다른 견해를 가지고 있다. 사회사업가나 정신과 의사, 학교현장의 교사들 및 일부의 심리학자들은 사례연구의 중요성을 강조하고 있으나, 한편으로는 사례연구가 지나치게 사례를 객관화·체계화하여 대상자의 외면적인 정보를 필요 이상으로 강조한다는 점 등을 들어 그 가치를 별로 의미 없는 것으로 취급하기도 한다. 다음에서는 사례연구의 장단점을 제시함으로써 사례연구가 가지는 가치와 제한점을 살펴보려고 한다.

(1) 사례연구의 장점

먼저 사례연구의 장점은 다음과 같다.

- 사례연구는 보다 다각적인 면에서 특정 대상자를 연구하는 방법이기 때문에 단순한 누가 기록이나 사례사보다 대상 아동을 이해하는 데 더 큰 도움이 된다. 누가 기록이나 사례사는 자료의 수집·정리에 그치는 경우가 대부분이지만 사례연구는 자료의 수집·정리 이외에도 진단과 지도방안 및 지도의 실제까지도 포함시키기 때문에 아동지도에 큰 역할을 할 수 있다.
- 사례연구는 아동의 어떤 특정한 부분적인 측면만이 아니라 보다 포괄적인 제측면을 다루므로 아동 이해에 도움이 된다. 즉, 아동의 신체적·인지적·정서적 및 사회적 제측면을 보다 광범위하게 다루게 되며, 또한 사회적 환경에서 상호작용을 하고 있는 개인의 특성을 보다 분명히 파악하는 데 도움이 되므로 아동의 적응상의 문제를 보다 잘 이해할 수 있게 된다.
- 사례연구는 상담자가 아동의 적응문제를 돕고자 할 때 상담의 기초자료를 마련해 줄 수 있다. 대상 아동에 관한 보다 상세한 사례연구자료를 통해서 상담자는 보다 빠르고 효율적으로 문제를 가진 아동을 돕게 될 것이다.
- 사례연구는 아동지도에 관한 교사의 관심과 의욕을 북돋워 줄 수 있다. 사례연구의 실질적인 진행과 그 결과에 대한 교사 간 또는 전문가와의 토의를 통해서 아동의 문제에 관한 적극적인 관심과 이해를 촉진시키게 될 것이다.
- 사례연구는 아동의 적응문제를 조기에 발견하여 미리 예방적 조치를 취하도록 하는 데 도움이 된다.

(2) 사례연구의 단점

반면에 사례연구는 다음과 같은 제한점도 가지고 있다.

- 사례연구는 자료를 수집하고 종합하며 해석하는 과정에서 얼마나 정확하고 객관성 있게 하였는지를 판단하기에 어려운 점이 있다. 만일 왜곡된 관찰의 결과를 진술하고 이에 따른 해석을 하였다면 사례연구의 내용은 그 타당도와 신뢰도가 의심된다고 하겠다.

- 사례연구는 대체로 사무적인 잡무가 많고 시간이 오래 소요되기 때문에 비경제적이며 비능률적이라고 할 수 있다.
- 사례연구를 해 나가는 과정에서 대상 아동에 관한 자료를 수집하는 데에 지나치게 치우치게 되면, 아동이 실제로 가지고 있는 내면적이고 심층적인 문제는 소홀히 다루게 되기 쉽다.
- 사례연구는 일반적으로 오랜 시간이 소요되는데, 이때 대상 아동은 필요 이상의 주목을 사례연구자로부터 받게 됨으로써 불안과 두려움을 가지게 될 가능성이 있다.
- 누가 기록이나 사례사를 참고로 하여 사례연구를 할 경우, 연구자는 대상 아동의 과거 경험에 지나치게 집착하거나 과거 사실을 과대하게 분석하여 해석을 내리게 됨으로써 오히려 현재의 문제를 소홀히 다룰 가능성이 있다.

Chapter 04

심리검사를 통한 아동의 이해

이 장에서는 아동의 지적·성격적·행동적 특성을 이해하기 위하여 자주 사용되는 몇 가지 심리검사를 소개하려고 한다. 자격 있는 심리검사자가 검사를 유효적절하게 사용하고 해석할 때, 아동의 심리적 특성을 이해하는 좋은 정보자료가 될 것이다.

아동의 행동을 이해하는 방법에는 여러 가지가 있다. 아동과 대화를 나누거나 아동을 관찰하여 이해하는 방법도 있고, 다양한 형태와 내용의 객관적인 검사를 통해 이해하는 방법도 있다. 여기에서는 유아와 아동의 심리적 특성을 객관적으로 파악하기 위해 개발된 검사 가운데 비교적 많이 사용하고 있는 검사들을 중심으로 살펴보기로 하겠다.

1 | 심리측정의 기초

심리적인 측면에서 인간의 행동을 평가하는 방법은 크게 두 가지로 나눌 수 있다. 하나는 심리측정방법을 사용하여 객관적이며 양적으로 평가하는 방법이고, 또 하나는 경험과 직관을 통해서 평가하는 방법으로, 여기에는 주관적인 관점이 포함될 가능성이 크다. 따라서, 아동의 행동을 이해하기 위해 경험과 직관의 방법만을 주로 사용할 경우에는 시행착오나 오류를 범할 가능성이 크다고 할 수 있다.

아동의 행동을 보다 객관적이며 정확하게 이해하기 위해서는 심리측정이 유용한 방법이 될 수 있다. 심리측정은 과학적인 측정방법을 사용하여 인간행동을 객관화한 것이기 때문에 아동의 행동을 이해하는 데 중요한 기초가 된다.

1) 심리측정의 목적과 중요성

심리측정의 목적은 인간의 행동특성을 수량적으로 기술하는 것이다. 여기서 말하는 특성에는 지능, 성격, 적성, 흥미, 태도, 가치관 등이 포함된다. 이와 같은 심리측정을 위해서는 먼저 측정의 목표가 되는 행동특성을 정확히 규명하는 일이 이루어져야 한다. 예를 들어, 지능을 측정하려면 먼저 지능이란 무엇인지 정의를 내려야 한다. 정확한 정의는 객관적 기술에 의해 이루어지므로 주관적 편견에서 탈피할 수 있고, 누가 보더라도 일치된 결론에 도달할 수 있게 한다.

심리측정의 중요성은 인간행동에 대한 주관적인 판단의 오류를 최소화하는 데 있다. 예를 들어, 한 아동이 학습하는 행동을 관찰하고 그 아동이 지능이 높은 아동인지 아닌지를 판단하는 문제는 그리 어려운 일은 아니다. 그러나 그 아동이 어느 정도 지능이 높은지, 지적 능력 중 어떤 영역에서는 우수하고 어떤 영역에서는 그렇지 못한지를 밝히는 일은 좀 더 복잡할 뿐 아니라, 단순한 관찰만으로는 해결될 수 없다.

심리측정을 활용하는 중요한 이유는, 아동행동에 대한 보다 객관적인 평가를 하기 위해서이며 이를 통해 아동의 행동을 보다 정확히 이해하고, 이에 따라 아동 미래의 행동을 보다 정확하게 예견할 수 있다는 점이다. 인간행동을 객관적으로 이해한다는 것은 특별히 임상장면이나 연구분야에 국한되지 않고 우리의 일상생활에서 항상 필요하다고 볼 수 있다.

2) 심리검사의 기능

처음 심리검사는 개인의 차이를 측정하기 위해 시작된 것으로, 1900년대 초기에 만들어진 심리검사는 교육의 현장에서 정상적인 학업을 감당해 나갈 수 있는 아동과 그렇지 못한 아동을 판별하고 가려내기 위하여 만들어졌다. 그러나 그 이후 심리검사의 종류와 양식이 측정하려는 목적에 따라 다양화되었음은 잘 알려진 사실이다. 심리검사의 기능을 알아보도록 하자.

(1) 예측의 기능

심리검사는 예측의 기능을 가지고 있다. 즉, 심리검사의 결과를 가지고 개인이 앞으로 보여 줄 행동을 잠정적으로 추정할 수 있다. 예를 들어, 한 개인이 보여주는 현재의 적성검사의 결과를 가지고 그가 장래에 어떤 직무에서 얼마만큼 성공할 것인지를 예측할 수 있다. 또 다른 예로, 현재 어떤 아동의 어휘검사 결과를 검토한 후, 그 아동의 전체적인 언어발달의 정도와 언어생활의 모습을 추정해 볼 수 있다.

(2) 자기이해의 기능

심리검사는 개인이 자신의 자질과 적성을 발견하는 데 도움이 된다. 아동과 청소년이 자신의 흥미·능력·소질·경험 등이 어느 일에 보다 더 적합한지, 그리하여 더 나아가서는 어느 방향으로 진로를 결정하고 어떤 종류의 직업을 선택할 것인지 등은 발달에서 아동기뿐만 아니라 청소년기 그리고 경우에 따라서는 성인기에 이르기까지 매우 중요한 관심의 대상이 된다. 심리검사는 발달과정에 있는 유아와 아동의 지능, 학업성취도, 흥미, 성격 등 여러 가지 특성들에 관한 자료를 수집하여 보다 객관적이고 종합적으로 분석하게 하고, 이를 토대로 아동이 자기의 능력과 적성을 살려 장차 진학계획과 장래의 진로계획을 세우는 데 도움을 주는 기능을 한다.

(3) 진단의 기능

심리검사는 진단의 기능을 담당한다. 심리검사를 통해 한 가지 영역의 특성을 파악할 뿐만 아니라, 여러 가지 검사를 종합하여 현재 개인 특성상에 나타난 장·단점, 사회적인 적응 정도, 정신의학적인 문제의 심각성 여부를 진단해 낼 수 있다. 즉, 지능·성격·흥미·적성검사 등을 검사의 목적에 따라 골고루 종합하여 사용하게 된다.

(4) 아동의 환경적 특징 이해의 기능

심리검사의 결과는 아동의 연령이나 성, 주거지역 등에 따라 특정 집단과 생태학적 환경 전체의 특징을 객관적으로 이해하는 방법으로 활용될 수 있다. 특히 심리학·교육학·사회학 등에서 연령층과 성별 진로계획 등에 따른 심리적 특성과 현상을 파악하기 위한 연구의 목적으로 자주 활용된다. 아동의 환경적 특징은 아동의 행동에 영향을 주는 중요한 요인이 될 수 있기 때문에 교사와 생활지도 전문가가 아동의 심리적·물리적 환경을 토대로 아동의 행동을 이해하는 데 도움을 줄 수 있는 중요한 정보자료가 된다.

(5) 아동행동지도의 정보제공 기능

심리검사는 아동의 행동지도나 상담을 목적으로 하는 경우에 유용한 정보를 제공할 수 있다. 부모나 교사가 아동 개인의 지능이나 성격 등을 객관적으로 파악하여 아동의 지도에 활용한다면 보다 효율적인 지도를 할 수 있기 때문이다. 그러나 지나치게 심리검사의 결과에만 의존하여 아동을 평가하는 것은 오히려 역효과를 가져올 가능성이 있음도 유념해야 한다.

2 심리검사의 특징

아동에게 심리검사를 적용하려는 목적이 정해진 후에는 이러한 목적에 적합한 심리검사를 선택하는 일이 중요하다. 이때 일반적으로 표준화된 검사를 사용하게 되는데 표준화된 검사란, 검사를 실시하는 방법과 채점하는 방법 등을 일정하게 정하고 개인이 받은 점수의 비교가 가능하도록 준거집단에 의해 얻어진 점수 분포에 따라 규준표를 제시하여 해석에 일관성을 기하는 것을 말한다. 이렇게 하여 만들어진 검사는 신뢰할 수 있고 측정하려는 목적대로 잘 만들어져 유용하게 사용할 수 있다. 많은 검사들은 대부분 표준화 절차를 거친 것이다. 표준화된 검사의 기본적인 요건은 다음과 같다(강문희 외, 2011).

(1) 표준화가 이루어진 집단의 대표성이 충분한가를 면밀히 검토한다

검사를 개발할 때 일부 지역이나 계층만을 중심으로 표집을 했다던가, 일정 연령층이나 성, 또는 사회적 계층만을 표준화 집단에 포함시키거나 적은 수의 집단을 대상으로 표준화 절차를 거쳤다면 표준화 집단의 대표성이 충분하지 않을 수 있다. 따라서 표준화 검사를 선택할 때 검사를 적용하는 집단의 성, 연령, 주거지역, 교육수준 등이 충분히 고려되었는지를 참고하는 것이 바람직하다. 사용하고자 하는 검사의 표준화 집단이 생활지도의 대상 아동과 맞지 않는다면 그 검사는 적용해서는 안 될 것이다.

(2) 심리검사의 타당성과 신뢰성이 적절한가를 검토한다

심리검사가 표준화되어 검사의 목적에 따라 적합하게 쓰이기 위해서는 신뢰성과 타당성이 있어야 한다. 검사의 신뢰성이란, 검사의 결과가 얼마나 일관성을 가지고 있는지, 또는 얼마나 정확한지를 말하는 것이다. 검사의 타당성은 만들어진 검사가 검사의 본래 목적에 얼마나 잘 부합되고 있는지를 말해 주는 지표이다. 예를 들어, 지능검사를 제작한다면 지능을 대표할 수 있는 문항을 잘 구성해야 하고, 신입생을 선발하는 검사를 만들었다면 선발기준에 적절하게 문항을 만들어야 할 것이다. 이러한 기술적 지표들은 해당 심리검사요강에서 찾아볼 수 있으므로 반드시 검사를 실시하기 전에 확인 절차를 거칠 필요가 있다.

(3) 검사의 실시방법과 절차, 해석 등이 충분히 구조화되어 있는가를 검토한다

심리검사는 검사문항뿐 아니라 그 실시방법이나, 언어적 지시의 내용, 소요시간, 실시에 필요한 환경적 요건 등이 일정한 방법으로 구조화되어 있어야 한다.

아동을 이해하는 데 유용하고 신뢰로운 검사결과를 얻기 위해서는 검사를 실시할 때 표준화된 검사의 지시에 잘 따라야 하고, 검사의 채점을 정확히 하도록 하며, 검사를 실시하는 환경이 조용하고 안정된 분위기를 제공해 주는 것도 중요하다. 또한 피검사자가 검사를 받고자 하는 마음가짐과 태도를 가지고 있어야 정확하게 할 수 있다.

3 | 심리검사의 종류와 활용

심리검사는 먼저 그 실시방법에 따라서 개인용 검사와 집단용 검사로 나뉜다.

개인용 검사란 한 명의 검사자가 한 명의 피검사자에게 개별적으로 실시하는 검사로, 대개 병원의 정신과나 상담소에서 사용하며, 학교의 상담실에서 사용되기도 한다.

개인용 검사는 검사를 실시하는 과정에서 피검사자의 행동과 반응을 보다 가까이에서 밀접하게 관찰할 기회가 많기 때문에 검사결과 이외에도 피검사자에 대한 많은 생생한 정보를 얻을 수 있다는 장점이 있다. 그러나 개인용 검사는 한 번에 한 명밖에 실시할 수 없기 때문에 시간적인 면에서 비경제적이며, 또한 실시와 채점 및 해석상의 어려움 때문에 전문적으로 훈련받은 심리학자가 아니면 사용할 수 없다는 단점이 있다.

이에 반해서 집단용 검사는 한 번에 여러 사람을 대상으로 검사를 실시하는 것으로서 학교, 산업체, 군대 등에서 자주 사용한다. 집단검사는 실시가 용이하고 시간이 적게 소요된다는 장점이 있으나 피검사자의 행동과 반응을 하나하나 세밀히 관찰하기에 어려움이 있다는 단점이 있다. 물론 집단검사는 개인적으로도 실시할 수 있다.

또한 심리검사는 검사의 문항과 실시방법 면에서 언어를 주요 매체로 사용하였느냐, 아니냐에 따라 언어성 검사(verbal test)와 비언어성 검사(nonverbal test)로 나뉘기도 한다. 언어성 검사는 주로 언어를 매체로 하여(예를 들면, 언어로 질문하고 대답하는 것) 검사의 문제를 작성한 것이며, 비언어성 검사는 숫자나 기하학적 도형을 이용하거나 작업을 하도록 문제를 구성해 놓은 검사이다. 대부분의 심리검사는 언어성 검사이나, 언어가 아직 충분히 발달하지 않은 영유아, 언어장애아 또는 새로 이민 온 아동 등 특수 상황에 처해 있어서 언어로 자신의 능력과 특성을 표현할 수 없는 아동에게는 비언어성 검사가 더 유용하다고 하겠다. 또한 심리검사는 어떤 특징을 측정하느냐에 따라 지능검사, 적성검사, 흥미검사, 성격검사, 학력검사, 태도검사 등으로 나뉜다. 이것을 좀 더 자세히 살펴보면 다음과 같다.

1) 지능검사

지능검사는 인간의 지적 능력을 보다 과학적으로 측정하려는 검사로서, 교육현장에서 아동을 대상으로 심리검사를 적용하고자 할 때에 가장 선호하는 검사라고 할 수 있다. 지능검사 선택 시 우선적으로 고려해야 할 사항은 지능에 대한 정의라고 할 수 있는데, 지능의 정의에 따라 지능검사의 구성요인과 문항들이 달라질 수 있기 때문이다.

지능에 관한 이론은 학자마다 다르기 때문에 이 책에서 그것을 모두 다룰 수는 없으나, 일반적으로 지능이란 개인의 특수한 능력보다는 일반적인 학습능력, 사고능력 및 환경에의 적응능력을 의미하는 경우가 많다. 이러한 능력을 지능검사에 의해 측정한 것을 지수로 표시해서 IQ(intelligence quotient)라고 부른다.

우리나라에서 개발·제작된 지능검사에는 집단용 지능검사와 개인용 지능검사가 있는데, 이 중 유아 및 초등학교 저학년에 사용될 수 있는 검사들을 알아보면 표 4-1과 같다.

지능검사를 실시하게 되면 개인의 현재 지능수준을 알 수 있다. 그러나 유아기나 초기 아동기같이 어린 시기에 측정한 지능은 가변성을 어느 정도 가지고 있어서, 현재의 아동의 지능수준이 성인이 된 미래에까지 고정되는 것은 아니며, 교육이나 환경의 영향 그리고 본인의 노력 등에 의해 어느 정도 변화될 수 있는 것으로 보는 것이 일반적인 경향이다. 또 지능은 학업성적을 예측하는 지표가 되기는 하나 학업성취의 정도에 대한 가능성만을 예측해 준다는 점에서 지나친 맹신이나 결론적인 추론은 삼가야 한다는 점을 유념할 필요가 있다.

표 4-1 유아 및 초등학교 아동용 표준화 지능검사 목록

검사명	제작자명	연 도	출판사	대상범위
유아 지능검사(A·B형)	김재은	1965	중앙적성연구소	4~7세
지능진단검사	이상로	1967	중앙적성연구소	유치원, 초등학교 저학년
일반 지능검사(가·나형)	김호권	1970	K.T.C.	4~7세
일반 지능검사(다·라형)	김호권	1970	K.T.C.	초등 2~3년
유아 지능검사	한국행동과학연구소	1992	한국행동과학연구소	3.6~6.6세
인물화검사	김재은	1967	배영사	5~12세
웩슬러 아동용 지능검사 (K-WISC-IV)	곽금주 등	2011	학지사	6~16세
고대-비네검사(Binet)	전용신	1971	고려대 행동과학연구소	4~14세
초등생 집단 지능검사	한국행동과학연구소	1993	한국행동과학연구소	초등 3~4 학년
카우프만 아동용 개별 지능검사(K-ABC)	문수백, 변창진	1997	학지사	2세 6개월~ 12세 5개월
그림 지능검사	서봉연, 정보인	1992	중앙적성연구소	만 4~7세
유아 종합 창의성 검사	전경원	2000	학지사	만 4~6세
사회 성숙도검사	김승주, 김옥기	1974	중앙적성연구소	0~30개월
웩슬러 유아용 지능검사 (K-WPPSI)	박혜원, 박금주, 박광배	1996	특수교육	3~7세
종합인지능력검사	송인섭, 문정화, 박정옥	1997	학지사	A형 만 6~7세 B형 만 4~5세
기초학습 기능검사	박경숙, 윤점룡, 박혜정	1989	한국교육개발원	유치원~ 초등 6학년

(1) 지능검사의 종류

아동의 지적 능력을 측정하는 지능검사에는 개인용 검사와 집단용 검사가 있다. 일반적으로 두 검사 모두 실시나 채점에 있어서 표준화가 잘 되어 있는 검사들이 있어 실제 적용이 용이하기 때문에 유치원과 초등학교, 상담실, 임상상황 등에서 많이 사용하고 있다. 다음에서 개인용 지능검사와 집단용 지능검사에 대해 간략히 살펴보기로 하겠다.

① 개인용 지능검사

우리나라에서 많이 쓰이고 있는 개인용 아동 지능검사에는 고대-비네검사(K-WISC)와 웩슬러 지능검사(K-WPPSI)가 있다. 고대-비네검사는 연령별로 문항이 만들어져 있어서 아동의 나이에 비해 정신연령이 얼마만큼 발달되어 있는지를 계산하여 지능지수를 산출한다.

- 아동용 웩슬러 지능검사(Wechsler Intelligence Scale for Children, WISC) : 아동의 지능을 개별적으로 측정하는 데 가장 많이 사용되는 검사로서 언어성 지능과 동작성 지능 그리고 전체 지능으로 나누어 지능지수를 산출하게 되어 있다. 언어성 지능검사는 상식, 어휘, 공통성 찾기 등 주로 언어적 이해능력을 측정할 수 있는 문항으로 이루어져 있으며, 동작성 지능검사는 그림을 보고 빠져 있는 부분을 찾거나 도형을 보고 토막을 구성하며, 조각난 모양을 맞추는 등의 공간지각능력과 시지각 협응능력 등을 측정하는 문항들로 이루어진 검사이다. 아동용 웩슬러 검사로는 아동의 사고 기능의 제반 특성을 알 수 있어서 임상적인 적용에 많이 응용되고 있다. 현재 우리나라에서는 4판까지 출시되어 만 6~16세 아동의 지능을 측정하는 데 유용한 도구로 활용되고 있다.
- 유아용 웩슬러 지능검사(Wechsler Preschool and Primary Scale of Intelligence, WPPSI) : 만 3~7세 유아를 대상으로 사용할 수 있는 개인용 지능검사로서 아동용 웩슬러 지능검사와 마찬가지로 언어성 검사와 동작성 검사로 구성되어 있으면서 유아의 전체적 지능을 측정하도록 제작되었다. 역시 우리나라에서도 한국판 웩슬러 지능검사, 즉 K-WPPSI가 개발되어 주로 만 3세

이후 취학 전 아동의 지적 능력 발달 상태를 확인해 볼 수 있으며, 특히 지적 능력의 결함이 있거나 반대로 지적 능력이 뛰어난 우수한 아동을 조기에 발견하여 특수교육의 기회를 제공하기 위한 참고자료로 활용할 수 있다.

- 카우프만 아동용 지능검사(Kaufman Assessment Battery for Children, K-ABC): 카우프만이 개발한 이 검사는 2년 6개월~12년 6개월까지의 유아 및 아동을 대상으로 개발된 개인용 지능검사로서 취학 전 아동과 초등학교 전 학년의 아동에게 실시할 수 있으며, 학교와 임상상황에서 사용할 수 있는 지능검사이다. K-ABC에서 측정하는 지능은 문제를 해결하고 정보를 처리하는 개인의 인지양식을 측정할 수 있다. 또한 아동의 지적 능력과 학업성취를 구분하여 측정함으로써 아동의 현재 및 미래의 학업성취를 평가할 수 있다는 장점을 가지고 있다. 우리나라에서도 2002년에 한국판으로 개발되어 사용되고 있다.

② 집단용 지능검사

아동용으로 우리나라에서 쓰이고 있는 집단용 검사에는 지능진단검사와 일반지능검사 등이 있다. 개인용 검사에 비해 집단용 검사는 여러 명을 대상으로 동시에 검사를 실시할 수 있고, 검사지에 응답을 아동 스스로 적어낸다는 점에서 경제적일 뿐만 아니라, 채점방법도 간단하다. 그러나 지능수준 외에도 사고기능을 자세히 알기 원한다면 개인용 지능검사를 실시해야 한다.

아동들의 일반지능을 알아보는 데 많이 사용되는 집단용 지능검사를 소개하면 다음과 같다.

- 인물화검사: 아동이 그려 놓은 인물화를 통해서 아동의 지적 능력을 측정할 수 있도록 개발된 검사가 인물화검사이다. 우리나라에서 활용되는 그림을 통한 지능검사로는 구디너프-해리스 그림검사(Goodenough-Harris Drawing Test)에 기초하여 유아를 대상으로 개발한 인물화검사로 이화여자대학교 교육심리연구실에서 채점규준을 만들어 제작하였다. 이 검사는 A4용지 크기의 흰색 종이나 도화지에 인물화를 그리게 하여 채점 체계에 의해 지능을 측정하는 방법이다. 검사에 사용되는 도구가 간단하고, 아동에게 내리는 지시도

간단하며, 아동이 그림 그리기에 쉽게 흥미를 느끼게 할 수 있다는 이점은 있으나, 그림을 그리기 싫어하는 아동에게는 실시하기 어렵다는 문제점이 있다. 또한 채점방법도 점수를 줄 수 있는 예시와 규준이 있기는 하나 숙달되어 있지 않은 채점자의 경우에는 주관적 판단이 작용할 수 있다는 가능성을 배제하기 어려운 문제점이 있다.

인물화검사는 유아들의 경우에는 개별적으로 실시하는 것이 보다 정확한 검사결과를 확보하기 위해서 바람직할 수 있다. 초등학교 아동의 경우에는 집단 실시가 가능하다.

- **유아지능검사 :** 유아지능검사는 이화여자대학교 교육심리연구소가 만 4~7세 6개월 유아와 아동을 대상으로 정신능력을 측정할 수 있도록 개발한 검사이다. 5개 하위 소검사에 총 77개 문항으로 구성되어 있다. 하위 소검사들이 측정하는 내용과 정신능력은 낱말과 글의 뜻(언어의미검사), 같은 그림 찾기(지각속도검사), 셈하기(양화능력검사), 점 잇기 검사(운동조절검사), 네모 맞추기와 본뜨기 검사(공간능력검사)이다.

  이 검사는 보통 개별 검사를 원칙으로 하지만 보조자가 있는 경우에는 3명까지도 집단으로 실시할 수 있다는 특징이 있다.

- **일반지능검사 :** 일반지능검사(김호권, 1970)는 4~7세용과 초등학교 2~3학년용으로 개발되었는데 언어능력, 언어추리, 추상추리 등 3개의 하위검사로 구성되어 있다. 문항의 예를 보면 그림 4-1과 같다.

그림 4-1 일반지능검사(유치원, 초등학교 1학년용)의 문항 예

(2) 지능검사의 적용

지능검사에서 얻은 결과를 주로 IQ(지능지수)로 환산하여 해석하는데, 이때에는 몇 가지 주의해야 할 점이 있다.

첫째, 지능지수는 절대적인 숫자가 아니라 상대적인 지수라는 점이다. 즉, 한 아동의 지능지수란 평균으로부터 얼마만큼 떨어져 있는지에 의해서 점수가 주어진다는 것이다. 일반적으로 지능검사의 종류에 따라 지능을 규정하는 점수의 폭이 조금씩 달라지기는 하나 표 4-2와 같은 분류를 주로 많이 사용한다.

둘째, 표 4-2에서 볼 수 있는 것처럼 평균의 지능을 가졌다고 하는 것은 100점이라는 절대적인 점수라기보다는 90~109점에 이르는 비교적 넓은 점수범위에 걸쳐 있다는 사실이다. 따라서 보통 한 사람의 지능을 이야기할 때 IQ 120점이라는 점수에 ±5를 고려하여 115~125점에 속하는 지적 능력을 가졌다고 해석하는 것이 보다 정확한 해석이 된다.

셋째, 지능지수는 영구불변의 점수가 아니라는 사실이다. 즉, 한 개인의 지능지수는 시간에 따라 변할 수 있다는 것이다. 6세 때 측정된 지능지수와 20세에 측정된 지능지수 사이에 10~15점 정도의 차이가 나는 경우는 흔히 있다. 따라서 지능지수는 영구불변하는 절대적인 수치로 과신해서는 안 될 것이다.

지능검사는 심리검사 가운데 가장 많이 쓰이고 있으며, 학교나 임상 장면 등에서 널리 활용되고 있다. 지능검사가 처음 개발되었던 초창기에는 대부분 지능지수만을 알고자 했고, 검사목적도 지능지수 산출에 의해 학교교육이 가능한지를 확인하는 데 있었다. 지금까지도 대다수의 사람들은 학업의 성취 정도를 예견하기 위하여 지능검사를 실시하고 있다. 이런 생각들 안에는 지능이 높으면 당연

표 4-2 지능지수의 분류

IQ	분 류	IQ	분 류
130 이상	최우수	80~89	평균하
120~129	우 수	70~79	경계선
110~119	평균상	70 미만	정신지체
90~109	평 균	–	–

히 공부를 잘할 것이고, 지능이 낮으면 당연히 공부를 못할 것이라는 가정이 있게 마련이다.

그러나 지능검사의 결과만으로 공부를 잘할 것인지를 예견하기란 그리 쉬운 일이 아니다. 공부를 얼마나 잘할 것인지, 즉 학업의 성취도를 결정하는 데에는 개인의 공부하고자 하는 성취의욕과 공부에 대한 흥미뿐만 아니라 교사와의 관계도 영향을 주게 마련이다. 그러므로 아동을 보다 잘 이해하기 위해서는 그의 지능지수에 관심을 갖기보다는 어떤 측면의 능력은 우수하고 어떤 영역의 능력은 떨어지는지를 파악하는 데 중점을 두어야 하며, 부족한 능력의 이유를 고려하여 교육에 활용하도록 해야 한다.

또, 학교교육에서 낮은 성취를 보이는 아동에 대해서도 학업 부진의 원인이 아동이 가지고 있는 지적 능력 때문인지, 그 밖에 다른 이유는 없는지를 지능검사를 실시하여 확인하는 절차가 필요하다. 지능에 대한 정확한 진단을 필요로 하는 경우에는 반드시 전문가에게 의뢰해야 한다.

2) 적성검사

적성이란 미래의 어떤 직업이나 분야에서 일을 수행하거나 학습할 수 있는 개인의 능력을 특징짓는 특성(trait)을 의미한다(이재창, 2005). 이에 따라 적성검사란 주어진 학업이나 직업에서 성공할 수 있는 능력의 정도, 즉 특정한 학업(예: 이과계통 또는 문과계통 등)이나 직업(예: 엔지니어, 변호사 등)에 대한 적성을 알아보기 위한 검사이다. 적성이란 넓은 의미에서 볼 때 지능검사로 측정할 수 있는 지능이나 학력검사로 측정할 수 있는 학업성취도와도 밀접한 관계를 가지고 있다. 적성검사에는 종합적인 적성검사를 비롯하여 학업 적성, 기계 적성, 수공예 적성, 음악 적성, 미술 적성 등의 특수한 능력을 측정하는 적성검사가 포함된다.

유아기나 아동기에는 일반적으로 적성검사를 적용하지 않으나 몇몇의 특수적성을 측정하려는 경우에는 초등학교 상급 학년에서 사용할 수 있다. 또한, 적성검사는 특별한 목적이 없이는 실시하지 않는 것이 보통이다. 적성검사의 주 목적은 어떤 주어진 과제에서 얼마나 잘 학습해 낼 수 있느냐를 예언하는 것이므로

표 4-3 특수 적성검사

검사명	제작자	연 도	출판사	대상범위
음악재능검사	황응연, 유덕희	1972	중앙적성연구소	초등 4~6학년
독서기능검사	행동과학연구소	1972	능력개발사	초등 4~중 2학년
수량기능검사	행동과학연구소	1972	능력개발사	초등 4~중 2학년
적성검사	소인섭, 박정옥	1997	중앙적성연구소	초등 4~6학년

주로 기업에서 사원의 선발·배치라든지, 고등학교에서 앞으로의 진학과 관련된 계열 선택 또는 학과 선택 등에 자주 적용된다. 그러나 유아나 아동기에 개인의 진로를 예측한다는 것은 거의 무의미할 뿐만 아니라 검사의 예언능력도 매우 낮기 때문에 유아기와 아동기에는 거의 사용하지 않는 것이 보통이다.

참고로 초등학교 상급 학년용으로 만들어진 특수 적성검사를 소개하면 표 4-3과 같다.

3) 학력검사

학력검사는 특정한 교과에 대하여 일정한 기간에 걸쳐서 학습한 결과를 측정하는 것이다. 국어, 산수 등 여러 가지 교과목에 대하여 그 성취도를 알아보려는 것이므로 이 검사를 실시해 보면 어떤 아동이 몇 학년 정도의 학력이 있으며, 또 몇 학년 아동으로서 동일한 학년 아동과 비교할 때 우수한지, 보통인지, 열등한지를 판정해 볼 수 있는 장점을 가진다.

위에서 설명한 적성검사가 일반적으로 타고난 능력을 측정하여 특정 분야에서 앞으로의 행동과 성취의 정도를 예측하는 검사라고 한다면, 학력검사는 비교적 표준화된 상황에서의 경험, 예를 들면 국어나 산수와 같은 과목을 학습한 후 해당 학습훈련이 종료된 시점에서 학습훈련의 효과, 즉 학습의 결과를 측정하는 것이다. 이에 따라 학력검사는 주로 학습의 정도와 학습의 속도를 측정하는 것이 주요 변인이 된다. 또한 검사의 결과는 다른 아동의 검사결과와의 차이를 비교하거나, 개인 아동의 학습영역(예 : 국어, 산수, 사회학습 등) 성취도 간의 차이를

표 4-4 우리나라에서 개발된 학업성취도검사의 예

검사명	제작자	연 도	대상범위
기초학습능력검사	박경숙, 윤점룡, 박혜정	1989	유치원~초등 6학년
한국판종합학습능력진단검사	문용린, 서울대교육연구소	1995	유치원~초등 6학년
기초학습기능수행평가검사	김동일	2000	초등 1~3학년

비교하여 아동의 각 학습영역에서의 장점과 취약점을 진단해내는 방법으로 활용되기도 한다. 우리나라에서 개발·사용되고 있는 검사로는 주로 초등학교 4학년에서부터 중·고등학교에 이르기까지 국어, 산수, 사회, 자연, 영어, 수학 등의 학력검사가 있다.

4) 성격검사

성격검사는 성격에 대한 정의와 성격이론에 따라 그 구성요인이 달라질 수 있으나 일반적으로 기질, 적응성, 태도, 의견, 흥미, 가치관, 정서성, 욕구, 갈등 등을 내용으로 하고 있다(김재은·류기섭, 1986).

성격특성을 알아보는 검사는 크게 객관적인 검사와 주관적인 검사로 나눌 수 있다. 객관적인 검사는 측정하고자 하는 성격특성 문항들에 대해 대답하는 방법과 답이 정해져 있고, 검사해석에 있어서도 기준이 마련되어 있다. 반면에, 주관적인 검사는 검사도구에 대한 반응방법이 목록화되어 있거나 정답이 마련되어 있지 않아서 아동이 비교적 자유롭게 상상하여 반응하도록 하는데, 투사적 기법이 여기에 해당된다. 다음에서는 객관적 검사 형태와 주관적 검사 형태의 대표적인 검사들을 간략히 살펴보기로 하겠다.

(1) 목록(자기보고)형 검사

목록형 검사(inventory type test)는 성격에 관한 여러 가지 질문에 대해서 "예.", "아니오.", "잘 모르겠다." 등의 간단한 응답을 하도록 하는, 자기가 스스로 자신의 행동이나 성격 등의 특성에 대한 자기보고를 하는 형식의 검사방법이다.

이 방법은 사용이 간편하며, 채점이나 결과의 처리가 비교적 객관적이라는 장점을 가지고 있으나 피험자가 질문에 답하려면 자기 자신을 잘 알고 있어야 하며, 또 솔직하게 응답할 수 있는 용기와 정직성이 요구된다는 문제점도 아울러 가지고 있다. 만약 자기 자신을 잘 이해하고 있지 못하거나, 이해하고 있다고는 해도 자신의 장점과 단점을 솔직하게 인정하기에는 지나치게 방어적인 사람이라면 체크리스트식의 자기보고형 성격검사를 통해서 진정한 자기를 나타내기 어렵기 때문이다.

그러나 성격검사의 상당수는 체크리스트로 구성되어 있는데, 우리나라에서 개발되어 사용되는 성격검사 중 아동용과 유아용을 살펴보면 다음과 같다.

① 성격진단검사

성격진단검사는 초등학교용과 중·고등학교용의 두 가지로 제작되었다(제작자 : 이상로·변창진·진위교, 1974). 필답식으로 되어 있는 집단용 검사로서 검사문항을 읽고 자기의 정의적 경향이나 심리적 경험에 비추어 "예.", "아니오."로 응답하게 되어 있으며, 10개 특성에 걸쳐 총 240개 문항으로 구성되어 있다.

여기에 포함된 성격적 특성은 정서적인 안정성, 활동성, 사회성, 남성적 성향, 책임성, 사려성, 우월성 등 7개의 척도로 이루어져 있다. 검사 점수에 의해 각 성격의 성향을 측정할 수 있다.

② 유아성격검사

1993년 송인섭이 만 4~7세까지의 유아를 대상으로 표준화한 것이다. 아동의 성격적 특성을 객관적으로 측정하여 보다 정확한 자료를 가지고 아동을 지도하고 교육하는 데 활용하고자 하는 것이 이 검사의 목적이라고 밝히고 있다. 구성요인은 총 5개 영역인데, 학문성·사회성·가족성·정서성·타당성으로 이루어져 있다. 유아의 특성상 아직 검사의 문항을 읽고 정확한 대답을 하기에 어려움이 있기 때문에 집단검사보다는 개별적 면담의 형태를 취하는 경우가 많다.

③ 어린이 및 청소년 성격유형검사

어린이 및 청소년 성격유형검사(Murphy-Meisgeier Type Indicator for Children, MMTIC)는 8~18세의 아동과 청소년을 대상으로 개인의 성격유형을 알아보기 위해 김정택, 심혜숙이 1993년에 한국판으로 개발한 객관적 검사이다. 검사의 내용은 융(Jung)의 심리유형이론에 근거하여 외향-내향, 감각-직관, 사고-감정, 판단-인식이라는 네가지 성격의 선호경향을 지표로 성격유형을 측정할 수 있도록 구성하였다. 청소년에게도 적용할 수 있으나 아직 성격이 발달하는 과정에 있는 초등학교 저학년에서 고학년까지의 아동을 대상으로 사용하는 검사이기 때문에 검사의 결과를 해석하는 데 특별한 주의가 필요함을 유의해야 한다.

④ 한국판 아동용 성격검사

한국판 아동용 성격검사(Korean Personality Inventory for Children, K-PIC)는 초등학교 1~6학년 아동을 대상으로 1997년, 홍창의 등에 의해 개발된 아동용 성격검사이다. 검사의 내용은 아동의 발달, 정서, 행동, 대인관계, 현실접촉 등에 대한 다차원적인 평가를 할 수 있도록 16개 척도에 255문항으로 구성되어 있는데, 특히 부모, 교사 등 최근 6개월간 아동과 함께 생활한 보호자가 응답하도록함으로써 아동의 심리적 문제를 선별하고 도움을 필요로 하는 아동을 조기에 발견하여 필요한 도움을 주고자 하는 목적을 가지고 사용되고 있다.

(2) 투사적 기법을 활용하는 검사

인간의 성격구조가 매우 복잡하고 각 개인마다 그 특징이 각각 다르기 때문에 객관적이고 획일적인 방법으로 이를 이해하기란 어려운 일이다. 특히, 위에서 예를 든 질문지식이나 목록형 또는 체크리스트식의 검사방법은 표면적이고 피상적인 성격파악은 가능하지만, 보다 심층적이고 피검사자 자신이 알지 못하고 있는 부분의 성격 특성은 스스로 파악해 내기 어렵다는 단점이 있다. 그 이유는, 피험자 자신이 질문에 대하여 "예." 또는 "아니오."로 대답하도록 되어 있기 때문에 자기 자신을 잘 이해하고 있지 않으면 정확한 응답을 할 수 없는 것이다. 또한, 자기보고 형식이므로 의식 또는 무의식적으로 거짓 보고를 할 가능성도 얼마든지 있으며, 이를 통제하기 어렵다는 단점도 있다. 이러한 질문지식의 성격검사를 보완하고 보다 심층적인 차원의 성격파악을 하기 위하여 고안된 검사가 투사적 기법(Projective technique)을 활용하는 검사들이다.

이 방법의 특징은 다음과 같다.

- 검사에서 제시하는 자극이 모호하고 막연하기 때문에 피검사자는 이 검사에서 얻어내려고 하는 목적이 무엇인지를 잘 모르게 된다. 따라서, 어떤 반응이 옳고 어떤 반응이 그르다는 것을 알 수 없으므로 의식적인 반응의 통제나 억압 또는 왜곡이 감소된다.
- 개인의 반응 폭이 한정되어 있지 않기 때문에 개인의 독특한 문제나 특성이 제한 없이 반영될 수 있다.
- 기계적·획일적인 해석이 아니라 성격의 여러 차원에 대한 요인적 해석이 가능하며, 자료의 여러 가지 변수가 동시에 평가되고 측정되어 해석에 활용하게 된다.

위에서 열거한 특징들은 투사적 기법의 좋은 점들이었으나, 이 방법은 다음과 같은 제한점들도 동시에 가지고 있다.

- 투사적 기법은 체크리스트식이나 다른 방법의 객관식으로 된 성격검사처럼 사전에 엄격한 틀(구조)을 설정해 두고 이에 맞추어서 점수를 채점하여 그 결과에 따라 해석하는 것이 아니다. 또한, 반응의 방법도 미리 분명한 지시를 주지 않으므로 막연하다. 즉, 이 검사에서는 개인이 자신의 정신세계를 자유롭게 표현하도록 하는 기회를 제공해 주는 것이다. 따라서, 표현된 결과를 기계적·획일적으로 채점하는 것은 어렵기 때문에 주관적인 해석이 들어가게 되어 검사의 중요한 요인 중의 하나인 객관성이 의심스럽게 된다는 제한점을 갖는다.
- 이와 같이 해석상의 객관성이 다소 결여되어 있다는 것은 검사자의 훈련과 자질에 의해서 해석이 영향을 받을 수 있다는 가능성을 시사해 준다. 따라서 투사적 기법을 적절히 활용할 수 있는 검사자가 되려면 오랜 시간 동안 집중적이고 전문적인 훈련을 쌓아야 한다는 제한점을 이 검사는 가지고 있다.

다음으로 투사적 기법으로서 많이 사용되는 검사들 중 아동용을 중심으로 간략히 살펴보기로 하겠다.

① 아동용 주제통각검사

아동용 주제통각검사(Children Apperception Test, CAT)는 아동용 검사로서 벨락 등(Bellak & Bellak, 1952)이 3~10세 사이의 아동을 대상으로 1949년에 CAT를 제작한 후 1952년에 개정판을 마련하였다. 우리나라에서는 김태련 외 3인이 한국판 CAT를 제작하였다(이화여자대학교, 1977).

CAT의 기본적인 가정은 비교적 모호한 그림들을 보면서 아동이 그 그림들을 어떻게 보고 해석하며, 의미를 붙이고 이야기를 만드느냐를 통해서 아동의 성격을 파악할 수 있다는 것이다. 그러나 CAT의 등장인물은 동물로 되어 있다는 점이 다른데, 벨락은 아동이 인간에게보다 동물에게 자기 자신을 더 잘 동일시하기 때문이라고 하였다. 그러나 그림 속의 여러 가지 동물은 전형적인 인간의 일상생활 상황들을 대신하여 그려져 있으므로 아동이 일반적으로 그림책에서 흔히 볼 수 있었던 의인화된 동물그림으로 되어 있다고 하겠다.

벨락은 주로 정신분석학적인 입장에서 그림에 대한 반응들을 분석·해석하려고 하였다. 특히 아동들이 공통적으로 가지고 있다고 생각되는 문제들인 음식물 나누기와 관련된 갈등, 동기 간의 시기·질투심과 관련된 문제, 대소변 가리기의 문제, 근친과의 심리적 갈등과 관련된 문제 등이 잘 나타나 있으므로 아동의 불안과 갈등의 양상, 자아의 문제해결 양식 등을 이해하는 데 도움이 된다.

② 인물화검사

초기의 인물화검사(Draw-A-Person Test, DAP)는 지능을 평가하는 방법으로 사용되었으나, 현재는 아동 및 성인의 성격검사로도 사용되고 있다. 이 검사는, 인물화가 피검사자의 자아상(self image)이나 이상적인 자기 모습을 나타내 준다고 보는 것이다.

검사방법은 매우 간단하다. 흰 종이와 연필, 지우개를 주고, “마음대로 사람의 전체 모습을 하나 그리시오.” 라고 지시한다. 한 장의 그림을 완성하면 그것과 반대되는 성을 가진 사람을 한 장 더 그리게 한다. 그 다음에 남자 그림과 여자 그림을 보고 각각 인물의 성격이나 배경, 장래 희망 등을 묻는다. 해석은 그림의 크기, 그림의 위치, 사람의 모습에서 왜곡되거나 생략된 부분, 사람 모습의 특징

등을 종합하여 성격 특징과 자아상을 평가하게 된다.

인물화검사는 성인에게보다는 그림 그리기를 좋아하는 아동이나 청소년들에게 많이 적용되고 있다. 검사방법이 간단하여 손쉽게 사용할 수 있기는 하나, 채점 체계가 다양하기 때문에 다른 검사와 마찬가지로 전문가에 의해 실시되는 것이 바람직하다.

검사해석의 한 예로, 아동의 그림이 매우 활발한 움직임을 보이는 경우는 운동활동에 대한 강한 충동 또는 불안정한 정서상태로 볼 수 있다. 반면에, 자세가 굳어 있고 움직임이 적으면 강박적인 억제의 표현이며, 정서를 억압하고 있는 상태로 해석할 수 있다.

③ 그림좌절검사

그림좌절검사(Picture Frustration Test, PFT)는 욕구좌절에 대한 반응을 평가하기 위해서 로젠츠베이그(Rosenzweig)에 의해서 만들어진 것이다. 그는 '욕구좌절이란 유기체가 어떤 긴요한 욕구를 만족시키기 위한 통로에 다소간 극복하기 어려운 장애물이나 지장을 만나게 되었을 때 언제든지 일어나는 것' 이라고 정의하였다. 따라서 욕구가 좌절된 상태를 제시해 이 상황을 어떻게 대처해 나가는지를 알아보는 것은 개인의 성격적인 특성을 이해하는 한 방법임을 강조하였다.

우리나라에서는 김재은·김태련(1964)이 성인용을, 김태련(1972)이 아동용(초등 4~6학년용)을 개발하였다. 검사는 일종의 그림연상검사의 형태로서 15개의

그림 4-2 그림좌절검사 중 항목의 예

자아좌절장면과 10개의 초자아 좌절장면으로 되어 있는데, 각각의 상황들은 그림으로 그려져 있으며, 피검사자로 하여금 좌절된 인물의 반응을 연상해서 대답해 보도록 한 후 이것을 말로 적도록 구성되어 있다. 따라서 검사결과에서 나타난 반응양식을 분석하여 성격을 진단하도록 하는 것이다.

④ 집-나무-사람검사

집-나무-사람검사(House-Tree-Person Test, HTP)는 아동이 자주 그림의 주제로 삼고 그리는 집과 나무와 사람을 그리게 하여 이를 분석함으로써 아동의 무의식 세계와 욕구, 자아상 그리고 성격적 특성을 이해하려는 방법이다.

버크(Busk, 1947)는 아동은 나무와 집, 그리고 사람을 대상으로 하는 그림을 자주 그리는 것을 볼 수 있는데 이처럼 친숙한 소재들을 그림에 그려내는 것을 분석함으로써 아동의 내면세계를 이해하며 정서적 특징을 파악할 수 있다는 가정에서 출발하였다. 검사의 실시방법은 주로 A4용지 3장을 주고 집, 나무, 사람의 순으로 마음대로 그리게 하며 시간의 제한 없이 그림을 고치고 싶으면 고쳐가면서 그리도록 한다. 그 후 그림에 대한 질문을 하여 아동이 그린 그림에 대한 유용하고 의미 있는 해석을 하기 위한 자료로 삼는다.

⑤ 벤더-게슈탈트 검사

벤더-게슈탈트 검사(Bender-Gestalt Test, BGT)는 1938년 벤더(L. Bender)가 미국 벨레뷰 병원 소아정신과 병동에서 9개의 기하학적 도형을 중심으로 제작한 것이다.

그림 4-3에서 보여준 도형들을 피검사자로 하여금 복사하도록 하는 것이 검사에서 요구하는 과제이다. 벤더는 이러한 도형을 복사해내는 과정과 그 결과를 분석함으로써 성인과 아동의 성격, 심리적 과정, 정신장애, 뇌장애 등의 여부를 진단하는 데 유용하다고 주장하였다. 우리나라에서도 임상상황에서 주로 사용되고 있다.

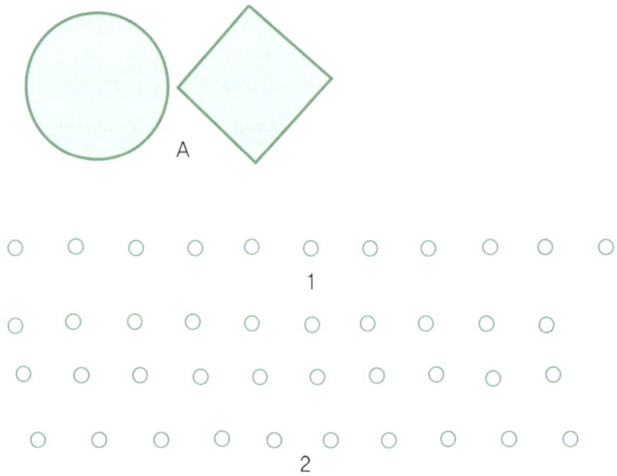

그림 4-3 벤더-게슈탈트 검사의 예

5) 기타 검사

지능검사나 성격검사 외에 아동행동의 발달을 사회적인 적응능력을 알아보는 사회 성숙도검사와, 학령 이전에 학습 결손의 조기 예방을 위하여 학습의 준비도를 알아보는 유아학습 준비도검사, 유아의 창의적 능력을 측정하는 검사 등이 있다.

(1) 한국판 사회성숙도검사

사회성숙도검사는 영유아에서 성인에 이르기까지(0~30세) 정신지체를 보이거나 정신적인 문제로 인해 면접이나 다른 검사를 실시하기 어려울 때에 많이 사용된다. 이 검사 안에 포함된 척도로는 자조기술(self-help), 이동(locomotion), 작업기술(occupation), 의사소통, 자기관리, 대인관계기술의 사회화 등과 같은 사회적인 적응행동 척도가 있다. 우리나라에서는 1985년 김승국과 김옥기에 의해 표준화 작업을 거쳐 한국판 사회성숙도검사가 제작되었다.

이 검사는 아동에 관한 정확한 정보를 얻기 위해서 아동을 잘 아는 부모와의 면접을 통해서 실시한다. 만일 부모가 없을 경우에는 아동을 잘 아는 형제나 친척 등을 통해서 정보를 얻어 기록한다. 검사결과의 총점은 사회연령(SA) 환산표에 의해 사회지수(SQ)를 산출하여 계산한다(김승국·김옥기, 1985).

사회성숙도검사는 개인의 성장에 따른 변화나 개인차를 측정하는 도구로서 영유아기에서부터 발달지체의 문제가 있는지의 여부와 그 정도를 평가함으로써 생활지도와 특수 교육프로그램의 계획 및 실현을 위한 기초자료로 활용될 수 있다.

(2) 종합 창의성검사

유아 종합 창의성검사는 4~6세 유아들을 대상으로 창의적 능력을 측정하기 위한 목적으로 제작되었다(전경원, 2000). 이 검사는 유창성, 융통성, 독창성, 상상력을 측정하도록 4개의 소검사로 구성되어 있는데 검사의 결과를 통해 유아의 창의성을 개발하는 데 도움을 주고자 하는 목적을 가지고 있다. 특히 언어능력이나 도형적인 창의성, 그리고 신체적인 창의성이 뛰어난 유아를 조기에 판별하여 유아의 잠재능력을 최대한 발휘하도록 하는 데 기초자료로서의 가치를 가지고 있다고 하겠다.

2 Part

영유아생활지도의 영역과 내용

Chapter 05

영유아 기본 생활습관과 건강생활의 지도

이 장에서는 유아생활교육의 영역 중 기본 생활습관의 지도와 교육의 내용을 보다 구체적으로 살펴보기로 하겠다. 특히 식사, 수면, 배변 처리 등과 관련된 유아의 기본적인 생활습관과 관련되어 일어날 수 있는 문제점과 그 지도방법을 제시해보기로 하겠다.

인간은 생리적으로 아주 미숙한 상태로 태어난다. 그렇기 때문에 출생 후 일정한 기간 동안 어른의 양육에 의존하지 않으면 스스로의 힘으로 생존해 나갈 수 있는 능력이 없다. 따라서 생후 초기에는 일상생활을 영위하는 데 필요한 모든 측면에서 어른들의 전반적인 보살핌을 받아야 한다. 이렇게 어린 시기에는 먹고, 마시고, 배변 처리 등 모든 일들을 어른에게 의존하지만 성장해 가면서 유아기가 끝날 때쯤이 되면 차츰 생리적인 욕구를 적절하게 처리할 수 있는 능력을 습득해 나가게 된다. 이러한 능력의 습득은 영유아의 사회생활에 기초가 되기 때문에 매우 중요한 의미를 가진다. 왜냐하면 기본적인 생리적 욕구의 적절한 처리를 익히는 것은 사회생활에 필수적인 요소인 독립성과 자율성을 키우게 되는 근본이 되기 때문이다.

1 | 생활습관의 개념과 형성과정

생활습관은 생애 초기인 영유아기부터 몸에 배고 익히게 된다. 다음에서는 유아가 건강한 기본 생활습관을 습득하도록 교육하고 지도하기 위하여 알아야 할 기본적인 개념과 습관의 형성과정 등에 대하여 알아보기로 하겠다.

1) 기본 생활습관의 의미와 중요성

사람은 누구나 일정한 시간이 되면 식사를 하고, 잠을 자며, 배변을 하는 등 여러 가지 생리적 욕구를 만족시키기 위한 행동을 한다. 이러한 활동은 인간이 태어나면서부터 죽을 때까지 하루도 빠짐없이 되풀이된다. 이와 같이, 한 가지 일을 되풀이함으로써 어떤 틀에 박힌 행동이 우리 몸에 배게 되는 것을 '습관' 이라고 한다.

생활습관은 어린시절부터 형성되므로 영유아기에 좋은 습관을 기르도록 하는 것은 매우 중요하다. 왜냐하면, 일단 몸에 밴 습관은 후에 바꾸기가 쉽지 않기 때문이다.

영유아가 몸에 익혀야 할 습관 중에서 건강을 유지하는 데 필수적이며, 또 그것을 몸에 익힘으로써 자립심과 독립심을 기르는 데 기본이 되는 습관을 기본 생활습관이라고 한다.

기본 생활습관에는 식사, 수면, 배변 등의 생리적 생활과 관련된 습관이 있고, 옷을 입고 벗는 습관, 청결의 습관과 같은 사회적 생활의 기초와 관련된 습관이 있다. 영유아가 건전한 생활습관을 몸에 익힘으로써 건강하고 자립적인 인간으로 성장하도록 돕는 것은 매우 중요하다.

1998년 교육부가 고시한 제6차 유아교육과정에서는 다음과 같이 기본 생활습관을 설명하고 있다(제6차 유치원교육과정, 1998).

기본 생활습관을 기르는 데는 반복성과 성실성이 기본이 되며, 이를 기초로 자기 능력을 스스로 관리할 수 있는 자조능력이 자리잡게 되는 것이다. 기본 생활습관의 내용으로는 예절, 질서, 절약을 선정하였는데 예절과 질서는 제5차 유아교육과정에서도 강조된 것이며, 절약은 시대적 요구를 반영한 것이라고 할 수 있다. 물건을 바르고 소중히 다루며 아껴 쓰는 습관은 계획성 있고 효율적인 소비 생활로 확장될 수 있을 것이며, 건전한 소비 행동과 합리적인 생활 태도는 민주 시민으로서 갖추어야 할 바람직한 자질이라고 볼 수 있다.

또한 여성가족부의 표준보육과정(2005)에 의하면 기본 생활습관은 영유아기의 건강과 안전을 위해 매우 중요한 능력이라고 그 중요성을 강조하면서 영유아기에 형성된 올바른 생활습관은 성인이 되어서도 자신의 건강과 안전을 관리하는 능력을 갖도록 하는 데 기초가 된다고 하였다. 표준보육과정에서 제시하는 기본 생활습관교육의 구체적인 내용은 제6차 유치원교육과정에서 제시한 내용과 크게 다르지 않은데 예절 바르게 생활하기, 질서 지키며 생활하기, 아끼며 생활하기로 구성되어 있다.

또한 청결을 위한 생활지도(내용 : 몸을 깨끗이 하기, 주변을 깨끗이 하기), 식생활지도(내용 : 바른 식생활하기), 적절하게 옷 입기, 적절하게 휴식하기, 질병 예방하기 등의 내용을 건강생활교육 지도영역에 포함시킴으로써 교육영역에서는 구분이 되나 기본적인 생활지도의 내용면에서는 교육부가 제시한 유아교육과정의 내용과 여성가족부의 교육내용과는 크게 다르지 않다고 하겠다.

참고로 2011년 9월 5일부로 고시한 새로운 유치원교육과정에 의하면 만 5세아의 기본 생활습관과 질서·배려·협력 등 바른 인성을 기르고, 민주시민의 기초를 형성하는 것을 목적으로 하면서 신체운동 건강영역, 의사소통영역, 사회관계영역, 예술경험영역, 자연탐구영역 등 5개 영역의 내용체계를 제시하고 있다. 2012년 신입생부터 적용·시행될 예정인 새교육과정에서 신체운동 건강영역의 내용 범주를 살펴보면 신체인식하기, 신체조절과 기본운동하기, 신체활동에 참여하기, 건강하게 생활하기, 안전하게 생활하기 등이 포함되어 있다. 이 중에서 건강하게 생활하기의 교육내용으로 몸과 주변을 깨끗이 하기, 바른 식생활하기, 건강한 일상생활하기, 질병예방하기가 포함되어 있으며, 안전하게 생활하기에는 안전하게 놀이하기, 교통안전 규칙 지키기, 비상 시 적절히 대처하기에 대한 교육과 지도가 포함되어 있음을 알 수 있다. 따라서 기본적인 생활습관과 건강을 위한 교육, 친구관계와 가족관계 등을 포함하는 사회관계와 관련된 교육 및 지도 등은 유아교육과정에서 매우 중요한 내용영역임을 알 수 있다.

2) 생활습관의 형성과정

유아가 기본 생활습관을 몸에 익히기 위해서는 다음과 같은 일반적인 습관형성과정의 조건을 충족시켜야 한다.

(1) 반복연습이 필요하다

습관은 하나의 행동을 반복함으로써 형성된다. 식사 후에 이를 닦는 습관을 형성시키는 과정을 예로 들어 보자. 이를 닦는 행위에는 세면장에 가는 것, 칫솔에 치약을 바르는 것, 일정한 방법으로 이를 닦는 것, 물로 이를 헹구는 것, 입과 손을 닦는 것 등과 같은 일련의 행동들이 포함된다. 이러한 행동들의 하나 하나가 서로 연결을 가지면서 일정한 순서로 이루어져 있는데, 습관은 이러한 행동들의 연결을 반복 연습함으로써 형성되는 것이다.

(2) 행동의 좋은 본보기가 필요하다

영유아가 생활습관을 몸에 익히도록 하기 위해서는 먼저 어른이 이러한 행동의 좋은 본보기를 일정한 기간 동안 규칙적으로 보여주는 것이 중요하다. 어른은 지키지 않으면서 영유아에게만 하라고 강요하는 것은 건전한 습관 형성에 도움이 되지 않는다. 또, 이 습관을 익히는 것이 왜 중요한지를 이해할 수 있도록 설명해 주는 것도 필요하다.

(3) 유아가 보여준 행동에 대한 칭찬과 격려가 필요하다

습관이 잘 형성되도록 하려면, 영유아가 강요에 의해서 억지로 하기보다는 하고 싶은 마음이 생겨서 스스로 하고자 할 때 더 효과적이다. 그러므로 영유아에게 어울리는 환경을 제공해 주고, 잘 해내었을 때에는 어른들이 충분히 격려해

주고 칭찬해 주어야 한다.

예를 들면, 식사 후 이를 닦았을 때 주위 사람들이 칭찬해 주고, 그 행동이 건강하고 청결한 이를 유지하는 데 얼마나 중요한 것인지를 이야기해주며 격려해 준다면, 영유아는 누가 강요하지 않아도 차츰 식사 후 스스로 이를 닦게 될 것이다. 이러한 버릇은 얼마간의 시간이 흐른 후에는 하나의 습관으로 몸에 배어 자연스럽게 이 닦는 행동이 습관화될 것이다.

3) 생활습관의 형성시기

바람직한 생활습관을 효과적으로 몸에 익히도록 도와주려고 한다면, 먼저 영유아가 성장·발달하면서 언제, 어떤 습관을 잘 기를 수 있는지를 아는 것이 중요하다. 연령으로 보아 영유아가 아직 어떤 습관을 익힐 준비가 되어 있지 않을 때 억지로 습관을 익히도록 강요한다면, 오히려 역효과를 가져오기 쉽다. 반면에 너무 늦게 어떤 습관을 길러 주려고 한다면, 이미 나름대로의 행동형태가 몸에 밴 후일 경우가 많으므로 이 또한 기대만큼의 효과를 거두기가 어렵게 된다.

식사, 수면, 배변, 옷 입고 벗기 그리고 청결의 다섯 가지 기본적인 생활습관들은 빠르면 1세부터 시작하여 대개는 5세 정도가 되면 서서히 몸에 배게 되므로 시기에 맞게 바람직한 생활습관이 형성되도록 지도해야 한다. 이러한 생활습관 이외에도 예절바르게 생활하기, 질서지켜 생활하기 및 아껴서 생활하기가 중요한 기본 생활습관이 된다. 같은 연령이라고 해도 발달은 영유아에 따라 개인차가 있음에 유의하면서, 기본적 생활습관의 형성을 지도하는 데 도움이 되는 일반적인 예를 살펴보기로 하겠다.

(1) 식 사

1세경이 되면 영유아는 다른 사람의 손을 빌리지 않고 자기 힘으로 식사를 하려고 하며, 컵으로 물을 마시고 서투르지만 숟가락을 사용할 수 있게 된다. 3세가 되면 영유아는 젓가락을 사용하려고 하며, 컵으로 물을 흘리지 않고 마실 수 있게 된다. 4~5세가 되면 엎지르지 않고 밥을 먹을 수 있게 된다.

(2) 수 면

출생 후 몇 달간은 하루의 대부분을 잠을 자면서 보내던 영아는 나이가 들면서 차츰 수면시간이 짧아지며, 낮잠을 자는 것 외에는 주로 낮에 놀고 밤에 잠자는 습관을 익히게 된다. 그러나 잠자리에 들 때 어른이 곁에 있어 주기를 바라며, 아무도 없을 때에는 울고 보채는 것을 흔히 관찰할 수 있다. 일반적으로 3세가 넘어서야 유아는 혼자 자는 데 익숙해진다.

(3) 배 변

대소변 가리기는 출생 후 1년 6개월을 전후해서 훈련시키는 것이 보통이다. 그러나 밤에는 기저귀를 계속해서 사용해야 한다. 일반적으로, 3년 6개월경이 되면 배변훈련이 거의 이루어진다. 그러나 낮에 흥분했거나 정서적으로 불안한 경험이 있었던 때에는 가끔 밤에 배뇨 실수가 일어날 수 있다.

(4) 옷 입고 벗기

영유아가 혼자 힘으로 옷을 입거나 신발을 신으려고 시도하는 것은 생후 2세가 되어서이다. 그러나 3세경이 되어서야 모자나 양말처럼 비교적 입고 벗기가 간편한 것들을 혼자서 해낼 수 있게 된다. 또 옷소매에 팔을 정확하게 끼거나 앞단추를 끼울 수 있는 것은 보통 4세가 넘어서야 가능하며, 5세 정도가 되면 옷의 끈을 묶을 수 있게 된다.

(5) 청 결

혼자서 손을 씻을 수 있으려면 2년 6개월이 지나야 하며, 4세가 되면 혼자 세수를 하고 양치질을 하며 입을 헹굴 수 있게 된다. 또 머리를 빗을 수 있게 된다.

(6) 예절바르게 생활하기

예절바른 생활은 다른 사람과 더불어 조화롭게 생활하는 데 기본이 된다. 일반적으로 3세 이후에는 친구와 어른께 인사를 할 수 있으며, 나이가 들면서 점차 대상과 상황에 따라 예절바른 언어를 사용하여 인사말을 할 수 있게 된다.

(7) 질서지켜 행동하기

질서는 공공생활의 시발점이 되며 동시에 사회를 유지하는 데 기본이 되는 개념이다. 발달상으로 볼 때 영유아기에는 자기 중심적으로 사물을 판단하는 경향이 있으며 다른 사람의 입장을 고려하기 어려운 시기이다. 그러나 3~5세의 영유아들은 자기의 물건을 정리하고 다른 영유아들과 물건을 나누어 사용하는 습관을 기르도록 지도를 해 나갈 수 있다.

(8) 아껴서 생활하기

영유아가 물건을 잘 간수하고 아껴 쓰며 재활용하여 절약하는 생활습관을 익히기 위해서는 생활과 관련된 구체적이고 반복적이며 지속적인 지도가 필요하다. 4세를 전후하여 영유아는 자기의 소유물에 대해 인지와 애착이 생기게 되므로 유아가 아껴서 생활하는 습관을 기르도록 지도한다.

2 | 생활습관과 건강생활지도의 실제

위에서 제시한 생활습관의 항목에 따라 영유아기가 기본적인 생활습관을 바르게 익힐 수 있도록 지도하는 방법을 살펴보기로 하겠다.

1) 영유아의 건강과 식사습관의 지도

영양은 영유아의 건강을 위해 무엇보다도 중요하다. 적절한 영양을 규칙적으로 섭취하는 식생활은 영유아의 건강 유지와 신체 발육에 직접적으로 영향을 끼친다.

유아기의 발육은 영아기에 비해 비교적 완만하지만 신체의 조직과 운동 기능이 발달해서 활동 범위가 넓어지며, 지능이나 정서, 사회성 등과 같은 정신적 발달도 눈에 띄게 이루어진다. 그러므로 발육 과정에 있는 영유아가 영양 섭취를 골고루 충분하게 하느냐 하지 못하느냐의 문제는 영유아의 신체 발달뿐만 아니라 행동에 영향을 주며, 더 나아가서는 건전한 인격을 형성하는 데까지도 큰 영향을 끼친다. 특히, 유아기는 식사 습관, 기호 음식, 식사 예절 등이 형성되는 시기이므로, 올바른 식생활 습관을 익히는 것은 매우 중요하다.

(1) 영유아의 식생활 특성

건강한 식생활 습관을 키우려면 먼저 영유아의 식생활 특성을 이해해야 한다. 영유아의 식생활 특성은 다음과 같다.

① 영유아는 몸이 작은 데 비하여 많은 영양이 필요하다

영유아기에는 발육이 왕성하고 더욱이 운동량이 많기 때문에 에너지의 소비가 많아진다. 그러므로 어른과 비교할 경우 체중에 비하여 많은 양의 영양을 필요로 한다.

② 식사량이 고르지 않으며 개인차가 크다

영유아는 식사량은 일정하지 않은 편이어서 어느 날은 많은 양의 식사를 하다가도 그 다음 날은 별다른 이유 없이 거의 먹지 않는 등 식욕이 일정하지 않다. 이러한 일시적인 식욕 부진은 영유아의 성장·발육에 거의 영향을 끼치지 않으므로 억지로 무리하게 먹이지 않는 것이 바람직하다. 또, 이 시기의 영유아는 같은 연령이라고 해도 신체 발육의 차이가 커서 식욕에서도 개인차가 있음을 유념한다.

③ 식사 환경에 따라 식욕이 영향을 받기 쉽다

영유아는 식사하고 있을 때의 기분이나 분위기와 같은 심리적 환경뿐만 아니라, 음식을 담은 그릇이나 담겨 있는 모양 또는 음식의 색채나 형태 등 시각적·물리적 환경에 따라 식욕이 좌우되기도 한다. 그러므로 식사를 할 때 적절한 식욕을 자극할 수 있도록 보기 좋고 먹음직스러우며, 먹기 쉽게 그릇에 담는 등의 자상한 배려가 필요하다.

④ 식사방법이 서투르다

유아기는 다른 사람의 손을 빌리지 않고 자기의 힘으로 식사를 하려고 하며, 순가락과 젓가락의 사용방법을 배우는 시기이다. 그러나 아직 사용 방법이 서툴러서 그릇을 엎지르거나 음식물을 흘리는 경우가 있으므로 이에 대한 보살핌이

필요하다. 3세경의 유아는 간혹 음식물을 흘리기는 하지만 혼자서 식사를 할 수 있으며, 4~5세가 되면 엎지르지 않고 혼자서 밥을 먹을 수 있게 된다.

⑤ 식생활에 대한 기본적인 습관이 형성된다

유아기는 식생활 습관의 기초가 형성되는 중요한 시기이므로 식사 전, 식사 중, 그리고 식사 후의 바른 식생활 습관의 교육을 꾸준하게 시행하는 것이 중요하다. 특히, 5~6세경의 영유아는 일반적으로 식욕이 증가하고 원하는 간식을 요구하며, 음식에 대한 기호와 식사에 대한 태도가 형성되는 시기이므로, 간식의 조절이나 편식의 지도 등 이에 따르는 지도가 가정과 유치원에서 함께 이루어져야 한다.

(2) 영유아의 바람직한 영양식

영유아의 음식은 성장·발육 시기에 따라 달라진다. 보통 유아의 음식은 이유를 시작하면서부터 문제가 된다. 이유를 하기 전에는 모유나 인공 우유가 음식의 전부를 차지한다고 해도 과언이 아니다. 이유는 일반적으로 젖 이외의 미음이나 갖종 채소와 육류를 혼합한 유동식으로 시작되며, 점차 고형 식품으로 바뀌게 된다.

유아교육기관에 재원하고 있는 영유아들은 학교 급식의 시행으로 비교적 균형 있는 영양의 공급과 식사 및 영양교육을 받을 수 있다. 또, 이러한 급식은 대부분의 경우 편식이나 과식 같은 불규칙적인 식생활의 개선과 합리화에도 크게 도움을 준다고 볼 수 있다. 영유아의 음식은 다음 표 5-1에서와 같은 영양과 일일 권장량이 특별히 고려되어야 한다.

표 5-1 어린이 1일 영양 권장량

연령(세)		단백질 (g)	비타민 A (R.E.)	비타민 B_6 (mg)	비타민 B_{12} (μg)	니아신 (mg)	비타민 C (mg)	칼슘 (mg)	철분 (mg)	티아민 (mg)	리보플라빈 (mg)	엽산 (μg DFE)	마그네슘 (mg)	아연 (mg)	구리 (μg)
영아	6~11개월	13.5	–	–	–	–	–	–	6	–	–	–	–	2.8	–
유아	1~2세	15	300	0.6	0.9	6	40	500	6	0.5	0.6	150	75	3	290
	3~5세	20	300	0.7	1.1	7	40	600	7	0.5	0.7	180	100	4	330

자료 : 한국인 영양섭취기준(2010)

영유아의 건강 및 식사습관지도 시 유념해야 할 점은 다음과 같다.

- 영유아는 어른과는 달리, 성장에 따른 세포의 활동이 활발하므로 체중이나 몸집에 비하여 소모되는 기초 대사량이 많다. 특히, 유아는 쉴새 없이 뛰어 놀고 활동하므로, 여기에 소모되는 열량도 많다는 점을 유념해서 식단을 구성한다.
- 영유아는 풍부한 단백질을 공급받아야 한다. 단백질은 피와 살뿐만 아니라, 모든 조직이나 소화 효소 등의 기본성분이 된다. 성장 시기의 영유아는 조직을 만들고 발육시키는 데 영양상 효과가 큰 동물성 단백질 등의 질이 좋은 단백질을 섭취해야 한다. 적어도 하루 총 소요 열량의 12%는 단백질로 충당하도록 한다.
- 칼슘은 골격의 주성분이 되는 만큼, 성장기에 꼭 필요한 영양분이다. 칼슘을 공급하는 데 가장 효과적인 식품은 우유와 뼈째 먹는 생선류이다. 또한, 피의 주성분인 철분도 유아기에 충분히 공급되어야 한다. 철분 공급에 좋은 식품은 간, 알류, 고기, 푸른잎 채소이다.

표 5-2 발달에 중요한 영양소와 보완식품의 예

영양소	보완식품의 예	영양소	보완식품의 예
단백질-열량	• 육류, 생선 • 곡류와 콩 등	비타민 C	• 딸기, 감귤류 등 • 과일, 채소류
티아민	• 돼지고기 • 육류의 간 • 콩류	비타민 A	• 간 • 우유, 버터, 연어 • 녹황색 색소
리보플라빈	• 우유 • 육류의 간 • 강화곡류 식품	철 분	• 육류 • 달걀노른자 • 육류의 간
니아신	• 육류 • 땅콩 • 강화 곡류 식품	마그네슘	• 푸른잎 채소 • 콩류, 곡류
비타민 B_6	• 콩 • 육류 • 육류의 간	구 리	• 굴, 간 • 채소, 종실류
엽 산	• 간 • 푸른잎 채소	아 연	• 굴, 간, 육류 • 달걀, 콩류
비타민 B_{12}	• 간, 육류 • 우유 • 달걀, 치즈	칼 슘	• 잔뼈생선, 우유

- 비타민은 영유아의 성장을 돕고 모든 생리 기능을 조절하는 데 필요하므로, 영유아가 고루 섭취하도록 해야 한다. 비타민 D는 칼슘과 함께 골격의 형성을 위하여 필요하며, 비타민 A와 C, 그리고 비타민 B군은 몸의 저항력을 기르는 데 필요하다.
- 영유아의 식사 횟수는 어른과 같이 하루에 세 끼를 나누어 먹도록 하되, 그 분배에 있어 아침, 점심, 저녁을 거의 균등하게 한다. 그러나 1일 3회의 식사만으로는 충분한 영양 섭취가 어려우므로, 1~2회의 간식을 보충할 필요가 있다. 1일간의 식사량의 분배는 대체로 아침 25%, 10시에 간식 10%, 점심 30%, 오후 3시에 간식 10%, 저녁 25%로 하는 것이 바람직하다.

(3) 식사습관의 지도

사람에게 있어서 먹는 일은 매우 중요하다. 이것은 단순히 배고픔이라는 생리적 욕구를 충족시키는 것뿐만 아니라 건전한 인격을 형성하는 데에까지 큰 영향을 끼친다. 식사습관을 지도할 때에는 다음의 몇 가지 원칙을 세우는 것이 바람직하다.

- 식사시간은 즐거운 시간이라는 생각을 가지도록 분위기를 조성해준다.
- 식사 전에 손을 씻고, 몸가짐을 바르게 하도록 지도한다.
- 식사시간에 아이에게 꾸중을 하거나 잘못했던 일에 대해 비난하는 일을 삼간다.
- 음식을 이것저것 먹으라고 지나치게 강요하거나 간섭하지 않는다.
- 웃어른과 식사 시 아무 말 없이 식사 중에 자리를 뜨거나, 이유없이 서성대는 일이 없도록 한다.
- 식사 중에 책을 읽거나 고개를 돌려 TV 화면을 보는 등의 일을 하지 않도록 한다.
- 식사예절에 대하여 무엇보다도 부모들이 모범을 보인다.

가족들의 식사를 준비하고 식사 시중을 드느라 바쁜 어머니는 가족들의 식사가 끝나가거나 끝난 후에 식사를 하게 되는 경우가 많다. 이것은 자녀교육 측면에서 볼 때 바람직한 일이 아니다. 왜냐하면, 이것은 사소한 일 같으면서도 사실상 평등한 가족관계를 저해하는 요인이 될 수 있기 때문이다. 가능한 한 가족이 함께 도와 식사준비도 하고, 한 자리에 둘러앉아 담소를 나누며, 즐거운 식탁 분위기가 되도록 하는 것이 이상적이다.

(4) 식사습관과 관련된 문제와 지도방법

영유아는 식사습관과 관련하여 여러 가지 문제 행동을 보일 수 있다. 다음에서는 그중 자주 접하게 되는 문제라고 할 수 있는 편식의 문제, 유아 비만의 문제, 그리고 보다 심각한 식사 관련 문제 행동으로 이식증이나 구토의 문제 등에 대해 그 지도방법을 알아보기로 하겠다.

① 편 식

유아는 음식에 대한 기호의 변화가 매우 심하다. 어떤 음식을 좋아하다가도 곧 다른 음식을 좋아하며, 잘 먹지 않던 음식도 어떤 때는 잘 먹는다. 이와 같은 기호의 변화는 자라나는 영유아가 밟는 과정의 하나이지만, 자칫하면 편식으로 이어질 가능성이 있다.

편식은 주로 3~4세가 되었을 때 자주 나타난다. 3세가 넘으면 유아는 점차 자신이 좋아하는 것과 싫어하는 것에 대한 구분이 뚜렷해지기 시작하기 때문이다. 편식습관을 바로잡기 위해서는 다음과 같은 지도가 필요하다.

- 영유아의 편식원인을 정확히 파악한다. 편식의 원인으로는 불규칙한 식사시간이나 식사 전의 간식 그리고 식구들의 편식경향 등을 생각해 볼 수 있다.
- 식사시간을 규칙적으로 정하여 식사시간 전에 운동을 충분히 하게 하여 공복감을 느끼도록 만든다.
- 가족이 모두 편식을 하지 않는다는 것을 모범으로 보여준다. 식사습관은 어렸을 때 형성되어 나이가 들어서까지 지속되게 마련이다. 식사를 제대로 하지 않는다고 쫓아다니면서 떠먹여 주거나 때를 가리지 않고 간식을 넉넉히 준다면 영유아의 식사습관은 바르게 형성되기 어렵다.

② 이식증

생후 1~2년간 영아는 입을 통하여 주위환경을 발견해 나간다는 말이 있을 정도로, 무엇이든지 손에 잡히는 물건을 입으로 가져가서 빨거나 핥거나 삼키거나 하기 쉽다. 이것은 대체로 정상적인 행동으로 생각되지만, 경우에 따라서는 위험할 수도 있다. 예를 들어, 단추, 핀, 비누, 나무 조각, 모래, 벌레, 동전 등 손에 잡히는 대로 입에 넣고 삼킨다면 매우 위험하다.

이식증(異食症)은 영양실조, 특히 철분이 결핍되어 빈혈증을 가진 영유아나 어른들이 잘 돌보아 주지 않는 영유아, 모성실조의 영유아 등에게서 많이 발견된다. 또 발달지체이거나 정서장애가 있는 영유아에게서도 이러한 증상이 나타나는 경우가 있으므로, 그 원인에 따른 상담이 필요하다. 이식증이 자주 나타나는 영유아는 소아과 의사나 소아정신과 의사의 진단을 받고 이에 따른 상담을 받도록 배려한다.

③ 유아비만증

경제 사정이 좋아짐으로써 다양한 음식물이 시장에서 유통되어 풍부한 영양 섭취를 할 수 있는 반면, 운동량은 부족하기 때문에 비만증으로 고통을 받는 영유아의 수가 점차 증가하고 있다. 비만증의 경계를 어디에 두고 있는지에 대한 확정된 선은 없으나, 대체로 같은 연령, 같은 성, 같은 신장의 영유아의 표준 체중보다 20% 이상 초과한 경우를 비만증이라고 한다.

유아 비만증의 대부분은 이렇다 할 기초 질환을 찾아볼 수 없는 이른바 '단순성 비만증' 이다. 즉, 유아가 성장·발육하는 데 필요한 칼로리보다 많은 양을 음식으로 섭취하여 남은 것이 지방으로 축적되어 몸이 비대해지는 것이다. 간혹 내분비나 신진대사의 장애, 또는 특수 질환으로 오는 수도 있다. 내분비나 신진대사의 장애로 온 비만증인 경우, 키가 정상보다 작고(대개 100명 중 5명 이내, 즉 5% 미만) 발육도 늦은 데 비해, 단순성 비만증일 경우에는 키가 대개 중간보다 크고 뼈의 발육도 정상이거나 앞서 있는 경우가 많다.

유아기 비만증의 원인

- 유전적 요인: 비만증이 있는 영유아의 가족들 중에 비만증이 있는 사람이 많다는 조사보고에 따라 비만증이 유전적인 요인에 의한 것이 아닐까 하는 추론을 하기도 한다. 그러나 어떤 유전적인 인자에 의해서 비만증이 온다기보다는 가정의 식성이나 기호 때문에 기인한다는 학설도 있어서, 어디까지가 유전적 요인이고 어디까지가 환경적 요인인지를 구분짓기는 어려운 일이다.
- 심리적 요인: 음식을 과다하게 섭취하는 것을 정서적인 긴장을 해소하거나 애정에 대한 욕구, 또는 욕구 불만을 해소하기 위한 수단으로 해석하려는 입장에서 나온 주장이다. 또 많이 먹음으로써 부모의 인정과 관심을 끌어 보려는 무의식적 의도가 작용할 수도 있다. 어떤 이유로든지 부모에게 인정받지 못한다고 느끼는 영유아는 많이 먹음으로써 착하고 말 잘 듣는 아이가 되려고 한다. 이에 따라 유아는 어머니의 뜻에 절대 순종하며, 의존적이고 미숙한 성격의 소유자가 되기 쉽다.
- 에너지의 불균형: 칼로리 섭취와 소비의 균형이 맞지 않아 칼로리가 남을 때에는 결국 지방으로 저장된다. 운동 부족으로 인한 칼로리 소비의 감소는 칼로리 섭취의 과다만큼 비만증의 중요한 원인이 된다. 비만아들이 자신이 필요로 하는 이상의 칼로리를 섭취하고 있는 것은 사실이나 그렇다고 해서 같은 나이, 같은 성의 유아들보다 반드시 더 많이 먹고 있는 것은 아니다. 유아가 일단 비만증이 되면 지방이 축적되고 행동이 둔해져서 점점 더 운동을 하지 않게 되며, 자신이 뚱뚱한 것이 부끄러워서 친구들과의 놀이에도 점점 더 참여하지 않게 된다. 비만아의 약 65%는 성인이 되어서도 그대로 비만하다고 한다. 비만증을 가진 성인은 관상 동맥 질환, 고혈압, 당뇨병, 담석증 같은 질환에 걸릴 빈도가 높다. 그러므로 비만증이 되지 않도록 예방하는 것이 중요하다.

비만증의 치료방법

- 식사의 칼로리를 제한하여, 체중을 현 상태로 유지하는 데 필요한 kcal(칼로리)보다 200~500kcal 정도를 적게 섭취하도록 한다. 성장에 필요한 단

백질(전체 kcal의 30% 이상)은 충분히 섭취하되 탄수화물과 지방을 제한하도록 한다.

- 많이 걷거나 뛰도록 하며, 가능한 한 재미있게 자발적으로 참여할 수 있는 운동을 하도록 한다. 한편, 실내에 앉아서 노는 습관을 가능한 한 줄이도록 한다.
- 식이요법이나 운동요법이 효과적으로 시행되려면 유아 자신이 자진해서 참여해야 한다. 식사 양의 제한으로 체중을 줄이거나 운동을 열심히 했을 때에는 상을 주고 칭찬을 해주어 유아가 자진해서 참여하도록 한다. 상으로 운동기구를 사 주어 더욱 즐겁게 운동을 할 수 있게 하는 것도 좋은 방법이다.
- 심리적인 원인으로 비만증이 된 경우에는 그 근본 원인을 알아내어 그에 대한 조처를 해주고, 관심과 사랑이 결핍되었거나 외로움을 느끼는 경우에는 대인 관계에 융화를 가져오게 하여 이를 해결하도록 도와주어야 한다.

그 외에 식욕을 억제하는 약도 있으나 유아에게는 사용하지 않는다. 이상과 같이 하여 과식 → 비만 → 운동 부족 → 비만 → 정신적 부담 → 과식 → 비만의 악순환을 없애도록 한다.

④ 구 토

구토는 영유아기에 자주 보이는 증상으로 많은 질병에서 나타나게 된다. 다른 증세 없이 한두 번 토하는 것은 대개 병적인 것이 아니므로 그리 염려할 것은 아니다. 그러나 계속해서 심한 구토를 할 때에는 심상하지 않음을 암시하는 것이므로 의사에게 진찰을 받도록 해야 한다. 더구나 계속해서 토하는 경우에는 체내의 수분과 전해질이 점점 없어지게 되므로, 유아가 토할 때의 상태와 어떤 것을 토하였는지를 자세하게 알아두어야 할 뿐만 아니라, 토한 것을 의사에게 보여준다면 진단에 도움이 될 수 있다.

구토에 대한 응급처치는 다음과 같이 한다.

- 유아가 토할 때에는 앉히든지 옆으로 눕혀 토물이 기도 내로 들어가지 않도록 한다.

- 구토증이 있을 때에는 1시간 정도 아무것도 먹이지 않는 것이 좋다.
- 구토가 계속되면 문제가 있는 상태이므로 곧 전문 의사에게 보여야 한다.
- 구토가 있을 때에는 구토 외의 증상과 상태(열, 경련, 설사, 복통 등)를 자세히 관찰하고, 토물의 내용도 의사에게 보여 주어 병을 진단하는 데 도움이 되도록 한다.
- 주기적으로 반복해서 토하는 경우에는 부모와 상의하여 환경적인 요인을 찾아보고, 의사의 진찰을 꼭 받도록 한다.

2) 영유아의 건강과 수면습관의 지도

갓난아기들은 하루의 대부분을 잠으로 보낸다. 하루에 18시간 이상씩 자던 아기가 차츰 성장해 가면서 수면시간이 줄어들어, 5~6세가 되면 하루에 평균 10시간 정도 자며, 청소년기가 되면 하루에 8시간 정도로도 충분한 수면을 취할 수 있게 된다.

깊은 잠을 자는 것은 신체적 건강뿐 아니라 정신적 건강과도 밀접한 관계가 있다. 영유아들이 충분히 잠을 자지 못했을 때에는 짜증을 잘 내고 자주 의기소침하게 되며, 식욕부진이나 신경증 등의 증세를 보이게 되어 건전한 성장·발달에 장애를 가져오기 쉽다. 따라서, 영유아가 숙면을 할 수 있도록 주위의 여건을 조성해 주는 것이 중요하다.

영유아가 수면습관을 건전하게 확립하도록 도울 수 있는 지도방법은 다음과 같다.

- 수면 중에서 중요한 것은 잠들기이다. 곁에 누가 있어 주어야만 잠드는 버릇이 어렸을 때부터 길러지면 성장한 후에도 고치기 어렵게 된다.

  영유아가 생후 15~20개월경에는 잠들기 전에 어머니가 곁에 있어 주기를 바라고 칭얼거리는 것이 보통이다. 그러나 혼자 있게 하기가 애처롭다든가 무서움을 탈까 염려하여 계속해서 잠들 때까지 옆에 있어 주게 되면, 혼자서 잠들기 어렵게 된다. 만약 영유아가 어두운 곳에 혼자 있는 것을 두려워한다면 낮은 촉수의 전구를 밝혀 둘 수 있다.

표 5-3 연령별 수면시간

연 령	수면시간	연 령	수면시간
0~2개월	18~20시간	1~2세	12~14시간
2~6개월	16~18시간	2~5세	10~12시간
6~12개월	14~16시간	5~10세	10시간 정도

- 쉽게 잠을 못 이루는 경우에는 가능한 한 낮잠을 자지 못하게 하고, 잠자리에 들기 전에 목욕을 시키는 것이 좋다.
- 일정한 취침시각을 정하여 그 시각이 되면 반드시 잠자리에 들도록 지도한다. 영유아인 경우에는 밤 9시가 적당하며, 중학생 이상이면 밤 10시가 적당하다. 인간의 생리적 리듬에 비추어 볼 때, 성인도 밤 10시에 잠들어서 아침 6시에 일어나는 것이 가장 이상적이라고 한다. 요즈음은 밤늦도록 TV를 시청하다가 아무 때나 잠자리에 드는 경우가 많은데, 자라나는 유아들에게는 이와 같이 취침시각이 불규칙한 것은 바람직하지 못하다.
- 유아가 잠자리에 들기 전에 용변을 마치고, 이를 닦으며, 잠옷을 갈아 입는 등의 습관을 가지게 하는 것은, 편안한 마음으로 잠들 수 있도록 준비하는 과정으로서 바람직하다.

수면과 관련된 문제 행동에는 어떤 것이 있는지 다음에서 알아보기로 하겠다.

(1) 악 몽

상상력이 풍부해지고 주변환경에 대하여 민감해지는 시기인 유아기, 특히 4세 이후부터는 가끔 밤에 잠을 자다가 깜짝 놀라서 깨어나 울며, 심한 두려움과 공포를 보여주는 경우가 있다. 특히, 낮 동안에 흥분한 일이 있었거나 낯선 장소에 갔거나 낯선 사람을 만나는 등 새로운 경험을 했을 경우, 밤에 악몽에 시달리게 되기도 한다. 즉, 악몽은 일상생활에서 일어나는 여러 가지 현상이나 사건, 경험에 대하여 유아가 불안함을 심하게 느끼고 있었을 경우에 나타난다고 볼 수 있다.

따라서, 악몽을 자주 꾸는 유아는 평소 불안감을 상당히 심하게 경험하고 있음을 예고하는 것이라고 생각되므로 어른들이 유아와 불안감을 감소시켜 주도록 배려해야 하며, 자주 악몽을 꾸는 유아는 전문가의 도움을 받아야 할 것이다.

(2) 야경증

야경증 역시 4~6세의 유아에게 나타나는 현상으로서, 대체로 잠들고 난 후 30분~3시간 사이에 일어난다. 갑자기 소리를 지르며 일어나 심한 불안 속에 어쩔 줄을 모르며, 얼굴은 무서움과 공포에 떨고, 동공이 커져 있고, 식은땀을 흘리면서 숨을 몰아쉬는 행동 특징을 보여준다.

야경증은 대개의 경우 뇌의 발달이 약간 미숙한 유아에게서 나타난다고 한다. 간질 발작과 비슷한 양상을 띨 수 있으므로 이 두 가지를 반드시 구분하여 치료해야 한다. 또 악몽의 경우에는 아침에 잠에서 깬 후 대개는 꿈의 내용을 기억할 수 있으나, 야경증의 경우에는 아침에 일어나서 꿈의 내용이나 사건을 전혀 기억해 낼 수 없는 것이 특징이다.

악몽을 꾸는 경우와 마찬가지로, 야경증도 유아의 정서가 불안하거나 심리적 갈등이 있을 때 일어난다고 볼 수 있다. 만일, 야경증이 일상생활에서 경험하는 흥분되는 사건이나 일시적인 불안감에 의한 것이라면, 특별한 치료가 필요하지 않을 것이다. 이 경우에는 성장하면서 차츰 야경증이나 악몽의 횟수가 감소되는 것이 보통이다.

그러나 야경증이 1주일에 3~4회 정도로 자주 일어나고, 성장하면서도 그 횟수가 감소되지 않으면 대체로 심각한 병적인 문제로 생각되므로 치료를 요한다. 이러한 문제를 가진 유아는 낮에도 신경증적인 증상을 보일 수 있으므로 부모와 자녀의 관계를 중심으로 하는 정신치료나 놀이치료를 받아야 할 것이다.

3) 영유아의 건강과 배변습관의 지도

영유아는 보통 생후 15~18개월이 지나면서부터 방광을 통제할 수 있는 생리적 능력이 생기게 되므로, 이때부터 소변 가리기 훈련을 시킬 수 있다. 생리적으로 방광 통제의 능력이 없는 너무 어린 나이에 지나치게 일찍 서둘러서 소변 가리기 훈련을 시키면 별로 효과를 거두지 못할 뿐 아니라, 오히려 심리적인 압박감을 주게 됨으로써 유아에게 부정적인 영향을 끼친다.

일반적으로 3~4세가 되면 대소변을 가릴 수 있게 된다. 그러나 5세가 넘어서도 밤에 소변을 가릴 수 없거나 야뇨의 횟수가 빈번한 유아라면 전문의와 상의해 보아야 한다. 배변 습관을 바르게 갖도록 하기 위한 지도방법은 다음과 같다.

- 한 살이 지나 영아가 어느 정도 언어로 자신의 생리적 욕구를 표현할 수 있게 되면, 배변의 욕구가 있을 때 의사를 표시하도록 지도한다. 또 가능한 범위 내에서 규칙적으로 대소변을 보는 습관을 갖도록 지도한다.
- 영유아가 배변의 의사를 표현했을 경우에는 배변과 관련된 장소와 기구, 옷 벗기 등의 절차를 반복해서 익히도록 지도한다.
- 평소에 혼자서 대소변을 가리던 유아가 다시 못 가리게 되었을 경우에는 혹시 유아의 생활환경에서 심리적 긴장이나 갈등의 문제가 생겼는지를 살펴볼 필요가 있다. 왜냐하면, 유아들 중에는 동생이 태어나거나 이사를 하게 되었을 때 일시적으로 대소변을 못 가리는 경우가 있기 때문이다.
- 유아가 어린이집이나 유치원에서 옷에 배변을 하였을 경우에는 먼저 안심시키고, 너무 창피를 주거나 벌을 주어 심리적인 손상을 받지 않도록 배려한다.
- 저녁식사 후 자기 전까지 우유, 주스 등을 많이 마시지 않도록 하며, 잠자리에 들기 전에 용변을 마치도록 지도한다.

배변과 관련된 문제 행동으로는 다음과 같은 것이 있다.

(1) 유뇨증과 야뇨증

생후 3년이 되면 유아들은 소변을 가릴 수 있게 되지만, 간혹 그 뒤에 실수를 하는 수도 있으므로 4~5세까지는 가끔 오줌을 싼다고 해서 꼭 병적인 것은 아니다. 3세 이후에도 계속 소변을 가리지 못하는 것을 유뇨증이라 하고, 5세 이후에도 계속 밤에 소변을 가리지 못하는 것을 야뇨증이라 한다. 신체적으로 방광이나 요로의 염증·간질·발작·발달 지체 등으로 배뇨 조절이 잘 안 될 때를 제외하면, 야뇨증이나 유뇨증은 대부분 심리적인 원인에서 생긴다.

특히, 부모가 유아를 대하는 태도는 매우 중요하다. 어머니가 자녀의 어리광을 너무 많이 받아주고 지나치게 보호해 주다가 동생이 태어나게 되어 부모의 사랑을 독차지할 수 없게 되었을 때, 유아는 흔히 갓난아이 시절로 퇴행하여 다시 소변을 못 가리게 된다. 이것은 부모의 애정과 관심을 되찾으려는 심리작용이라고 할 수 있다.

그런가 하면, 유아가 아직 생리적으로 대소변을 가릴 만큼 성숙하지 못했는데 부모가 너무 성급히 대소변 가리기를 강요할 때, 하나의 무의식적인 반항으로 오줌을 싸는 경우도 있다. 그러므로 이때 꾸중을 하면 야뇨증 또는 유뇨증이 더욱 심해지게 된다. 또 가정에 따라서는 아예 소변 가리기 훈련을 안 시키고 무관심한 경우가 있는데, 이때에는 습관이나 훈련 부족으로 야뇨증 또는 유뇨증이 생기게 된다.

그러나 화이트(White, 1971)에 의하면, 남녀의 비율을 보았을 때 2 : 1의 수준으로 남아가 여아보다 야뇨증이나 유뇨증의 발생률이 더 높았으며, 가족들 중에 야뇨증이나 유뇨증이 있었던 사례가 더 높은 것으로 보고함으로써 유뇨증이 신체적 또는 심리적 원인 때문에 생긴다기보다는 유전적으로 방광 통제능력이 천천히 발달되는 이유 때문에 일어난다는 주장을 한 바 있다. 따라서, 만일 유뇨증이 있는 아이를 내버려둔다면 7~8세 무렵이 되면 이 문제가 자연적으로 치유될 것이라고 했다. 그러나 대부분의 부모들은 소변을 못 가리는 영유아를 꾸중하고 창피를 주어 모욕적인 언사를 던짐으로써 오히려 심리적인 문제로 발전시킨다는 것이다.

야뇨증이 있는 유아는 저녁식사 후 물, 주스, 우유 같은 수분 섭취를 제한하고, 자기 전에 소변을 보게 하며, 밤에 적당한 시간에 깨워 화장실에 가는 습관을 길러 주도록 한다. 한편, 야뇨증이 있다고 무조건 꾸중하여 영유아에게 열등감이나 죄악감, 노여움을 일으키게 할 것이 아니라, 먼저 안심시키고 밤에 소변을 잘 가린 날은 칭찬하여 스스로 노력하도록 격려해 주는 것이 바람직하다.

일반적으로 야뇨증의 치료는 어두움에 대한 공포를 제거하거나, 정서적 긴장을 없애 주는 등의 심리적 측면을 배려한 지도방법과 전기회로가 있는 요를 사용함으로써 오줌을 싸면 벨이 울리도록 장치하여 훈련시키는 방법이 있다.

(2) 유분증

영유아는 보통 2세가 넘으면 대변을 가리게 되며, 지능이 낮은 유아들도 5세가 되면 대변을 가리는 것이 보통이다. 유분증이란, 심리적이거나 생리적·신체적인 이유 때문에 대변을 못 가리게 되어 속옷을 더럽히게 되는 증상을 말한다.

유분증은 3 : 1 정도의 비율로 여아보다는 남아에게서 더 많은 사례를 찾아 볼 수 있다. 신체적인 원인으로는 직장이나 항문의 기형 또는 질병에 의해서 대변을 못 가리게 되는 경우를 들 수 있는데, 반드시 의사의 정확한 진단과 함께 치료를 받아야 한다.

심리적 원인으로는 처음에는 대변을 가릴 수 있었던 영유아가 정신적 스트레스로 인해 못 가리게 되는 경우를 들 수 있는데, 이러한 사례들은 일반적으로 심한 정서장애를 수반한다. 즉, 동생의 출생으로 인해 부모의 사랑을 빼앗겼다는 심리적 충격 때문에 대변을 가리던 아이가 못 가리게 되는 경우와, 새로운 상황에 처하게 되었을 때, 예를 들면 유치원에 입학했거나 부모의 사망, 이혼 등으로 인해 가족관계에 변화가 있을 때 심한 불안과 심리적 긴장 때문에 실수하는 경우이다. 또한 배변훈련을 지나치게 엄격하게 시행했을 때 부모에 대한 분노와 이에 대한 무의식적인 표현으로 실금하는 수도 있으며, 반대로 배변훈련에 전혀 무관심한 부모 밑에서 배변훈련을 받지 못한 경우도 있다.

유분증은 영유아의 신체적인 원인과 증상에 대해 전문의가 정밀하게 검진한 후, 생리적 원인이 아니라면 심리상담을 받아야 한다. 특히, 이 경우에는 영유아만을 상담하는 것보다 부모와 함께 가족상담을 하는 것이 더 효과적이다. 또 심리상담과 함께 규칙적으로 화장실에 가는 연습을 시키는 것이 바람직하다.

4) 영유아의 건강과 옷 입기 지도

계절이나 상황에 맞게 옷을 입는 것은 영유아의 건강한 생활을 유지하기 위해 필수적이다. 영유아는 성장·발달하면서 차츰 자신의 일을 스스로 처리할 수 있는 능력이 생기게 된다. 옷을 입고 벗는 일도 처음에는 완전히 어른들에게 의존하나, 2세가 되면서 점차 스스로 입고 벗기를 시도하려는 의지를 보여주게 된다.

옷 입고 벗는 습관은 앞으로 영유아가 생활 주변의 일들을 주로 타인에게 의존해서 처리할 것인지, 아니면 자립적으로 처리할 것인지에 영향을 줄 수 있는 요인 중의 하나이므로 바른 습관을 기르도록 지도해야 한다. 지도 시의 유의점은 다음과 같다.

- 옷을 입거나 벗을 때 영유아의 능력에 따라 할 수 있는 부분은 스스로 하도록 격려한다. 예를 들면, 모자를 쓰고 벗는다든가 앞섶의 지퍼를 올리는 등의 간단한 일은 유아가 하도록 한다.
- 나이를 더해 감에 따라 차츰 영유아 스스로 해낼 수 있는 옷입기의 범위를 늘리며, 좀 더 어려운 부분도 맡긴다. 처음에는 부모나 교사 등 어른들이 도와 주다가 차츰 스스로 해보도록 한다.
- 유아가 혼자 힘으로 옷을 입고 벗으며 정리했을 때 충분한 칭찬과 인정을 해준다.
- 유아가 역할놀이 등 다양한 종류의 옷을 입어 보는 경험을 통하여 옷 입고 벗기의 연습을 해볼 수 있는 기회를 제공한다.
- 계절이나 기후에 따라 입어야 하는 적절한 옷은 어떤 것인지, 또 외출할 때 입는 옷과 놀이할 때 입는 옷 등에 관한 이해를 하게 함으로써 유아가 계절과 상황에 알맞게 옷을 입을 수 있도록 돕는다.

5) 영유아의 건강과 청결습관 지도

어릴 때부터 청결하도록 지도하는 것은 매우 중요한 일이다. 영유아의 청결습관은 대개 2세부터 식사 전후나 용변 후에 손을 씻게 하고, 4세부터는 양치질을, 5세부터는 혼자서 간단한 목욕하기를 지도하는 것이 좋다. 청결의 습관으로는 우선 손을 씻고 이를 닦는 등 자신의 몸 깨끗이 하기와 가정이나 주위 환경에서 자신의 주변 깨끗이 하기 습관을 기르는 지도가 포함된다.

영유아가 자기의 몸가짐에서부터 자기 주변의 것까지 언제나 깨끗이 할 수 있도록 청결의 습관을 지도하는 방법은 다음과 같다.

- 아침, 저녁으로 세수를 하고 식사 후에는 이를 닦도록 지도한다. 4세가 넘은 유아에게는 이 닦고 세수하는 것이 왜 중요한가에 대해 알아듣도록 설명해준다.
- 식사 전후나 용변 후에는 반드시 손을 씻도록 지도한다.
- 아무 곳에서나 함부로 침이나 가래를 뱉지 않고 코를 풀지 않으며, 다른 사람 앞에서 기침이나 재채기를 할 때에는 손으로 입을 가리도록 지도한다.
- 가정이나 유치원 또는 학교에서 청소를 할 때에는 일을 돕도록 하며, 자기의 책상을 언제나 깨끗하게 정돈하도록 지도한다.

영유아가 청결의 습관을 익히려면 단 한 번 또는 몇 번의 지도로 완성되는 것은 아니다. 그러므로 다음과 같은 원칙을 유념하면서 지도하는 것이 바람직하다.

- 청결의 습관은 가정에서부터 배우므로 가정과의 긴밀한 협력을 통해 가정과 학교가 함께 일관성 있는 교육을 하는 것이 필요하다.
- 말로 설명하고 훈계하기보다는 지속적인 관심을 가지고 일상생활 속에서 지도한다. 또한 동화, 게임, 자료 등을 이용한 교육활동을 병행하여 영유아가 왜 몸을 깨끗이 씻어야 하는지, 왜 식사 후에 양치질을 해야 하는지, 왜 외출에서 돌아온 후 손을 잘 씻어야 하는지 등에 관해 이야기를 나누며, 건강생활에 대한 이해를 높여 준다.
- 어른의 강압에 의해서 억지로 하기보다는 영유아가 스스로 자진해서 행하도록 칭찬하고 격려하여 즐거운 분위기를 마련해 준다.
- 영유아가 손을 씻고 이를 닦는 등 청결을 유지하는 데 필요한 도구와 시설들을 항상 편리하고 청결한 상태로 준비해 둔다.

6) 예절바르게 생활하기 습관과 지도

예절바르게 생활하기에는 유아가 평소에 바른 자세와 태도로 식사를 하며, 옷차림을 단정하게 하고, 웃어른께 존댓말을 사용하는 등 친구와 어른들께 상황과 대상에 따라 적절하고 예절바른 언어로 인사를 하는 일은 몸에 배어 습관화되어야 한다. 따라서 예절교육은 매일 매일의 생활에서 적절한 시간에 실천에 옮겨 보도록 하는 것이 중요하다. 예를 들면, 유치원에 오고 갈 때 선생님이나 친구를 만났을 때, 유치원이나 가정에 손님이 오셨을 때, 이웃 어른을 만났을 때 적절하게 인사하는 방법을 배우게 한다. 또한 부모, 집안 어른, 형제, 손님, 선생님, 친구 등 대상에 따라 어떤 말씨와 태도를 취해야 하는지를 함께 이야기해 보는 것도 도움이 된다.

이러한 예절교육을 시행할 때에는 다음의 몇 가지를 유념한다.

- 교사의 일방적인 훈육보다는 민주적인 분위기 속에서 자연스럽게 예절교육이 이루어지도록 하기 위하여 유치원의 일과에 반영시킨다.
- 영유아의 발달수준에 맞추어 예절을 지켜야 할 대상과 기본예절의 방법을 가르친다. 예절의 바탕은 절하기와 인사하기에서부터 출발한다. 서로 만나서 절하고 인사하는 것은 서로 함께 공경하고 신뢰한다는 상징적인 표현으로 예부터 알려져 왔다. 그러므로 유아기에 가르쳐야 할 예절은 먼저 부모나 친척 등 가까운 집안 어른께 절하고 인사하는 데에서부터 시작한다. 그 다음에 형제, 선생님, 친구, 손님 등 대상에 따라 인사하는 방법을 몸에 익히도록 한다.
- 부모님과 집안 어른께 존댓말을 사용하는 언어습관을 기르기 위해서는, 가정이나 유치원에서 본받을 만한 언어 행동을 보여주고 들려주는 것이 매우 중요하다. 교사들 간이나 교사-유아 간의 좋은 언어적 본보기를 유아가 항상 접할 수 있도록 배려한다. 또, 도움을 받을 때 고마움을 말로 표현하고 그 방법에 관해 함께 이야기해 본 후 "고맙습니다.", "감사합니다."라는 말을 수시로 사용하도록 하여 습관화되도록 한다. 반대로, 실수를 했을 때 "미안합니다.", "죄송합니다."라는 말로 자신의 작은 실수를 인정하고 용서를 구하는 예절을 생활화하도록 한다.
- 예절교육을 할 때에는 밝은 표정, 미소 띤 얼굴 등 다양한 상황에 알맞은 태도와 표정을 함께 보여주어 영유아가 즐거운 마음으로 예절을 몸에 익히도록 한다.

- 일상생활에서 기본예절을 자연스럽게 반복 연습하여 자기의 것으로 만들도록 하며, 너무 강제성을 띠거나 억지로 강요하지 않도록 한다. 또한 예절을 익히는 과정에서 잘 지켜지지 않았다고 하여 영유아의 행동을 비난하거나 힐난하는 어른들의 태도는 오히려 영유아의 반항심을 불러일으킬 수 있음을 유의한다.

7) 질서 지켜 행동하기 습관과 지도

오늘날 산업의 발달은 사람들이 일거리를 찾아 도시에 모여들어 살게 만들었다. 이러한 인구의 도시 집중화 현상은 현대인의 생활을 복잡하게 만들면서 남과 더불어 사는 질서를 몸에 익혀 행하는 것이 매우 중요한 미덕 중의 하나가 되었다. 즉, 집단생활을 원활하게 해 나가기 위해서는 질서와 규칙을 지켜 행동하는 것이 반드시 필요하게 된 것이다.

사람들이 함께 모여 생활하기 위해서는 규칙이 필요하다. 규칙은 행동의 지침이 되고 집단의 안정을 유지하는 데 도움이 된다. 유치원이나 어린이집과 같이 여러 사람이 함께 모여 생활하는 곳에서는 지켜야 할 기본적인 규칙이 있으며, 이러한 규칙들은 우리가 함께 지켜야 할 약속임을 유아가 이해하도록 하는 것은 중요하다. 기본적으로는 유치원에서 자기가 가지고 놀았던 놀잇감이나 물건들을 제자리에 정리·정돈하며, 자기의 물건과 남의 물건을 구분하는 데에서 출발할 수 있다. 또한, 약속을 지키는 것이 즐겁고 편리한 것임을 경험하게 하며, 때와 장소에 따라 차례 지키기, 규칙 지키기, 약속 지키기를 어떻게 해야 할 것인지를 알게 한다.

유아가 질서를 지켜 행동하도록 돕기 위해서 교사가 유념해야 할 사항을 다음에서 생각해보기로 하겠다.

- 인간은 누구에게나 동등한 권리가 있으며, 집단에서 지켜야 할 규칙은 집단 내의 구성원 누구에게나 똑같이 적용됨을 깨닫게 하는 것이 필요하다. '나는 급하니까', '나는 바쁘니까'와 같은 '나' 중심적 생각으로, '나'를 예외적인 특별한 경우로 취급받고자 하는 태도는 잘못된 생각임을 알도록 한다.

- 일단 정해 놓은 규칙은 항상 그리고 지속적으로 지켜져야 한다. 오늘은 특별한 날이니까 안 지켜도 된다거나, 교사의 그날 그날의 기분 또는 생각에 좌우되어 지키지 않아도 무방하다고 한다면 공공질서를 지키도록 교육하고 습관화시키는 일은 어렵게 된다.
- 질서를 지키기 위해서는 먼저 지켜야 할 약속과 규칙이 무엇인지를 상황에 따라 유아가 충분히 알고 이해할 수 있도록 지도해야 한다. 이러한 앎을 바탕으로 하여 실행에 옮기는 것이 중요하다. 그러므로 다양한 상황에서의 질서와 규칙에 대해 영유아와 이야기하며 그림책이나 슬라이드, 또는 비디오 등의 여러 매체를 통해 질서의 중요성과 필요성 그리고 규칙을 지키는 방법과 내용 등을 충분히 이해하도록 돕는다.
- 영유아 스스로 편리함을 체험하도록 하는 다양한 기회를 마련해 준다. 또, 질서와 규칙을 즐거운 마음으로 지키도록 격려해 준다.

8) 아껴서 생활하기 습관과 지도

아껴서 생활하는 생활습관은 단순히 물건을 아낀다는 의미만이 아니라 자기의 물건을 아껴 쓰고 소중하게 간수함으로써 물건을 잃어버리지 않고, 또 잃어버린 물건은 찾아보거나 찾으려고 애쓰는 태도 등이 포함된다. 또한, 이를 통해 자신의 소유물뿐만 아니라 다른 사람들의 물건도 소중히 여기고 건전한 소비생활을 할 수 있도록 지속적인 습관을 생활 속에서 연계하도록 해야 한다.

유아가 아껴서 생활하는 습관을 갖도록 돕기 위해 교사들이 유념할 사항은 다음과 같다.

① 자발적으로 물건을 아껴 쓸 수 있도록 돕는다

물건을 아껴 쓴다는 것은 자칫하면 단순히 절약이라고 하는 소극적인 차원의 행동에서 그치는 것으로 생각하기 쉽다. 그러나 아껴 쓰기를 통해 우리의 생활이 더욱 풍요롭게 발전할 수 있다는 보다 적극적인 차원에서의 절약 태도를 유아에게 가르치는 것이 중요하다. 그러므로 유아가 물건을 아껴 쓰도록 끊임없이 교사가 간섭하고 지시하는 방법보다는 유아 스스로 무엇을 아껴야 하는지, 왜 아껴 써야 하는지, 그리고 아껴 씀으로써 생겨나는 결과는 어떤 일이 있는지 등에 관해 교사와 함께 이야기를 나누어 봄으로써 자발적인 행동을 이끌어내도록 계획한다.

② 시각적 자료를 활용하여 장소나 상황에 적합하게 감정을 조절하도록 한다

장소나 상황에 따라 감정을 조절하는 것은 아직 자기 중심적인 발달단계에 있는 유아에게는 쉬운 일이 아니다. 그러므로 구체적인 상황과 사건을 제시해 주고 각 상황에서 일어나는 사건에 따라 유아가 각각 어떤 느낌과 생각을 가지게 될 것인지에 관해 이야기해 보는 시간을 충분히 가지도록 한다. 유아의 발달수준에 알맞은 상황과 사건을 다양하게 제시하고, 비디오나 그림책과 같은 시각적 자료를 풍부하게 활용한다.

③ 옷이나 놀잇감을 교환하거나 물려주고 물려받는 기회를 갖도록 한다

'개미 시장'이나 '폐품이용전시회' 등의 행사를 통하여 절약, 절제, 재활용의 정신을 심어 준다.

9) 기타 생활습관과 지도

위에서 설명한 생활습관 외에 영유아가 일찍부터 몸에 배게 습관화할 필요가 있는 것으로는 가사돕기와 여가생활을 들 수 있다.

(1) 가사돕기 습관과 지도

유아는 성장함에 따라 차츰 자기의 일은 스스로 처리할 수 있는 능력이 생기게 된다. 부모-자녀관계는, 처음에는 부모가 자녀에게 일방적으로 주는 관계에서 시작하지만, 자녀가 성장함에 따라 상호 교류하고 협동하는 관계로 발전하게 된다.

과거 대가족제도하에서는 여러 명의 형제·자매가 함께 생활하였으므로, 이들 간에는 자연스럽게 형이 동생을 돌보아 주고 동생이 형을 따르는 우애관계가 성

립될 수 있었다. 그러나 오늘날에는 핵가족화로 인해 가족 수가 줄어들었으며, 그에 따라 형제의 수도 감소하여, 서로 협동하는 관계를 그리 중요시하지 않게 되었다.

그러나 가족 간의 협동이 가장 아름다운 애정의 원천이며, 표현임은 두 말할 필요도 없다. 나아가서 가족 간의 협동심은 사회생활을 협동적으로 해나갈 수 있게 만드는 원천이 된다. 지난날, 우리나라에서는 남자는 밥상을 들면 안 되고, 부엌에 들어가는 것을 부끄러운 일로 여기던 때가 있었다. 부모는 이러한 전통적인 고정관념에 따라 자녀를 양육하지 않고 남녀 구별 없이 영유아에게 집안일을 돕게 함으로써, 가족협동의 자세가 어릴 때부터 자연스럽게 몸에 배도록 하는 것이 바람직하다.

이런 의미에서 볼 때, 가족 간의 가사돕기는 부모가 영유아의 사회화 과정을 돕는 효율적인 방법 중의 하나가 되리라고 본다. 가사돕기는 다음과 같은 차원에서 지도되어야 한다.

- 어릴 때부터 유아가 자신의 일을 스스로 할 수 있도록 격려해 준다. 이러한 요구는 유아가 해낼 수 있는 범위 안에서 이루어져야 한다. 과도한 요구는 오히려 유아에게 좌절감을 주어, 협력 대신에 반항심이나 거부감을 일으키게 할 수도 있기 때문이다.
- 5세쯤 되면 유아는 작은 일이지만 부모나 선생님을 도울 수 있음을 매우 즐거워하고 자랑스러워한다. 충분한 칭찬과 함께 유아의 돕는 행동을 인정해 줌으로써 '돕는 것은 즐거운 것'이라는 생각과 태도를 기르도록 한다.
- 나이가 들어감에 따라 차츰 유아가 돕는 일의 범위를 늘리며, 보다 복잡한 일을 맡기도록 한다. 처음에는 부모와 교사를 거들어서 한 몫을 하다가 점차 스스로 해보는 기회를 주도록 한다.
- 심부름을 한 후 어른들이 곧잘 돈으로 보상을 해주는 것은 유아가 가사돕기를 습관화하는 데 도움이 되지 못한다. 칭찬과 인정을 충분히 해주되 '심부름을 하면 돈을 주겠다'는 식의 조건부적인 보상은 피하는 것이 좋다.
- 단순한 명령 또는 지시에 의해 가사를 돕게 할 것이 아니라, 능동적으로 가사돕기의 한 몫을 담당하는 것에 자부심을 가지도록 분위기를 조성해 준다.

(2) 건강한 여가생활하기 습관과 지도

갖가지 편의시설이 증가함에 따라 현대인은 옛날보다 훨씬 더 많은 여가시간을 가지게 되었다. 편안히 쉴 수 있는 시간을 가지게 되는 것은 즐거운 일이지만, 이 여가시간을 어떻게 보내는 것이 가장 효율적인지가 숙제로 남게 된다. 여가시간을 즐겁고 보람있게 보낸 후 일을 하면 더욱 큰 효과를 거둘 수 있음은 명백한 사실이다.

여가시간을 유효 적절하게 보내는 것도 유아기에서부터 몸에 익히도록 만드는 것이 중요하다. 주어진 시간에 무엇을 할까, 어떻게 보낼까 하고 망설이고 공상을 하다가는 하는 일도 없이 시간만 허비하게 되기 때문이다. 다음에서 유아의 건강한 여가생활을 지도하기 위한 몇 가지 방법을 생각해 보기로 하겠다.

첫째, 영유아는 대부분 놀이를 즐긴다. 연령에 따라 그 종류나 양상이 달라지기는 하나, 잠자고 식사하는 시간을 제외하면 놀이에 열중하는 것으로 하루를 보내는 것이 보통이다.

놀이는 혼자서 하기도 하지만 형제나 친구 또는 부모와 함께 즐기기도 한다. 이들에게는 가능한 한 많은 시간을 놀이에 할애하며, 스스로 놀이 속에서 즐거움을 찾도록 배려해 주는 것이 바람직하다. 또 같은 또래의 친구들과도 협동적으로 놀 수 있도록 지도하는 것이 중요하다. 놀이를 통해서 영유아는 모든 영역의 발달이 이루어지는 것이다.

둘째, 아동기에 접어들면 아동은 학교에서 지내는 시간이 많아지고, 집에 와서도 숙제를 해야 하므로 여가시간은 줄어들게 된다. 그러나 이들이 놀이의 즐거움을 가진다는 것은 매우 중요하다. 그러므로 친구들과 잘 어울리고, 집 안이나 집 밖에서 각종 놀이에 열중하도록 격려해 줄 필요가 있다.

셋째, 무엇인가를 '하는' 시간과 '노는' 시간을 어느 정도 구분하도록 지도할 필요가 있다. 공부를 하는 것도 아니고 놀고 있는 것도 아닌 어정쩡한 상태에 오랫동안 있게 되면, 일도 놀이도 충분히 효율적으로 해내지 못하게 된다. 이것이 하나의 습관으로 굳어지면 성장한 후에도 여가시간을 어떻게 보낼지 망설이게 되기 쉽다.

넷째, 여가시간을 미리 알아 계획을 세울 수 있도록 도와 주는 것이 좋다. 예를 들어, 가족이 함께 나들이할 일이 있을 때에는 자녀에게 미리 알려 주어 스스로 계획을 세울 수 있게 한다.

다섯째, 여가시간에 가족이 함께 모여 단순히 TV를 시청하는 것은 바람직하지 못하다. 간혹 함께 TV를 시청하게 되면, 그 프로그램에 관해 이야기를 나누고 의견을 교환하는 계기로 삼는다.

여섯째, 청소년기가 되면 여가시간을 가족과 함께 보내려고 하지 않는 경향이 있다. 이들은 친구들과 어울려서 하는 여가활동을 더 좋아하며, 여기에서 더 큰 즐거움을 맛보는 것이다. 부모로서는 이것을 섭섭하게 느낄 수도 있으나 자녀의 성장을 기쁨으로 받아들이고 이들이 부모로부터 차츰 심리적으로 독립하려는 준비과정에 있음을 인정해야 할 것이다. 그러나 청소년기의 자녀가 어디에서 누구와 무엇을 하면서 여가시간을 보내는지에 관해 항상 관심을 갖는 것이 중요하다.

여가생활은 우리의 정신건강을 증진시키고 앞으로의 작업을 보다 효율적으로 하게 하는 데 중요한 역할을 한다. 어려서부터 건전한 여가생활을 즐길 수 있고, 이를 습관화하는 것이 필요하다.

06

Chapter

영유아의 안전지도

현대 문명의 발달은 인간의 생활을 편안하게 해주었다. 그러나 인간의 생활을 보다 편리하게 영위하도록 도움을 주는 각종 문명의 이기는, 한편으로는 인간의 생명을 위협하는 위험물이 될 수도 있다. 이 장에서는 이러한 위험으로부터 영유아의 안전을 보호하는 여러 가지 지도방법에 관하여 알아보기로 하겠다.

1 | 안전지도의 목적과 중요성

영유아는 안전한 환경 속에서 마음껏 뛰놀며 하루하루를 즐겁게 보낼 수 있도록 보호받아야 한다. 즉, 어른들은 아이들이 안전한 상태에서 자랄 수 있도록 좋은 환경을 마련해 주어야 한다. 현대 의학의 발달은 각종 질병으로부터 인간을 치유하는 기술을 개발하였고, 생활수준과 위생시설의 향상으로 질병이나 전염병으로 사망하는 사람의 수는 현저하게 줄어들고 있다. 그러나 산업현장에서나 거리에서, 또는 가정에서 안전관리를 충분히 하지 못함으로 인해 사고가 발생하거나 사망하는 사람의 수는 오늘날 오히려 증가하고 있는 현상을 볼 수 있다. 모든 위험이나 사고로부터 영유아들을 보호하기 위해서는 사고가 발생한 후에 대책을 세우고 처리하는 것보다는, 사고를 미연에 방지하기 위한 안전관리교육을 철저히 시행하는 것이 무엇보다도 중요하다.

영유아들은 주위에 산재해 있는 사물들에 관하여 많은 호기심을 가지고 있으며, 이것 저것을 스스로 탐색해 보고자 하는 강렬한 욕구를 가지고 있다. 그러나 아직 판단력이 부족하여 무엇이 위험을 초래하며, 무엇이 안전한 행동인지를 정확하게 파악하지 못하기 때문에 충동적으로 행동하는 경향이 있다. 따라서, 영유아들을 위한 안전지도는 순간적으로 일어나는 뜻하지 않은 사고를 예방하고 안전한 환경 속에서 성장·발달할 수 있도록 돕기 위한 목적을 가지고 지속적으로 이루어져야 할 것이다.

제6차 유치원교육과정에서도 유아의 안전지도에 대한 내용을 포함하고 있는데 그 내용을 간략히 살펴보며 다음과 같다.

(1) 안전하게 놀이하기

유아들이 안전한 장소에서 놀이하고, 실내·외에서 접할 수 있는 여러 가지 놀잇감이나 시설·설비를 안전하게 사용하는 데 필요한 지식과 기술, 태도를 길러준다.

(2) 교통안전 규칙지키기

유아가 교통안전 규칙의 중요성과 자동차 사고의 위험을 이해하고, 사고의 위험으로부터 자신을 보호하기 위해 필요한 지식, 기술, 태도를 기르기 위한 내용을 포함한다. 승용차, 지하철, 버스 등 교통기관의 안전한 이용법을 알고 교통신호와 교통안전 표지 및 횡단보도 표시 등 보행 안전규칙을 지키도록 지도한다.

(3) 위험한 상황을 알고 대비하기

유아가 높은 곳, 미끄러운 곳, 기타 위험한 장소나 생활주변에서 흔히 접할 수 있는 유독성 물질이나 이물질의 위험을 인식하고 안전하게 행동하는 방법을 알도록 한다. 추락사고나 약물사고, 질식사고의 예방뿐 아니라 곤충이나 동물에 대한 안전교육도 포함한다. 또한 성폭력이나 유괴 등 위험상황에 대처하기 위하여 낯선 사람이 접근하여 유아의 몸을 만지거나 강제로 데려가려고 할 때 "싫어요.", "하지마세요." 등으로 거부의 의사를 분명히 알리고 어른들의 도움을 청하는 등의 대처방법을 알게 한다.

(4) 환경오염이나 재해에 대비하기

유아가 물, 공기, 흙의 오염과 관련된 위험성을 인식하고 환경보전의 중요성을 이해함으로써 환경을 보호하는 태도와 실천능력을 길러 주려는 것이다. 이러한 유아의 '안전하게 생활하기' 영역은 언제, 어디에서나 시행되어야 할 교육의 중요한 내용이라고 하겠다.

또한 표준보육과정(여성가족부, 2005)에 의하면 기본생활영역에 안전의 내용이 포함되어 있는데 2세까지의 영아는 놀잇감을 안전하게 탐색하고 용도에 맞게 놀이를 하며, 위험한 상황을 알고 점차 놀이의 규칙을 지켜서 안전하게 놀이하는 방법을 익히도록 안전지도를 해야 한다고 제시하고 있다. 또한 유아(3~5세)의 경우에는 안전하게 놀이하고 타인의 안전을 배려할 줄 알도록 하며 화재, 재난, 사고 등의 상황을 인식하고 안전하게 생활하도록 지도하고, 더 나아가 교통규칙을 지켜 보행하고 성폭력이나 유괴상황을 알고 주위에 도움을 전할 방법 등 유아의 안전 대처능력을 기르기 위한 지도와 교육을 강조하고 있다.

2 | 영유아 사고의 현황

영유아의 활동은 가정, 이웃, 학교와 같은 생활환경과 밀접한 관계를 가지면서 이루어진다. 유아기로 접어들면서 영유아는 환경에서의 자극에 대하여 민감하게 반응하며, 충동적인 행동을 더욱 많이 보여준다.

또한 영유아는 강한 호기심과 모방심 때문에 텔레비전이나 그림책에서 본 행동을 그대로 따라하려는 행동을 보여준다. 예를 들면, 텔레비전에서 초인간적인 능력을 가진 가상적인 주인공이 높은 건물에서 뛰어내리는 장면을 보고 난 후, 영유아도 그 주인공처럼 2층 건물에서 뛰어내리는 행동을 하기도 한다.

뿐만 아니라, 영유아는 순간적인 눈앞의 목적만 생각하고 전체적인 상황을 판단할 수 없기 때문에 위험을 초래하기도 한다. 예를 들면, 공놀이를 하다가 공을 놓쳐서 차도로 굴러갔을 때, 공을 줍겠다는 생각에만 몰두한 나머지 다른 상황을 판단하지 못하고 자동차가 달려오는 차도로 뛰어들기도 하는 것이다.

또한 위생이나 안전에 대한 개념이 아직 발달되지 않았기 때문에 비위생적인 음식물을 먹거나, 위험한 폭발물을 가지고 놀이를 하거나, 농약이나 약물을 음료수나 사탕으로 오인하고 복용하여 사고를 당하기도 한다. 보다 구체적으로 영아와 유아 그리고 초등학교 아동의 사고 현황을 살펴보면 다음과 같다.

1) 연령에 따른 영유아 사고 현황

통계적으로 보면, 영유아의 나이와 성별 그리고 거주지역에 따라 안전사고의 종류에 차이가 있다는 것을 알 수 있다. 일반적으로 영유아 사고는 연령에 따라 그 발생 양상이 다른데, 우발적인 사고는 1~4세 영유아가 가장 많다. 또 사고의 빈도는 남아가 여아보다 높으며, 사고의 종류는 추락, 낙상사고와 교통사고가 가장 많고, 그 다음으로 화상, 약물중독, 기도나 식도 이물 흡수의 순서이다.

특히, 기도나 식도의 이물 흡수로 인한 사고는 1세 이전에 많이 일어나는데, 예를 들면 아기가 누워 있는 상태에서 먹은 것을 토하다가 토물이 기도를 넘어가서 일어나는 경우가 많다. 또 아기가 자라서 기어 다니거나 걸어 다닐 수 있게 되면 구슬이나 단추, 핀, 동전, 비닐제품 조각 등 작은 물건이면 무엇이나 손에 닿는 대로 입에 넣어 삼킴으로써 질식하게 되는 경우도 있다.

유아기에는 책상이나 식탁 등 높은 곳에 올라가려다 떨어지기도 하고, 계단을 오르내리다가 추락해서 사고가 일어나기도 한다. 또 뜨거운 물이나 난로 등이 있는 곳에 영유아를 혼자 있게 함으로써 화상을 입는 경우도 있으며 가위나 칼 같은 날카로운 물건이나 약품 또는 유해물질을 잘 간수하지 못해서 일어나는 사고도 있다. 더욱이 자동차 사고는 2세 이후의 모든 연령에서 항상 일어날 수 있으며, 그 발생 빈도도 점차 높아지고 있음에 유의해야 한다.

오늘날 우리나라에서는 자동차의 수가 급격히 증가하고 있으나, 이에 상응할 만큼의 안전시설이 미비하여 교통사고가 많이 발생하고 있다. 특히, 영유아들이 마음껏 뛰놀 수 있는 놀이터나 놀이시설이 부족하여 도로에서 노는 것도 교통사고 유발의 원인이 되고 있다.

2) 지역 및 계절에 따른 영유아 사고 현황

사고 발생 현황을 지역에 따라 살펴보면, 옥내 사고의 발생 양상은 도시지역과 농촌지역이 비슷하지만, 옥외 사고는 농촌과 도시에서 서로 다른 모양으로 발생함을 알 수 있다. 즉, 농촌지역에서는 농약중독이나 추락사고, 불놀이에 의한 화상이나 농기구로 인한 손상, 농수로나 저수지에서의 익사사고 등, 농촌지역의 환경적 특성으로 인한 사고가 많다.

반면에, 도시지역의 영유아 사고는 교통사고, 고층 건물에서의 추락, 하수구에 빠지는 사고 등을 들 수 있으며, 상가지역에 사는 영유아나 교통이 빈번한 중심가 도로변의 영유아, 철로 연변의 영유아들에게서도 그 생활환경 때문에 일어나는 여러 가지 사고를 볼 수 있다.

계절에 따라 사고의 종류와 빈도가 달리 나타나기도 하는데, 봄철과 여름철에 사고 발생 빈도가 더 높다. 또한 겨울철에는 가스중독사고나 화상사고가 많다. 특히, 농촌의 농번기에는 농약사고가 많이 발생한다. 또, 사고 발생시간은 종류에 따라 다르나, 낮 12시부터 오후 5시 사이에 사고가 가장 많이 발생한다.

사고는 부모의 자녀 양육 태도, 자녀에 대한 부모의 관심, 생활습관 등의 가정환경과도 밀접한 관계가 있다. 일반적으로, 여유가 있는 가정보다는 저소득층에서 사고가 많이 발생한다. 영유아 사고는 대부분 부모나 가족의 부주의와 영유아에 대한 무관심한 태도가 원인이 되고 있다. 따라서 부모 자신이 항상 생활환경과 계절에 따른 안전관리에 세심한 주의를 기울여야 하며, 영유아에게는 안전에 관하여 적절한 교육을 시켜야 한다.

한 번의 사고 때문에 일생을 불구자로 지내야 하거나 목숨을 잃기까지 하는 불행한 경우를 생각해 볼 때, 주위 환경이 안전한가를 언제나 점검하는 습성을 갖게 함으로써 각종 사고를 미연에 방지하도록 한다.

3 영유아 안전사고의 종류와 지도

안전지도는 개인의 보건과 위생에 관한 작은 일에서부터 시작하여 가정, 거리 및 주위 환경에 잠재되어 있는 위험성에 대한 것에 이르기까지 한 단계씩 추진해 나가야 한다. 참고로 「아동복지법」에 제시된 안전교육의 기준을 살펴보면 다음의 표 6-1과 같다.

유아 사고를 예방하기 위해서는 사고의 내용과 원인을 알아야 한다. 유아의 부모나 가족 또는 교사는 사고에 관한 지식을 충분히 가짐으로써 사고를 예방하고, 사고가 발생했을 때 이에 신속히 대처할 수 있도록 해야 한다. 다음에서는 유아 사고에 대한 일반적인 예방책을 먼저 알아보고, 각 사고의 종류에 관련된 안전대책을 살펴보기로 하겠다.

표 6-1 안전교육의 기초

구 분	교통안전교육	약물오남용교육	재난대비교육
실시주기 (총 시간)	2개월 1회 이상 (연간 12시간 이상)	3개월 1회 이상 (연간 10시간 이상)	6개월 1회 이상 (연간 6시간 이상)
교육내용	• 올바른 교통안전 지식 • 교통 관련 법규 준수 정신 • 안전장구착용의 생활화 • 기타 교통안전 관련 내용	• 약물의 종류, 중독성 및 오남용의 피해 • 법적 처벌기준 • 기타 약물 오남용 예방을 위하여 필요한 내용	• 화재, 붕괴, 폭발, 화생방 사고 등 각종 재난 예방 및 안전관리 요령 • 위험물 취급 요령 • 재난 시 안전행동 및 대피 요령
교육방법	• 전문가(또는 담당자) 강의 • 시청각 교육 • 실습교육 또는 현장학습 • 수업(프로그램) 내용에 반영 • 일상생활을 통한 반복 지도	• 전문가(또는 담당자) 강의 • 시청각 교육 • 현장방문, 학습	• 전문가(또는 담당자) 강의 • 시청각 또는 실습교육 • 사고사례 분석

자료 : 「아동복지법」 제9조 제3항 및 동법 시행령 제4조 제1항.

1) 안전사고의 일반적 예방책

첫째, 무엇보다도 유의해야 할 것은 사고의 원인이 될 수 있는 물건은 언제나 영유아 주변으로부터 멀리 두어야 한다는 점이다. 영유아가 안전하게 생활할 수 있는 장소를 마련해 주는 것은 부모뿐 아니라 모든 어른들의 중요한 책임 중 하나이다.

둘째, 영유아가 혼자서 걸어 다닐 수 있게 되면, 스스로 자신을 보호할 수 있도록 훈련시킴으로써 사고를 미리 방지한다. 예를 들면, 다리미는 약간 뜨거울 때 만져 보게 함으로써 위험을 실감하게 하고, 책상이나 계단에 기어 올라가면 돌아앉아서 내려오도록 훈련을 시킨다. 또 뜨거운 난로가에 가까이 가지 않도록 적당히 거리를 두는 방법을 가르쳐 줌으로써 위험에서 자신을 보호하도록 한다.

셋째, 다음과 관련된 사항에 대해 언제나 안전을 위한 점검을 함으로써 사고를 예방한다.

- 가정, 학교 또는 유아교육기관에서 비치하고 있는 약품에는 반드시 약품명을 표기하고, 유아의 손에 닿지 않는 장소에 보관하며, 필요한 경우 자물쇠를 잠그어 보관한다.
- 난방기구 주변에는 가연물과 같은 위험물을 두지 않도록 하며, 전기 기계나 전기 제품은 사용하지 않을 때에는 안전하게 보관한다.
- 놀잇감은 날카로운 돌출부나 파열성, 폭발성 등의 상해 위험성이 있는 것은 피하고 안전한 것으로 택한다. 또 유아가 가지고 놀다가 파손된 부분은 없는지 매일매일 점검하여 파손된 부분을 보수한다.
- 욕실에 영유아 혼자만 있는 일이 없도록 한다. 보호자의 동반 없이는 수영장이나 하천에 가지 않도록 한다.
- 뜨거운 음식물, 약품, 페인트, 살충제 등과 같은 위험물을 영유아의 손이 닿지 않는 곳에 두고, 필요없게 된 약품은 안전하게 처리한다.
- 영유아가 닿을 수 있는 창문은 추락 방지를 위하여 철창을 설치하고, 쉽게 열리지 않도록 한다. 베란다의 창살도 간격을 좁게 하여 창살 사이로 빠져 추락하게 되는 경우를 방지한다.

- 위험한 도로변이나 자동차가 많이 다니는 골목길 같은 곳에서 영유아가 놀지 않도록 한다.
- 도로를 걸을 때의 주의 사항을 일러주고, 횡단보도를 건너는 방법을 가르쳐 준다.
- 불을 땐 후의 아궁이나 연탄 아궁이는 반드시 뚜껑을 덮어 두고, 성냥은 보이지 않는 곳에 간수한다.
- 영유아에게 안전에 대한 교육을 실시한다. 약, 음식, 생활용품 등에 표시된 위험 표시를 알게 하고 유의하도록 지도한다.
- 위험한 상황에 처하게 되면 지체 없이 어른의 도움을 청하며, 비상시에는 어른의 지시에 따라 행동하도록 평소에 지도한다.

2) 안전사고의 종류와 지도방법

다음에서는 각종 안전사고와 이에 따른 적절한 지도방법을 알아보기로 하겠다.

(1) 감전사고와 안전지도

최근에 이르러 우리 일상생활에서 전기 제품의 사용이 급격하게 늘었다. 가정에서 흔히 쓰는 전기 기기로는 밥솥, 히터, 다리미, 선풍기, 믹서, 냉장고, 세탁기, 텔레비전, 전기담요, 라디오 등 여러 가지가 있다. 이러한 전기 기기들은 잘못 다루었을 때 감전, 화상, 화재사고가 일어날 가능성이 항상 잠재되어 있으므로 유의해야 한다.

영유아들은 호기심이 많으므로 어른들이 없는 틈을 타서 혼자서 전기제품을 조작해 보려는 경우가 있다. 그러나 전기 제품을 만졌을 때 예기치 못한 상황, 예를 들어 불꽃이 갑자기 커진다거나 하는 돌발적인 사태가 생기면 영유아는 당황하게 되어 큰 사고로 이어지기 쉽다. 그러므로 위험하고 사용법이 복잡한 전기 기기는 영유아의 손이 닿을 수 없는 곳에 보관하고, 자주 사용하거나 영유아의 손이 쉽게 닿을 수 있는 곳에 두고 쓰는 전기 기기는 시작부터 마무리까지, 사용법을 올바르게 가르치는 것이 좋다.

전기 제품에 의한 감전사고를 방지하기 위한 지도는 다음과 같이 한다.

- 전기 제품이나 기계를 영유아의 손이 닿지 않는 곳에 보관해 둔다.
- 전기 기기에 대한 올바른 사용법을 알게 한다.
- 젖은 손으로 전기용품을 만지지 않게 한다.
- 전기 기기를 꽂는 콘센트나 플러그를 가지고 장난하지 않도록 한다. 콘센트에 안전 덮개를 씌워 둠으로써 영유아가 콘센트에 쇠붙이 등을 넣어 생길 수 있는 감전사고를 예방한다.
- 길가에 떨어져 있는 전깃줄을 만지지 않게 한다.
- 번개 치는 날에 쇠붙이를 가지고 놀거나 높은 곳에 올라가지 않게 하며, 텔레비전 안테나 등을 만지지 않게 한다.

(2) 화상사고와 안전지도

우리 사회에서는 아직도 화상으로 병원을 찾는 환자가 많이 있다. 이들 중에는 특히 영유아가 많아, 전체 화상 환자의 약 절반이 14세 이하의 아동이며, 더욱이 1~2세의 영아가 가장 많다. 또 여아보다 남아가 더 많은 것이 특징이다. 화상이나 열로 인한 부상의 원인으로는, 의복에 불이 붙는 경우, 뜨거운 액체를 뒤집어 쓰는 경우, 난로나 아궁이 등에 넘어지는 경우, 휘발유 같은 인화성이 강한 물질에 의한 경우 그리고 뜨거운 음식물로 인해 입 안이나 후두 부분에 화상을 입는 경우 등 여러 가지를 들 수 있다.

화상사고를 방지하기 위한 지도방법은 다음과 같다.

- 성냥이나 라이터 등 가연성의 물건은 영유아의 손이 닿지 않는 곳에 보관하여 영유아가 가지고 놀지 않도록 한다. 4세 이상의 유아에게는 성냥을 바르게 사용하는 방법을 가르쳐 주어 호기심으로 인해 불장난을 하지 않도록 한다. 예를 들면, 3~5명 정도의 소집단으로 나누어 교사가 직접 성냥 사용법을 설명해 주고 시범을 보인 후, 한 사람씩 성냥 쓰는 방법을 익히도록 지도한다.

- 실수로 화재를 유발하였거나 화재의 현장을 목격하였을 때에는 혼자 끄려고 하다가 시간을 보내기보다 즉시 어른들에게 알리거나 가까운 경찰서, 소방서로 연락하게 한다.
- 평소에 소화기 사용법 등을 익혀 불을 끄는 올바른 방법을 알게 한다.
- 겉보기에는 뜨겁지 않은 것처럼 보이는 음식물도 뜨거운 경우가 많다는 것을 알게 한다.
- 화재의 경우에 대비하여 매달 한 번씩 비상 대피 훈련을 실시한다. 화재 경보가 울렸을 때 어떻게 비상구를 통해서 대피하는가, 또는 비상시에 연락은 어떤 신호에 의하며 연락망은 어떻게 구성하는가 등을 평소에 충분히 검토하여 준비해 둔다.
- 비상 대피 훈련 시에 유아가 지나치게 놀라지 않도록 대피 훈련임을 알려주고, 비상 신호는 어떻게 울리며 비상구는 어디에 있는지, 대피했을 때 모이는 장소는 어디인지를 미리 익숙하게 알도록 지도한다. 또 소지품을 가지고 나가려고 하거나 느리게 행동하지 않도록 주의시키며, 반대로 너무 서둘러서 넘어지거나 서로 밀치지 않도록 주의시킨다.

(3) 익사사고와 안전지도

사고에 의한 유아의 사망률 중 큰 부분을 차지하는 것이 물놀이에 따른 익사사고이다. 익사사고는 여름철에 강이나 바다, 저수지 등에서 수영 중에 발생하는 경우가 많지만, 집 주위의 시냇물이나 우물, 개울, 집안의 화장실이나 목욕탕 등에서도 발생한다.

익사사고는 유아의 생명과 밀접한 관계를 가지고 있으므로, 물놀이에 대한 지도는 철저하게 이루어져야 한다.

익사사고의 예방책을 다음과 같다.

- 유아 혼자 수영하지 않도록 하고 반드시 보호자가 동반한다.
- 수영은 구명반이 있는 안전한 곳에서 하도록 하며, 너무 깊은 곳으로 들어가지 않도록 한다.

- 모르는 장소, 특히 물의 흐름이 불분명하거나 깊은 웅덩이가 있는 곳에서는 수영하지 않도록 한다.
- 수영을 하기 전에 반드시 준비운동을 하게 하고, 물을 가슴에 몇 번 끼얹도록 한다.
- 식사 직후에는 수영을 피하도록 한다.
- 피로하거나 몸에 이상을 느꼈을 때는 수영을 피하도록 한다.
- 물 속에서 친구들과 심한 장난을 하지 않도록 한다.
- 발을 헛디뎠을 때에는 당황하지 말고 재빨리 몸의 중심을 잡게 한다.
- 유아가 우물, 개천, 웅덩이, 목욕탕 등에서 혼자 노는 일이 없도록 주의한다.

(4) 낙상사고와 안전지도

낙상사고는 영아가 기거나 걷기 시작하면서부터 많이 일어난다. 즉, 생후 6개월부터 갑자기 증가하며, 항상 영유아 사고의 중요한 원인이 되고 있다. 특히, 5세 이하의 영유아 사고 중 큰 비율을 차지하는 것이 낙상사고로 알려져 있다. 성별로 보면, 여아보다는 더 모험적이고 활동적인 남아에게서 자주 발생하고 있다.

우리나라의 생활습관은 침대보다는 온돌을 선호하기 때문에 1세 미만의 영아가 낙상사고를 당하는 숫자는 외국에 비해 적은 편이다. 그러나 1세 미만인 영아의 낙상사고는 다른 연령층에 비해 머리를 다치는 경우가 많은 것이 문제이다. 머리의 손상은 심하면 생명에 위협을 주거나 간질이나 중추신경 계통의 후유증을 남기는 일이 많다.

낙상사고의 예방책은 다음과 같다.

- 높은 곳에 있는 물건을 내리기 위해 의자나 물건 위에 올라가지 않도록 일러 준다.
- 기름이나 왁스 등으로 닦아 놓은 마룻바닥이나 얼어붙은 길 위를 걸을 때에는 조심하도록 한다.
- 계단이나 바닥에 놓여진 구르기 쉬운 물건을 타고 놀지 않도록 한다.
- 나무나 담 위에 올라가지 않게 한다.

(5) 중독사고와 안전지도

약물로 인한 중독사고는 낙상이나 화상사고와 함께 영유아 옥내 사고의 커다란 부분을 차지한다. 약물 사고는 여아보다 남아가 많고, 발생하는 시간은 주부가 가장 바쁜 시간인 오전 11시경과 오후 5시경이 가장 많다.

대부분의 가정에서는 해열제나 진통제 등의 내복약을 상비약으로 비치하고 있는데, 이들 내복약의 중독은 전체 약물 중독의 30~50%를 차지한다.

중독사고의 예방책은 다음과 같다.

- 해열제, 진정제, 항생제, 기침약 등의 상비약들은 상자에 넣어 영유아의 손이 닿지 않는 곳에 보관한다.
- 농약이나 쥐약 등의 살충제는, 사용 전후의 부주의로 사고가 많이 발생하므로 주의해서 사용하도록 한다.
- 뚜껑이 열린 음료수 병에 들어 있는 액체를 마시고자 할 때에는 먼저 어른에게 마셔도 되는지를 알아보게 하거나, 아니면 맛을 보거나 냄새를 맡아보게 한다.
- 옷장이나 이불장 속에 있는 방충제를 가지고 놀거나 입에 넣지 않게 한다.
- 상하거나 덜 익은 음식, 오래된 과자나 길거리에서 주운 음식을 먹지 않게 한다.
- 약물은 가능한 한 본래의 용기 외의 다른 용기에 옮기지 않도록 하며, 언제나 본래의 보관 장소에 보관하도록 한다.
- 야외나 소풍을 갔을 때 들이나 산에서 나는 뱀딸기, 독버섯, 이름 모를 열매 등을 함부로 따서 먹지 않도록 주의시킨다.

(6) 폭발물사고와 안전지도

우리의 주변에는 한 순간에 엄청난 재난을 가져올 대형 사고의 위험이 수없이 널려 있다. 프로판 가스와 도시 가스, 유조 차량, 석유, 휘발유 등의 인화성 액체, 고압 가스, 압축 공기를 사용한 분무식 용기 등은 저장·운반·사용 등의 과정에서 세심한 주의를 필요로 한다. 폭발물에 의한 사고는 유아의 호기심이나 무지에 의해서 발생하는 경우가 많다. 또한 폭발물로 인한 사고는 그 피해의 정도가 매우 커서 인명 피해와 재산 손실을 가져오는 경우도 많다.

폭발물사고의 예방책은 다음과 같다.

- 유아가 석유나 휘발유 등 인화성 물질을 가지고 놀지 않도록 한다.
- 가스레인지의 올바른 취급법을 알도록 한다. 유아를 3~5명의 소집단으로 나누어 가스레인지를 켜고 끄는 방법을 실제로 해보고 배우도록 한다.
- 폭발물의 위험 표시를 인식하도록 알려준다.
- 땅 속에 묻혀 있는 쇠붙이로 된 물건은 버려진 불발탄일 수 있음을 알려 주고, 가지고 놀지 않도록 일러준다.
- 교사는 항상 유아의 안전사고에 대비하여 실내와 실외 환경을 안전하게 정리하는 데 세심한 배려를 한다.

(7) 교통안전지도

오늘날 교통사고는 나날이 증가하고 있다. 교통사고의 원인은 자동차의 정비 불량이나 부품 노후 등의 기계적인 결함보다는 운전자의 부주의나 과속 그리고 보행자의 부주의 및 교통법규 위반인 경우가 더 많다.

교통사고의 영향은 생명과 관계되거나 심한 신체적 손상을 가져온다는 점에서 교통안전지도는 무엇보다도 중요하게 다루어져야 한다.

① 교통법규 지키기

교통법규는 도로에서 생기는 모든 교통상의 위험을 방지하고 교통을 안전하고 원활히 하기 위해서 만들어진 것이다. 교통법규는 보행자의 통행방법, 자동차의 통행방법, 그리고 운전자의 의무 등을 규정하고 있다. 유아에게 교통안전지도를 할 때에는 다음의 몇 가지 점들을 우선적으로 유념한다.

첫째, 법규에 의하면, 보행자는 보도와 차도의 구분이 있는 도로에서는, 차도를 횡단할 때나 도로 공사 등으로 보도 통행이 금지되었을 때 등의 부득이한 경우를 제외하고는 보도로 통행해야 한다. 또한 보도와 차도의 구별이 없는 길에서는 보행자는 길의 오른쪽으로 통행해야 한다.

둘째, 교통법규를 지키는 것은 문화인으로서 당연한 일인 동시에, 교통사고를 예방하는 데 가장 중요한 일이다. 유아에게는 어렸을 때부터 교통법규를 잘 지키도록 가르침으로써 사고를 미연에 방지할 수 있을 뿐만 아니라, 법을 지키는 습성을 길러 줄 수 있을 것이다.

셋째, 교실 안에서 유아들이 교통법규를 이해하도록 가르친다는 것은 매우 어려운 일이다. 실제로 도로에서 교통경찰이 하는 일, 도로를 횡단하는 방법 등을 보고 경험하도록 하면서 법규를 가르치는 것이 더 효과적이다. 이와 함께 학부모에게도 교통안전에 관한 교육을 실시하며, 가정에서도 이러한 교육이 이루어지도록 한다면 더욱 효과를 거둘 수 있을 것이다.

넷째, 자동차는 보도와 차도가 구분되어 있는 도로에서는 차도로 통행해야 하며, 차선이 설치되어 있는 도로에서는 차선에 따라 통행하도록 규정되어 있다. 훌륭한 법도 잘 지키지 않으면 보행자나 운전자 자신의 부상이나 사망을 초래하게 되므로, 교통법규는 보행자나 운전자가 다 함께 잘 지켜야 한다.

② 안전하게 도로 횡단하기

교통사고 중에는 보행자가 도로를 무단 횡단함으로써 일어나는 사고가 큰 부분을 차지한다. 교통법규에는, "보행자의 도로 횡단의 안전을 기하기 위해서 횡단보도를 설치할 수 있다.", "보행자는 횡단보도가 설치된 도로에서는 횡단보도로 횡단하여야 한다."라고 규정되어 있다. 그리고 "횡단보도가 설치되어 있지 않은 도로에서는 가장 짧은 선으로 횡단해야 한다."라고 규정되어 있다. 유아에게 도로횡단하기에 대한 지도를 할 때 다음과 같은 점에 초점을 둔다.

첫째, 유아가 길을 건널 때에는 반드시 횡단보도로 건너도록 하고, 신호기가 있는 곳에서는 아무리 바쁘더라도 파란 불이 켜졌을 때 좌우를 살펴본 후 건너도록 가르쳐야 한다.

둘째, 육교가 있는 곳에서는 육교로 건너는 습관을 길러주어 육교 밑으로 건너다가 사고가 발생하는 일이 없도록 한다.

셋째, 야간에는 반대 쪽에서 오는 자동차의 불빛 때문에 운전자가 도로를 횡단하는 사람을 잘 보지 못하기도 한다. 특히, 검정색 계통의 옷을 입었을 때에는 거의 보이지 않는다. 그러므로 어두운 길을 걸을 때에는 흰색이나 노랑색 등 밝은 색깔의 옷을 입게 하거나, 그렇지 않으면 흰 손수건을 흔들면서 도로를 횡단하는 것이 안전함을 주지시키는 방법이다.

③ 도로에서 놀지 않기

유아 교통사고에서 가장 많은 비율을 차지하는 것은 유아가 도로에서 놀다가 사고를 당하는 경우이다. 도로에서 놀다 일어나는 사고는, 영유아 놀이터가 부족하고, 유아들이 마음껏 뛰놀 수 있는 안전한 공간이 부족한 데에 근본적인 원인이 있다. 또 교통안전에 관한 교육, 특히 자동차의 위험에 관한 교육이 소홀하거나, 유아에 대한 부모의 무관심도 직접적인 원인이 된다.

교통사고를 방지할 수 있는 대책으로 다음과 같은 안전지도를 하는 것이 바람직하다.

- 길에서 놀지 않도록 한다.
- 길을 걸을 때에는 인도로 걷도록 한다.
- 교통 신호를 확인한 다음 길을 건너도록 한다.
- 가지고 놀던 공이나 구슬 등이 도로로 굴러갔을 때에는 양쪽을 잘 살피고 찾으러 가거나, 어른들의 도움을 요청하도록 한다.
- 차창 밖으로 손이나 얼굴을 내밀지 않도록 한다.
- 차를 타거나 내릴 때에는 뛰지 말며, 순서대로 안전하게 타고 내리도록 한다.
- 유치원이나 학교 버스를 이용할 때에는 차 안에서 조용히 있도록 하며, 특히 유아가 버스에서 내린 후 보호자의 손에 안전하게 인도되도록 유의한다.

4 안전사고의 발생과 처리

대부분의 사고는 우발적으로 발생한다. 유아를 아무리 잘 보살펴도 순간적으로 사고가 발생하므로, 이에 대비해서 응급처치의 준비를 갖추는 것이 중요하다.

응급처치란 의료 요원에게 치료받기 전에 환자에게 해주는 일시적인 처치를 말한다. 응급처치를 잘 하고 못 하는 데 따라서 상처의 회복이 빠르거나 늦을 수도 있으며, 환자의 생명까지도 좌우할 수 있다. 적절한 응급처치는 환자의 아픔과 괴로움을 덜어 줄 뿐만 아니라, 의료 요원의 치료를 쉽게 해주기도 한다.

1) 응급처치의 일반적인 방법

응급처치방법을 익히는 것은 누구에게나 필요한 일이다. 그러나 응급처치 시 주의할 점은 응급처치의 범위를 벗어나서는 안 된다는 것이다. 즉, 의료 요원에게 가기 전 단계로서의 임시적인 처치여야 한다.

응급처치의 일반적인 원칙은 다음과 같다.

- 상처가 확인될 때까지 필요 없는 이동을 시키지 말고 환자를 반듯하게 뉘어 편안하게 해준다.
- 상처 범위와 정도를 알기 위해 그 부위를 충분히 노출시키되, 겨울철에는 동상을 입지 않도록 주의한다.
- 응급처치를 할 때에는 상처를 보고 놀라거나 흥분해서는 안 된다.
- 중환자는 본인에게 상처를 보이지 않는다.
- 상처가 불결해지지 않도록 한다.
- 의식 불명의 환자에게는 입을 통해 음료수를 먹여서는 안 된다. 또한 의식이 있더라도 복부에 심한 상처를 입은 환자나 심한 출혈을 한 환자에게는 음료수를 주어서는 안 된다.
- 여러 명의 환자가 있을 때, 심한 호흡 중지나 중독 증상이 있는 환자부터 긴급히 처리해야 한다.

2) 안전사고의 종류에 따른 응급처치방법

다음에서는 사고의 종류에 따라 응급처치를 하는 방법을 알아보도록 하겠다.

(1) 화 상

불이나 뜨거운 물, 증기, 화학 물질로 인한 신체 조직의 손상을 화상이라고 하며, 그 정도에 따라 1도 화상, 2도 화상, 3도 화상으로 나눈다.

1도 화상은 피부가 붉어지며 약간 아픈 정도이고, 2도 화상은 피부가 부어오르며 물집이 생긴다. 3도 화상은 피하조직까지 침범하여 까맣게 타게 되고, 나은 후에도 흉터가 남는다. 어른은 2도 이상의 화상을 전신의 1/2 이상 입으면 사망하는 데 비하여, 영유아는 6/10이나 1/7 정도만 화상을 입어도 생명이 위험하다. 1도 화상의 치료는 차게 찜질한 후 피부 윤활제인 바셀린이나 붕산 연고를 얇게 발라 준다. 화상을 입은 부분이 크면, 2%의 탄산수소나트륨에 적신 깨끗한 거즈나 수건으로 싸서 마르지 않도록 자주 적셔 주며, 의사의 치료를 받도록 한다. 2도 화상의 치료는 차게 찜질한 후 항생물질이 든 연고를 바른다. 물집이 터졌을 때에는 곪기 쉬우므로 특히 소독을 잘 해야 한다. 3도 화상은 입원 치료를 요하는 중증일 경우가 많으므로 즉시 의사의 치료를 받아야 한다. 화상사고시에는 옷을 억지로 벗기지 말고 가위로 잘라서, 화상을 입은 피부에 자극과 손상을 주지 않도록 주의한다.

(2) 외 상

피부에 생긴 가벼운 상처는 소독된 탈지면으로 소독약을 바르고, 상처가 심하면 의사의 치료를 받도록 한다. 영유아가 불결한 곳에서 놀다가 못이나 쇠붙이에 찔려 외상을 입으면 파상풍에 걸릴 우려가 있으므로 이에 대한 대책을 마련해야 한다.

(3) 출 혈

상처가 생기면 2~3분간 출혈이 있는 것은 보통이지만, 출혈이 계속되면 특별한 조처가 필요하다. 소독된 거즈로 상처를 누르고 몸의 다른 부위보다 상처 부위를 높여 두면 지혈이 된다. 그래도 지혈이 안 되면 상처를 누르고 붕대로 감아 준다. 출혈이 심하거나 상처가 깊을 때에는 의사의 치료를 받아야 한다.

(4) 타박상

물체에 세게 부딪치거나 무엇인가로 얻어 맞으면 그곳이 부어오르고 통증이 있게 된다. 타박상을 입었을 때에는 되도록 빨리 외과 의사의 진찰을 받도록 한다.

특히, 사고 후 몹시 아파하고 안색이 계속 창백하며, 토하고 식욕이 부진하며 졸음이 오는 것 같으면, 뇌 손상이나 뇌출혈의 가능성을 의심할 수 있으므로 빨리 의사의 진료를 받아야 한다.

(5) 골절과 탈구

골절이란 뼈의 어떤 부분이 부러진 것을 말하며, 탈구란 뼈와 뼈의 연결 부분인 관절이 어긋난 것을 말한다. 유아들은 뼈가 유연하므로 넘어져도 쉽게 다치지 않는다. 그러나 때로는 가볍게 넘어져도 골절이 되거나 탈구가 되는 수가 있다. 이런 경우에는 유아를 움직이지 않게 한 다음, 정형외과적 치료를 받도록 한다.

(6) 질 식

기관으로 이물이 들어가거나 유독가스를 마셨을 경우에는 질식하게 된다. 기관의 이물 흡수로 인한 질식의 경우에는 빨리 가까운 병원에 가도록 한다. 일산화탄소 중독에 의한 질식의 경우에는 신선한 공기를 마시게 하며, 숨쉬기 편하게 옷을 풀어 눕힌다. 필요하면 인공호흡을 실시한다. 또 유아들이 풍선이나 비닐 등을 가지고 놀다가 입 안으로 들어가서 기도를 막아 질식하는 경우도 있으므로 이와 같은 것들은 가지고 놀지 않도록 평소에 주의를 준다.

(7) 독충에 물렸을 때

모기, 개미, 벌, 벼룩, 빈대 등 벌레나 독충에 물렸을 때에는 암모니아수나 2%의 탄산수소나트륨 용액을 바른다. 이것은 곤충의 독소가 산성이므로 중화시키기 위한 것이다. 만약 물린 자리가 부어오르면 항히스타민 연고, 아연화 연고, 올리브유 등을 바른다.

(8) 개에 물렸을 때

개에 물리면 상처 부분을 깨끗한 물이나 과산화수소수로 닦아 내고, 그 주변의 피를 짜내도록 한다. 개에게는 광견병 예방주사를 미리 놓아주도록 규정되어 있지만, 때때로 이 규정을 지키지 않는 사람도 있으므로, 개 주인이나 보건소에 이를 확인해 볼 필요가 있다. 만약 광견병에 걸릴 우려가 있을 때에는 즉시 예방주사를 맞아야 한다.

(9) 귀에 이물이 들어갔을 때

귀로부터 이물을 제거하는 가장 안전한 방법은 미지근한 물을 귀에 넣어 세척해 내는 것이다. 그래도 이물이 나오지 않으면 병원에 데려간다. 이때 만약 핀이나 철사 등으로 꺼내려고 하면 위험하다.

3) 구급상자의 내용과 비치

사고에 대비하여 응급 처치를 하기 위한 구급상자에는 아래의 약품과 재료들이 항상 정리·정돈되어 있어야 한다. 또한 약물들은 중에는 대부분 사용기한이 명시되어 있어서 사용기한이 지난 것은 약효가 떨어지거나, 약품의 성격에 따라서는 사용했을 경우에 오히려 부작용을 유발할 수 있다는 점을 유념해야 한다. 따라서 유치원 원 내에 비치되어 있는 비상약품의 내용과 사용기한 그리고 소진된 약품 등을 정기적으로 점검하여 필요할 때 적절하게 사용할 수 있도록 하며, 응급의 경우를 대비하여 항상 정해진 안전한 장소에 비치하도록 한다. 기본적으로 비치되어야 할 구급상자의 내용물은 다음과 같다.

- 기구 : 가위, 핀셋, 면봉, 체온계, 회중전등, 얼음주머니, 얼음베개 등
- 재료 : 기름종이, 붕대, 탈지면, 부목, 거즈, 소독 거즈, 반창고 등
- 약품 : 강심제, 진통제, 탄산수소나트륨, 진정제, 약용 식염, 페니실린 연고, 소화제, 약용 비누, 기침약, 감기약, 과산화수소수 등

4) 사고의 사후 처치

유아 사고는 그 종류에 따라 경찰서나 보건소에 보고해야 하는 것이 있다. 교통사고를 당했을 때에는 사고를 낸 차의 번호, 차종, 운전자의 성명을 확인하여 가까운 경찰서나 파출소에 신속히 보고해야 한다.

식중독이나 가스 중독의 경우에도 보건소나 보건 지소에 보고해야 한다.

각 가정에서는 평상시에도 우발사고가 발생할 경우에 대비해서 가정의를 정해 두고, 영유아에게 사고가 발생하면 가정의와 상담하도록 한다. 가정의는 환자의 사고 정도에 따라 자신이 치료하든지 다른 전문의에게 위촉하게 된다. 따라서, 각 가정에서는 가정의의 주소와 전화번호를 온 가족에게 미리 알려두는 것이 좋다. 그리고 상처가 심할 경우에는 가정의를 거치지 않고 바로 큰 병원으로 갈 수도 있기 때문에 이러한 병원의 주소와 전화번호도 평소에 비치해 둘 필요가 있다.

07 Chapter

영유아의 사회생활지도

영유아는 개방적이고 자유로운 사회생활을 통하여 여러 가지 사회적·정서적 경험을 하게 된다. 뿐만 아니라, 영유아는 집단에서의 경험을 통하여 지적 발달과 성격발달을 이루어가며, 자신의 감정과 의견을 표현하고, 다른 사람의 생각과 느낌을 이해할 수도 있게 된다. 이 장에서는 영유아 사회생활의 중요성과 사회생활지도의 내용과 방법에 관하여 알아보기로 하겠다. 또한 보다 구체적으로 유아의 또래관계지도를 위한 방법을 살펴보기로 하겠다.

1 | 사회생활의 중요성

집단은 두 사람 이상이 서로 어떤 영향을 주고받으며 지내는 모임이라고 할 수 있다. 영유아가 태어나서 가지는 첫 번째로 중요한 집단은 가족이다. 가족은 영유아의 생애를 통해서 가장 강하고 끈질긴 영향을 주는 집단인 동시에, 성인기의 생활에까지도 계속해서 영향을 주는 기반이 된다. 가족의 일원으로서 영유아는 자신의 역할과 능력, 권리와 의무가 무엇인지를 배우게 되고, 각자의 능력에 알맞은 참여를 할 것으로 기대된다.

영유아는 성장·발달하면서 가족 이외의 집단과 관계를 가지게 된다. 그리하여 이웃, 학교, 직장, 사회로 집단생활의 영역을 점차 넓혀 나간다. 집단에서의 생활을 통하여 영유아는 여러 가지를 학습하게 된다. 즉, 영유아는 집단놀이를 통해 다른 사람의 권리를 인정해 주어야 하며, 놀이 도구를 사용하기 위해서 자신의 차례가 올 때까지 기다려야 한다는 것을 알게 된다. 또 놀이 도구를 다른 영유아들과 나누어 쓰는 것도 배우게 된다.

영유아는 집단 내의 다른 영유아들이 때로는 즐거워하거나 고통스러워하고, 욕구가 좌절되는 등의 정서적 경험을 하는 것을 관찰하게 되며 간접적인 경험을 하면서, 영유아는 자신의 감정이나 생각이 다른 영유아의 감정이나 생각과 다를 수 있음을 깨닫게 된다.

또한 영유아는 집단에서의 생활에서 놀이를 하거나 또래들과 어떤 과제를 공동으로 수행해 나가면서, 다른 영유아들이 문제를 해결해 나가는 과정을 관찰하게 된다. 이러한 공동 참여활동을 통하여 영유아는 문제 해결을 위한 사고의 폭을 넓히고, 문제를 해결하기 위한 지적 탐색활동을 보다 다양하게 펼 수 있는 가능성을 증가시키게 된다. 뿐만 아니라, 영유아는 집단에서 받아들여지려면 영유아 자신이 집단활동에 긍정적으로 참여해야 한다는 것도 알게 된다.

이와 같이, 집단생활에서의 경험은 영유아의 사회적 행동의 발달만이 아니라 지적 능력의 발달과 신체적 발달에까지도 영향을 끼친다. 따라서, 영유아가 어떤 집단에서 무슨 경험을 하는지를 탐색하고 이해하는 일은 유아교육에서 가장 중요한 일 중의 하나이다.

제6차 유치원교육과정에 의하면 사회생활영역의 목표는 "기본 생활습관과 자기조절능력을 기르고 다른 사람과 더불어 생활하며 사회현상에 대해 관심을 가진다."로 제시하고 있다. 보다 구체적인 교육목표로는 첫째, 유아가 예절바르게 행동하고 질서를 지키며 아껴 쓰는 생활습관을 가지게 하며, 둘째, 유아가 긍정적인 자아개념을 기초로 자기의 일을 계획하고 실천함으로써 자기조절능력을 기르고, 셋째, 나와 다른 사람의 관계를 이해함으로써 서로 협력하고 더불어 살아가는 능력을 기르고, 넷째, 우리가 살고 있는 사회와 환경에 대하여 관심을 가짐으로써 사회적 적응력을 기르는 것으로 명시하고 있다.

또한 표준교육과정(여성복지부, 2005)에 의하면 영유아의 사회생활교육과 관련된 영역에서 자신과 다른 사람의 정서를 인식하고 이를 사회적 관계에서 적절히 조정하여 활용할 수 있도록 함으로써 가족, 또래관계 및 지역사회와의 긍정적인 관계를 형성할 수 있는 유능한 사회구성원으로 육성함을 목표로 하였다. 이에 따라 영아기에서부터 자기를 존중하고 자신감과 독립심을 기르며, 자신의 정서를 인식하고 조절할 수 있는 능력을 키우고, 더 나아가 가족관계, 또래관계, 공동체의식을 긍정적으로 끌어갈 수 있는 민주시민으로 성장하도록 하는 교육내용을 제시하고 있다.

이러한 사회생활영역의 교육목표 중에서 이 장에서는 영유아가 사회적 상황에서 더불어 살아가는 적응력을 가지도록 돕기 위한 생활지도와 교육의 방법에 초점을 맞추어 보다 구체적으로 알아보기로 하겠다.

2 사회생활지도의 내용

영유아는 성장과 더불어 다양한 상황에서 사회적 활동의 경험을 하게 된다. 또래 집단과 같이 자발적으로 형성된 비공식적 집단의 한 구성원이 되기도 하고, 특수한 생활지도의 목적을 가지고 의도적·계획적으로 이루어진 공식적인 집단에서도 활동을 한다.

이와 같은 집단에서의 사회생활 경험을 통하여 영유아는 이웃에 대한 예절을 지키고, 타인의 권리를 존중하는 태도와 타인을 도와주는 마음을 가지며, 사회적 규약을 지킴으로써 남과 더불어 사귀고 집단에 적응할 수 있는 능력 및 태도를 가지게 된다.

영유아를 위한 사회생활지도의 내용은 다음과 같다.

1) 다른 사람의 권리와 의견 존중하기

인간은 누구나 동등한 권리가 있으며, 집단에서 지켜야 할 규칙은 같은 집단 내의 구성원 누구에게나 똑같이 적용됨을 깨닫게 하는 것이 필요하다. 인간은 각기 다른 성격, 모습, 생각, 생활양식이나 문화를 가진다는 것을 알고 이를 서로 존중하며 더불어 지낼 수 있도록 하는 것이 중요하다. 또한, 문제나 갈등이 생겼을 때 협의과정을 통해 서로의 생각과 의견을 나누고 조정할 수 있는 능력과 태도를 기르는 것이 필요하다. 다른 사람의 권리와 의견을 존중하도록 영유아에게 지도해야 할 내용은 다음과 같다.

첫째, 집단 내의 다른 영유아가 의견을 제안했을 때 아무리 사소한 것이라도 열심히 들어주며, 이를 존중해 주도록 지도한다.

둘째, 공동의 놀잇감을 나누어 쓰며, 다른 영유아의 놀이활동을 방해해서는 안 된다는 것을 깨닫도록 지도한다.

셋째, 다른 사람과의 약속을 지키는 것도 다른 사람의 권리를 존중해 주는 것임을 깨닫도록 지도한다.

영아의 경우는 아직 자신의 의사표현을 자유롭게 할 수 있는 능력이 제한되어 있으므로 집단에 소속되어 있는 다른 또래에게 관심을 가지며 함께 놀이를 하고 자신의 감정을 적절하게 표현할 수 있도록 지도하는 것이 중요하다.

2) 집단에서 협동하는 마음 갖기

인간은 누구나 어느 가정에 소속되어 있다. 가정은 어떤 특정한 목적이나 이해 관계에 의해서가 아니라 정서적 유대로 맺어진 집단으로서, 구성원 간의 관계가 보다 밀접하고 지속적이다. 이러한 집단을 1차 집단이라고 하는데, 여기에는 영유아들 사이에 자연스럽게 이루어지는 놀이집단이나 단짝 친구들의 모임도 포함된다. 2차 집단은 어떤 목적이나 이해 관계를 가지고 맺어진 집단으로서, 정당이나 종교단체, 동창회, 학교 내의 모임 등이 그 대표적인 예이다.

대부분의 사람들은 처음에는 1차 집단에만 소속되어 있다가, 차츰 성장하면서 2차 집단에도 소속되기 마련이다. 만일 그 어느 집단에도 소속되어 있지 않다면, 인간은 고립상태에 빠져 정서적으로 불안하게 됨으로써, 자신의 잠재적인 능력을 발휘하지 못하게 된다. 그러므로 어떤 집단에 소속감을 가지고 그 집단에서 진행되는 활동에 참여하여 한 몫을 담당하도록 지도하는 것은 매우 중요하다.

한 집단이 원활하게 운영되고, 정해 놓은 공동목표를 효율적으로 달성하기 위해서는 집단의 구성원들이 서로 협력하여 과제를 계획하고 실행해 나가는 마음을 가져야 한다. 집단의 구성원들이 함께 같은 주제를 가지고 역할을 분담하여 동극을 꾸미거나, 합창·합주하기 그리고 두 팀으로 나누어 공던지기, 그림자 밟기, 눈싸움, 줄다리기, 축구, 배구 등을 하는 것은 영유아가 협동심을 기르는 데 도움이 된다.

3) 공공규칙 이해하고 지키기

영유아가 집단생활을 하기 위해서는 기본적으로 집단 내에서의 규칙과 제한점이 있음을 알고 이를 지킬 줄 알아야 하며, 집단활동의 목표를 이루기 위하여 영유아 개개인이 협동적 활동을 할 수 있어야 한다. 영유아들로 하여금 집단생활에 필요한 질서와 규칙을 분명히 이해하고, 이를 준수하도록 하는 것은 집단생활지도를 위해서 반드시 필요하다.

일반적으로는 부모나 교사 등 어른들이 규칙을 정해주고, 이 규칙에 따라 영유아들이 놀이를 하거나 집단활동을 하도록 기대한다. 그러나 집단활동을 잘 진행시키기 위해서는 집단의 구성원인 영유아들이 스스로 규칙을 잘 지켜야만 된다는 것을 깨닫게 함으로써 자발적으로 규칙을 만들고 이를 지키도록 하는 상황을 마련해 준다면, 더욱 효과적으로 집단활동을 해나갈 수 있을 것이다. 따라서, 학급을 운영할 때 필요한 규칙들을 교사가 혼자 결정해서 일방적으로 영유아들에게 지키도록 강요하기보다는, 영유아들이 스스로 의견을 발표하도록 하여 규칙을 정하도록 한다.

영아의 경우에는 자신이 속해 있는 학급과 유치원 또는 어린이집에는 기본적인 규칙과 약속이 있음을 알도록 하는 것이 필요하다.

놀이 시 차례 지키기, 자기 순서 기다리기, 게임 시 질서 지키기 등의 활동들은 영유아가 집단생활 속에서 적응해 나가는 데 도움이 된다. 또 가정에서도 영유아가 스스로 해야 할 일을 선택·결정하고 수행하기, 부모님께 허락받고 외출하기, 시간 지키기 등 여러 가지 규칙을 준수하는 태도를 기르도록 지도한다.

4) 물건 소중하게 다루기

영유아는 자신의 물건과 타인의 물건을 잘 구분하지 못하거나, 물건들을 소홀하게 다루는 경우가 있다. 집단생활에서는 자신의 물건과 남의 물건을 구분할 줄 알아야 하며, 이를 소중히 다루고 아껴 써야 한다.

영유아로 하여금 자신의 물건을 소중히 다루도록 하며, 자신의 물건은 자기가 간수하고 정해진 장소에 보관하는 습관을 갖도록 훈련하는 것은 사회생활을 원만히 해 나가는 데 기초가 된다. 자신의 물건을 소중히 다룰 수 있게 됨으로써 다른 사람의 물건에 대해서도 소중함을 깨닫게 되기 때문이다.

또 집단에서 활동할 때 집단의 구성원들이 공동으로 사용하는 시설물이나 놀이 도구·장난감·학용품 등 아껴 쓰기, 남의 물건을 빌릴 때에는 반드시 양해를 구하고 빌리기, 다시 주인에게 돌려줄 때 감사한 마음을 표현하기 등은 영유아의 집단생활지도에 반드시 포함시켜야 할 중요한 내용이 된다.

이러한 경제생활과 관련된 개념은 영아기에는 쉽게 이해하기 어려울 수 있음을 인식하고 3세 이후의 유아기에 도입해도 무리가 없을 것이다.

3 | 사회현상과 환경을 이해하고 관심 갖기

유아들이 사회현상과 환경을 이해하고 관심을 갖는 것은 유아가 자신이 사는 세계에 대하여 기본적인 이해를 갖도록 함으로써 사회생활에 더욱 의미 있게 참여하고 나아가 책임 있는 시민정신을 함양해 나갈 수 있도록 돕는 데 목적이 있다. 더욱이 현대사회는 정보화·세계화로 발빠르게 움직여 나가고 있으므로 다양한 생활양식과 가치관이 공존하기 때문에 유아가 자신이 속한 사회의 여러 가지 현상과 환경에 관심을 갖는 것이 중요하다.

유아가 사회현상과 환경을 이해하고 관심을 갖도록 돕기 위한 지도내용은 다음과 같다.

- 유아가 살고 있는 동네의 이름, 모습, 주변의 여러 기관을 알아보고 교통수단과 이동하는 방법에 관하여 이야기를 나누어 보거나 직접 탐색해 봄으로써 자신이 소속된 주변 지역에 대한 관심을 갖도록 한다.
- 사람들이 하는 여러 가지 일을 보고 느끼는 활동을 통해 이 세상에는 다양한 유형의 직업이 있음을 깨닫고 이해하도록 한다.
- 생산, 소비, 분배와 관련된 기본적인 경제 개념을 영유아가 이해하도록 함으로써 바람직한 소비생활을 하도록 돕는다. 특히, 경제생활과 관련해서는 필요한 물건을 선정하고 계획해서 구매하는 것뿐만이 아니라 구매한 물건을 잘 간수하고 절약하는 기본 생활습관을 기르는 일과에도 연관지어 교육한다.
- 유아가 자신과 주변환경과의 관계를 바르게 인식하며, 환경을 보전할 수 있는 태도를 형성하고 지식을 습득하여 환경보전을 실천할 수 있도록 한다.

유아를 위한 환경교육은 유아들의 발달특성을 고려하여 유아의 생활과 관계가 깊고 유아가 쉽게 이해할 수 있는 내용이어야 한다. 또한 구체적인 경험을 통해 반복·제시해야 공통적인 개념을 이해할 수 있으므로, 유아가 직접 행동으로 경험해 볼 수 있는 활동이 포함되어야 한다.

4 | 사회생활지도의 일반 원리

유아가 사회생활을 효과적으로 해나갈 수 있도록 돕기 위한 일반적인 지도방법은 다음과 같다.

첫째, 유아로 하여금 다른 모든 친구들의 권리를 존중해 주는 것을 경험하도록 한다. 즉, 교실에서는 모든 유아가 똑같은 권리와 의무를 가진다는 사실을 유아에게 주지시켜 준다. 예를 들면, 놀이나 게임을 할 때 지켜야 할 규칙은 누구에게나 적용되며, 정당한 이유가 없이는 예외가 있을 수 없음을 일러준다. 또 교사 스스로도 규칙을 지킴으로써 솔선수범하는 태도를 보여준다.

둘째, 다른 사람을 도와주는 것은 만족스럽고 즐거운 경험이 된다는 것을 깨닫도록 한다. 또 남을 도와주는 행동을 유아가 보여주었을 때 칭찬이나 미소 등으로 이를 인정해 주고 격려해 준다.

셋째, 유아로 하여금 타인의 감정에 공감할 수 있는 마음을 가지도록 지도한다. 유아들은 자기 중심적인 성향이 높아서 타인의 감정이나 생각을 고려하지 못하고 행동하기 쉽다. 극놀이, 상상놀이, 역할놀이 등을 통해서 다른 사람들의 역할을 수행해 보는 경험을 하도록 하여, 유아가 타인의 감정과 생각을 이해하는 데 도움이 되게 한다.

넷째, 유아의 협동심을 길러 주기 위해서 여러 가지 집단활동에 참여하도록 지도한다. 교사는 유아가 학급에서 최선을 다하도록 자극하기 위해, 집단 내의 경쟁심이나 승리 의식을 강조하기도 한다. 그러나 불필요하게 고조된 경쟁심은 집단생활에서 가장 중요한 태도 중의 하나인 협동심의 발달을 저해하는 요인이 된다는 것에 유의한다.

다섯째, 유아로 하여금 집단활동에 긍정적으로 참여하여 또래와의 우정을 나누도록 도와준다. 이 시기의 유아는 비슷한 연령, 같은 성 그리고 발달수준이 비슷한 친구들끼리 어울리고 같이 놀이를 하는 경향이 있다.

그러나 교사는 집단활동에 참여하기를 싫어하고 고립되어서 혼자 행동하는 유아에게도 특별한 관심을 가지고 지도에 임해야 할 것이다.

5 사회생활지도의 유형

유아의 사회생활지도는 학급에서의 사회생활지도, 자유선택활동에서의 사회생활지도, 각종 사전지도, 집단지도 등으로 구분할 수 있다.

1) 학급에서의 사회생활지도

유아의 사회생활지도는 유치원이나 초등학교의 저학년에서 활용할 수 있다. 학급에서의 생활지도를 통하여 유아들이 보다 효율적으로 사회생활을 할 수 있도록 돕기 위해서는 다음과 같은 점에 유의해야 한다.

- 학습하는 한 인간으로 유아를 존중해 주며, 학급에서 유아가 자기의 의견과 반응을 자유롭게 표현하도록 하고 이를 수용해 준다.
- 유아의 의견이나 반응에 대해 공개적인 비판을 삼가고, 모든 유아가 발표하고 기여할 수 있도록 교사가 격려하고 고무해 준다.
- 유아들이 스스로 자기 자신의 느낌이나 행동에 대하여 평가하고 비판할 수 있도록 격려해 준다.
- 유아들의 충동적인 느낌이나 행동도 수용해 주고 이해해 준다.
- 학습 활동에서 배운 경험을 가정과 지역사회에서의 경험과 관련시키도록 한다.
- 수업이나 인간관계와 관련된 여러 가지 문제를 있는 그대로 수용하고 해결할 수 있도록 한다.

2) 자유선택활동에서의 사회생활지도

자유선택활동을 통해서도 사회생활지도의 목표를 달성하는 데 도움이 되는 경험을 가질 수 있다. 자유선택활동은 유아의 다양한 필요와 흥미에 알맞은 학습경험을 제공해 줌으로써 유아의 경험을 풍부하게 하고, 스스로 자기 자신을 탐색하거나 남을 더 잘 이해할 수 있는 기회를 준다. 또 교사들은 자유선택활동을 통해 유아의 흥미와 행동특징을 보다 잘 이해하는 기회를 가질 수 있다.

자유선택활동을 통한 사회생활지도 시에는 다음과 같은 점에 유의해야 한다.

- 교사는 유아와 따뜻하고 우호적인 관계를 맺도록 하여 유아로 하여금 교사이며 친구로서 받아들일 수 있도록 한다.
- 유아들이 각자의 흥미에 따라 어떤 활동을 선택할 것인가를 스스로 결정하

고 실천하며, 결과에 대하여 책임을 질 수 있도록 한다.

- 자유선택활동은 학교 활동으로만 그치기보다는 가정, 지역사회와 연결될 수 있을 때 더욱 흥미 있고 효과적임에 유념한다.
- 자유선택활동을 통하여 유아가 그들의 흥미와 사회적 기능을 넓혀 나갈 수 있도록 지도한다.
- 자유선택활동에서는 교사들이 일상적인 정규학급에서 다루기 어려운 문제나 관심사를 다루어야 한다. 예를 들면, 유아가 학급 내의 또래들과 적응하는 문제, 특정 과제에 대해 유아가 지나치게 몰두하거나 기피하는 문제, 그리고 유아가 호기심을 보여주고 있는 영역에서 보다 풍부한 학습 경험을 할 수 있도록 배려하는 문제 등이다.

3) 입학 전 사전지도를 통한 사회생활지도

유치원이나 초등학교에 들어가 새로운 상황에 적응해 나가도록 돕기 위해서는 사전지도를 할 필요가 있다. 대부분의 경우, 유치원이나 초등학교에서 실시하는 신입생을 위한 사전지도는 학급활동에 통합되어 있다. 이러한 활동을 통해 유아들은 담임 선생님, 건물 시설, 교육과정, 시간계획, 유치원의 교직원 등에 대한 기초적인 정보를 얻게 된다.

그러나 사전지도란, 유치원의 여러 가지 사정과 교육적 기회를 알리는 것에서 그치는 것이 아니라, 한 걸음 더 나아가 보다 넓어지는 사회적 환경 속에서 유아들이 계속 성장하고 학습할 수 있도록 도와주는 것이어야 한다. 사전지도를 성공적으로 이끌어 가기 위하여 교사들이 유의해야 할 점은 다음과 같다.

- 신입생의 부모가 학교와 교사, 그리고 유아에 대하여 지니고 있는 태도와 요구가 무엇인지를 교사는 이해하고 있어야 한다.
- 교사는 유아가 무엇을 요구하고 필요로 하는지 명확히 이해하고 있어야 한다. 유아 모두가 공통적으로 가지고 있는 요구와 필요뿐만 아니라, 유아들이 개별적으로 지니고 있는 요구와 필요도 이해해야 한다.
- 사전지도는 가능한 한 일찍 시작하고, 전 교직원이 함께 참여한다.

4) 집단놀이를 통한 지도

놀이를 통하여 사회생활을 경험하는 것은, 유아에게 자연스러운 상황 속에서 규칙을 준수하고 협동심을 기르며, 예의 바른 행동과 태도를 배울 수 있는 기회를 제공해 준다. 연령에 따른 영유아의 집단놀이지도는 다음과 같다.

(1) 유아의 집단놀이지도

유아의 집단놀이를 통한 사회생활지도는 여러 가지 교육적 효과를 가져 올 수 있다. 그러나 유아기에는 집단놀이를 능숙하게 운영할 만큼 성장하지 못하였기 때문에 놀이를 선택할 때 각별히 유의해야 한다. 이들을 위한 집단놀이는 집단에 속한 유아들이 모두 함께 참여하여 즐길 수 있는 것이어야 하며, 놀이의 내용과 규칙이 단순해야 한다. 또 지나치게 경쟁적인 놀이나 규칙을 지키기 어려운 게임은 피하는 것이 좋다.

게임을 통해서 집단적으로 지도하고자 할 때, 교사들이 유의해야 할 점은 다음과 같다.

- 게임 시 승부보다는 규칙준수, 적극적인 활동, 단체를 위한 공헌과 협동 등을 강조한다.
- 집단놀이에 대한 유아의 흥미와 즐거움을 증가시키기 위하여 음악이나 율동을 같이 하는 것이 좋다.
- 유아들이 게임을 즐기는 도중에 발생할 수 있는 여러 가지 안전사고에 대비하여 예방 조치를 취한다. 만약의 경우에 대비하여 구급약품을 준비하고, 응급조치 계획을 세워둔다.

유아들이 즐길 수 있는 집단놀이에는 공 던지기, 술래잡기, 그림자 밟기, 한밤중놀이, 매·꿩놀이 등 여러 가지가 있다. 교사는 영유아들이 즐길 수 있는 여러 가지 게임을 수집하고 익힐 뿐만 아니라 새로운 게임을 창안해 낼 수 있는 능력을 길러야 할 것이다.

6 | 집단활동에 참여하지 않는 영유아지도의 실제

영유아는 여러 가지 이유로 인해서 유치원에서 집단활동에 참여하지 않는 경우가 있다. 다음에서는 영유아가 집단활동에 참여하지 않거나, 참여를 거부하거나 또는 극히 소극적으로 참여하는 행동특징들을 몇 가지 살펴보고 그 원인이 무엇인지 알아보기로 하겠다.

1) 집단활동에 참여하지 않는 행동유형과 원인

(1) 집단활동에 참여하지 않는 행동유형

집단활동에 참여하지 않는 영유아 행동의 특징적 유형은 다음과 같다.

- 집단활동에 참여하지 않고 다른 놀잇감을 가지고 혼자서 노는 경우
- 집단활동에 참여하지 않고 옆에 앉아서 구경하며 즐기는 경우

사례 1: 집단활동에 참여하지 않고 구경만 하는 아이

만 5세인 은희는 유치원에서 하는 운동, 게임 등 집단활동 때마다 참여하지 않고 옆에 조용히 앉아서 구경만 한다. 교사가 "……해 보지 않겠니?", "……했음 좋겠어."하고 권유해 보기도 하나 은희는 번번이 고개를 내저으며 옆에 앉아서 구경만 한다. 그러나 집에 가서는 엄마에게 유치원에서 하지 못했던 활동을 해 보이며 함께 하자고 졸라대곤 하여 은희 엄마는 종종 유치원 교사에게 물어오곤 한다. 은희는 집에서 엄마와 함께 그 활동을 할 때, 엄마가 혹시 유치원 교사와 일치하지 않을 경우에는 "우리 유치원 선생님은 이렇게 하는데……"하며 바로잡아 줄 정도로 그 활동에 대해 정확하게 알고 있다.

사례 2: 집단활동에 흥미를 보이지 않으며 오히려 방해하는 아이

만 5세인 병식이는 집단활동이 있을 때마다 "에이, 재미없어.", "시시해요."하며 처음부터 활동에 참여하지 않거나, 활동에 참여하다가도 금방 싫증을 내며 옆으로 나가서 구경하거나, 다른 놀잇감을 가지고 혼자서 놀곤 한다. 그러다가 활동에 참여하고 있는 친구에게 가서 "○○야, 하지 말자.", "○○야, 이리 좀 와 봐." 등으로 친구들을 집단 활동에서 불러내기도 한다.

- 자신이 참여하지 않을 뿐만 아니라, 그 활동에 참여하고 있는 친구들의 활동을 방해하는 경우
- 자신은 활동에 참여하지 않으면서 다른 친구들이 잘못하거나 주의를 기울이지 않을 때, 그 친구를 교사에게 일일이 지적해 주는 경우
- 활동이 제시되는 경우에 선뜻 참여하지 않고 있다가 교사가 여러 번 권유해야만 활동에 참여하는 경우
- 교사가 제시하는 집단활동에는 참여하지 않고 그것과 같은 활동을 옆에서 혼자 해본다거나, 그 집단활동이 끝나고 난 다음에 뒤늦게 자신이 해보겠다고 하는 경우

(2) 집단활동에 참여하지 않는 원인

이러한 행동 특징의 원인으로는 각 유아의 성별·연령·발달수준 등의 개인 차 혹은 가정적 배경, 교사의 활동 제시방법 등 여러 가지가 있으나, 자주 나타나는 원인들을 살펴보면 다음과 같다.

- 건강하고 정상적인 유아는 모든 일에 흥미를 가지게 마련이지만, 간혹 어떤 유아는 모든 일에 흥미를 가지지 못하여 집단활동에 참여하지 않는 경우가 있다.
- 몹시 수줍고 부끄러움이 많으며, 감정이 상처받기 쉬운 유아의 경우 거의 참여하지 않으려 한다.
- 신체적으로 결함이 있거나 몸이 허약한 유아 중에 집단활동에 불참하는 경우가 있다.
- 지적 능력이 지나치게 낮거나 제시된 활동에 대해서 자신의 능력이 미치지 못하여 불참하거나, 반대로 지적 능력이 높아서 제시된 활동에 흥미를 못 느껴 불참하는 경우도 있다.
- 유아 자신은 그 활동을 할 능력과 흥미를 가지고 있지만, 교사나 주위 친구들의 관심을 끌기 위하여 불참하는 경우가 있다. 또 옆의 친구가 참여하지 않았을 때, 그 친구와 동료의식 때문에 함께 빠지는 경우가 있다.
- 집단활동의 기회를 많이 가지지 못하여 집단생활에서 자신이 지켜야 할 규

율을 모르거나, 혹은 자신이 집단 내에서 어떤 역할을 해야 할지를 몰라서 집단활동에 참여하지 못하는 경우가 있다. 이 경우는 연령이 낮을 때 나타나지만, 특별히 형제가 없는 가정에서 자랐다든지 동네 친구들이 없어서 친구들과 놀 수 있는 기회가 없는 경우, 즉 사회성 발달이 아직 미숙할 때 자주 나타난다.

- 집중력이 부족한 영유아의 경우, 어떤 활동이 제시되었을 때 잠깐 관심을 보였다가 그 활동을 제대로 해보지도 않고 곧 빠져나간다.

2) 원인에 따른 사회생활지도방법

사회생활의 대표적인 예라고 할 수 있는 집단활동에 유아들이 참여하도록 돕기 위해서 교사들은 영유아의 가정적 배경, 발달수준 및 개인 차 등 여러 가지를 충분히 고려해야 하며, 각 원인에 따라서 적절한 지도가 이루어지도록 힘써야 한다.

예를 들면, 모든 일에 흥미를 잘 보이지 않는 유아에게 단지 집단활동에 대한 흥미만을 갖게 하기보다는, 유아가 일상생활의 모든 활동에 흥미를 가져 적극적인 태도를 갖도록 지도하는 것이 중요하다고 하겠다. 또 몹시 수줍음을 타서 집단활동에 거의 참여하지 않으려는 유아에게는 그 유아의 능력에 알맞은 활동을 제시하고, 집단에 참여하여 성취하였을 때마다 교사가 많은 칭찬을 하여 자신감을 길러 주도록 하는 것이 필요하다. 신체적 결함이 있거나 몸이 허약하여 집단활동에 불참하는 유아의 경우에는, 우선 그 신체적 결함이 무엇인가에 관하여 부모와 충분한 대화를 가진 후 교사가 정확하게 알고 있어야 한다. 이에 따라 교사는 유아의 능력이 미칠 수 있는 활동을 제시하여 영유아가 참여할 수 있도록 지도해 줄 수 있게 될 것이다.

같은 연령의 유아라 할지라도 각자의 발달 정도에 따라 사회성과 지적·신체적 발달수준이 다르다. 교사는 집단활동을 제시할 때에도 항상 각 유아의 개인차를 염두에 두어, 같은 활동일지라도 각 유아에게 알맞은 기대수준을 제시해야 한다. 그렇게 했을 때 모든 영유아들이 성취감을 맛볼 수 있을 것이다. 이것은 영유아들이 자신감과 흥미를 가지고 다음 활동에 참여할 수 있도록 돕는다.

또 5~6세의 유아는 사회성 발달이 활발해지므로 또래집단을 형성하고 친구끼리 서로 모방하는 경우가 많다. 따라서 옆의 친구가 집단활동에서 빠지겠다고 하면, 자신의 주관이 없이 친구와의 동료의식 때문에 자기도 빠지겠다고 하는 경우도 종종 있다. 이러한 경우는 발달과정의 일부분이므로 지나치게 문제삼을 필요는 없다. 교사가 권유해 보아 참여시키거나, 아니면 유아가 스스로 참여할 때까지 기다려 보는 것이 좋다. 이와 같이 각 원인에 따른 여러 가지 지도방법이 있겠으나, 특별히 교사가 염두에 두어야 할 점을 요약하면 다음과 같다.

- 교사는 각 유아의 발달수준, 연령, 성별, 성격 및 가정환경을 충분히 파악해야 하며, 각 유아의 부모와 충분한 대화를 가져 상호 협력하여 지도하는 것이 바람직하다.
- 교사는 유아들의 연령, 발달수준, 흥미에 적절한 교육활동을 계획해야 하며, 제시방법에 있어서도 영유아들의 흥미를 불러일으킬 수 있도록 노력하는 자세를 가져야 한다.
- 교사는 유아의 감정과 생각을 유아의 입장에서 함께 느끼도록 애써야 하며, 사랑과 인내로써 이들을 이해하고 수용하며 존중하는 태도를 보여준다.

7 친구관계의 지도

다음에서는 사회생활교육과 지도에서 유아기에 가장 중요한 현안으로 대두되고 있는 친구관계, 즉 또래관계의 지도에 대하여 보다 구체적으로 살펴보기로 하겠다.

영유아는 성장·발달하면서 인간관계의 폭을 넓혀 가게 된다. 특히 주위에서 자주 접하게 되는 또래들과의 관계는 영유아가 사회적 행동을 습득하게 되는 기초가 된다. 만약 영유아가 이러한 또래관계에서 수용되지 못하고 적응하지 못하여 실패를 거듭하게 된다면, 영유아의 사회적 부적응 문제는 연령이 올라갈수록 더 심각해질 가능성이 크다. 따라서 유아기와 아동기에 친구관계를 지도하는 것은 매우 중요하다.

1) 유아기의 친구관계의 특성

유아는 가정과 또래집단 안에서 사회생활에 필요한 많은 것을 배우고 경험하면서 한 사회인으로 성장한다.

유치원에 입학하기 전에는 주로 가정에서 가족들과의 인간관계를 통하여 사회적 발달의 기초를 마련하고, 유치원이나 초등학교에 입학한 후에는 주로 또래집단 유아들과의 친구관계를 통하여 사회적 발달의 기초를 마련한다.

유아의 또래관계의 몇 가지 특성들을 살펴보면 다음과 같다.

먼저 유아는 자기중심적이기 때문에 놀이에서 상대방이 무엇을 하고 싶어 하고, 어떻게 느끼고 있는가를 무시하고, 자신의 요구와 필요에만 초점을 맞추는 경향이 있다.

3~4세가 되면 유아들은 2~3명의 또래들과 어울려서 서로 이야기도 나누며 놀이를 즐길 수 있다. 또 5~6세가 되면 5명 정도의 또래들과 함께 어울려 놀 수도 있다. 이 시기의 유아는 자기 혼자 놀기보다는 마음에 들지 않는 친구하고라도 함께 놀려고 한다. 그러나 이러한 또래관계는 여럿이 모여서 재미있게 놀다가도 일단 놀이가 끝나 흩어지면 그 관계도 와해되는 일시적인 관계라고 할 수 있다.

취학 전 유아의 또래관계는 집 밖에서 또래들과 어울리기를 좋아하고, 자신이 함께 놀고 싶은 친구를 선택하는 경향이 생기는 3세 이후부터 체계적으로 지도해야 한다.

2) 친구관계의 형성요인

학교생활의 시작과 더불어 유아는 같은 또래들로 이루어진 집단의 구성원이 됨으로써, 유아의 행동에 대한 부모의 영향력은 점차 줄어들고, 또래집단이 이들의 행동에 영향력을 끼치기 시작한다. 즉, 유아는 부모나 어른들에게서보다는 또래집단의 구성원들에게 자신의 행동이 인정되고 받아들여지기를 차츰 더 원하게 된다. 따라서 집단의 승인을 얻을 수 있는 행동은 무엇이든지 하려고 하며, 승인을 얻을 수 없는 행동은 점차 사라진다.

이와 같이 사람이 한 집단의 구성원으로서 그 집단의 규범을 습득하여 적응하게 되는 것을 사회화라고 한다. 유아들이 친구관계를 어떻게 형성하는가를 아는 것은 그들의 친구관계를 이해하는 데 매우 중요하다.

친구관계를 형성하는 데 영향을 주는 요인들을 연령별로 살펴보면 다음과 같다.

(1) 상호접촉기회

주로 취학 전 유아들은 집이 서로 가깝거나, 같은 동네에 산다는 이유로 하여 서로 쉽게 만나서 놀이를 할 수 있을 때에 친구관계를 맺게 된다. 즉, 이 시기의 놀이집단은 단순히 어떤 놀이를 함께 즐기기 위하여 인근에서 모여든 유아들로 구성된다.

이와 같이 이 시기의 또래관계는 일시적으로 함께 행동하게 된 기회를 바탕으로 이루어지기 때문에 일정한 통솔자가 없으며, 놀이를 제안한 유아가 일시적으로 그 집단의 통솔력을 갖게 된다.

(2) 상호호혜요인

유치원에 들어가면서 차츰 유아의 친구관계는 넓어지고 활발해진다. 이 시기 유아들의 친구관계의 특징은 상호호혜적인 활동에 기초를 둔다는 점이다. 즉, 음식이나 장난감 또는 학용품 등을 함께 쓰거나 교환하는 것과 같은 서로 돕는 행동이 친구관계를 맺게 하는 데 중요한 역할을 한다. 반면에, 물건을 서로 나누어 쓰지 않거나 공격적인 행동을 보여주는 또래와는 어울리지 않게 된다.

(3) 공통적 특성요인

초등학교 아동의 경우에는 학교 성적이 비슷하다든지, 성격적 특징이나 취미가 같다든지, 집안환경이 비슷하다든지 하는 등의 지적·정서적·사회적 요소들이 친구관계 형성의 요인이 된다.

이 시기의 아동들은 서로의 생각과 감정·비밀을 함께 나누고, 상대방에 대해 관심을 표현하며, 필요할 때에는 서로 도움을 주는 관계를 친구로 생각한다. 따라서, 단순히 지리적으로 인접해 있어 서로 접촉할 기회가 많다는 것이 더 이상 친구관계를 구성하는 주요인이 되지 못한다.

특히, 초등학교 5~6학년이 되면 아동들은 서로 개인적인 특성이 유사한 5명 이상의 구성원으로 이루어진 집단을 형성하여 놀이나 활동을 하는 경향이 있다. 이를 도당집단(徒黨集團, gang)이라고 하는데, 이들의 특징은 강한 결속력을 가지며, 집단구성원 상호 간에 친밀도가 매우 높다는 점이다. 반면 이 집단에 속하지 않는 아동들에 대해서는 배타적인 행동을 보여주기도 한다.

도당집단에서는 자연스럽게 집단을 이끌어 나가는 통솔자, 즉 리더(leader)가 생기게 된다. 리더는 그 집단에서 나이가 조금 더 많고 힘이 세거나 모험심이 많은 아동이 되는 경우가 많다.

이들은 어른의 간섭을 피하기 위하여 집이나 학교에서 떨어진 은밀한 장소에 모여 집단놀이와 취미활동을 벌이기를 좋아한다. 특히, 이 시기에 공동의 흥미와 관심이 있는 활동을 추구해 나가는 과정에서 싹튼 우정은 상당히 오랫동안 지속될 수 있다.

3) 친구관계의 유형

한 집단 내의 유아들이 서로 어떻게 결합되고 분리되어 있는지를 알기 위해서 먼저 기본적인 친구관계 그림표(sociograph, sociogram)를 만들어 본다. 예를 들면, "생일파티에 우리 반에서 초대하고 싶은 친구의 이름 3명을 말해보세요."라는 질문을 하여 답을 얻어낸 후 친구관계 그림표를 만들 수 있다. 친구관계 그림표의 형태로는 인기형·배척형·고립형·단짝형·삼각형·연쇄형 등이 있다.

① 인기형

한 사람이 많은 구성원에게서 선택받는 경우를 말한다. 한 집단 속에 이와 같은 인기형이 전혀 없는 것도 문제이지만, 지나치게 한 사람에게 선택이 모이는 과잉 선택의 경우에도 교사의 지도가 필요하다. 과잉 인기형의 경우, 친구관계가 평등한 관계가 아닌 수직적인 관계로 바뀔 위험이 있기 때문이다.

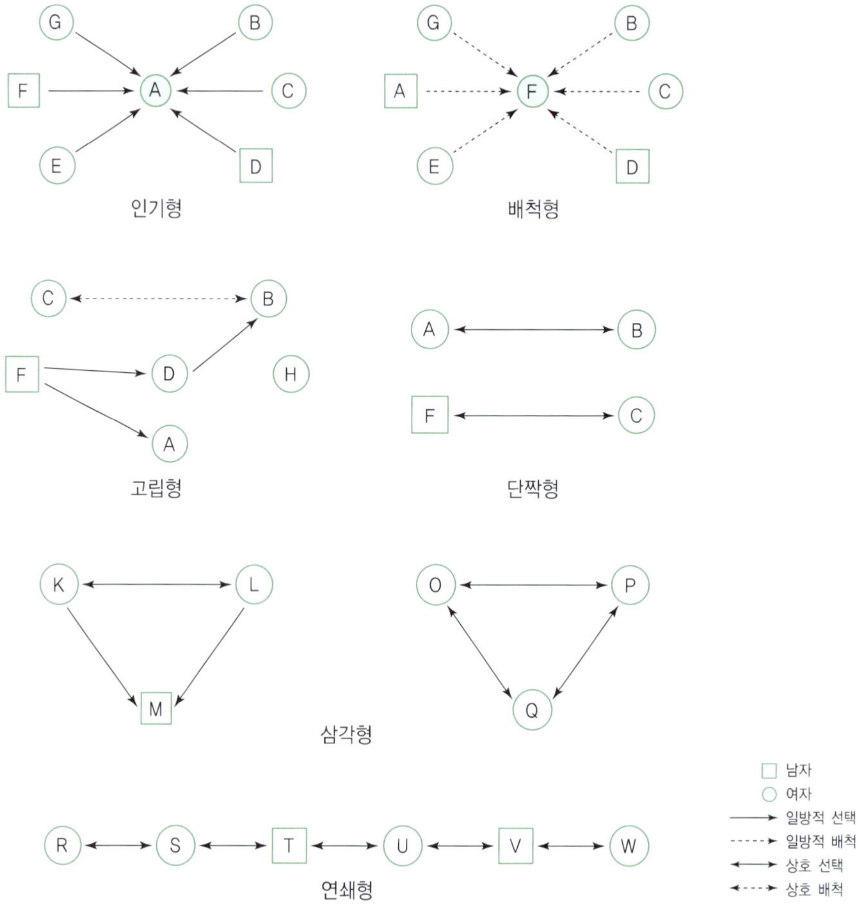

그림 7-1 친구관계의 유형

② 배척형

집단 구성원들이 '초대하기 싫은' 사람으로 지목된 경우이다. 집단 구성원들의 배척을 많이 받은 영유아는 대체로 집단 내에서 말다툼이나 싸움을 자주하는 등의 공격적인 행동을 보이거나 지나치게 경쟁적·이기적인 경우가 많다.

③ 고립형

집단 내의 누구에게서도 선택받거나 배척받지 않을 뿐만 아니라, 자기 자신도 아무도 선택 또는 배척하지 않는 경우이다. 고립형은 다른 사람의 관심을 끌지 못하고, 자신도 집단 내의 친구관계에 관심을 갖지 않는다. 결석이 잦거나 전학을 자주 하는 영유아들에게서 흔히 나타나는 유형이다.

④ 단짝형

두 사람이 서로 상호 선택을 하고 있는 경우이다. 단짝형은 사춘기에 접어든 청소년 초기에 많이 나타나는데, 단짝 관계를 이룬 아동들은 서로 심리적으로 의지하며 안정감을 얻을 수 있다는 장점이 있다. 그러나 단짝형이 극단적인 형태로 발전되면 폐쇄적인 친구관계가 되며, 집단의 다른 성원들과는 배타적인 관계에 놓일 위험이 있다.

⑤ 삼각형

세 사람의 선택이 연쇄형으로 되어 있거나, 또는 상호 선택이 되어 있는 경우를 말한다. 이러한 상호 선택이 일정한 사람들 사이에만 형성되고 있고 그 외의 다른 집단 구성원을 거의 선택하지 않은 경우, 이것을 패거리라고 부르는데, 교사의 특별한 지도와 관심을 필요로 하는 집단으로 발전될 가능성이 크다.

⑥ 연쇄형

친구관계 선택의 화살이 한 방향으로만 움직이는 경우로, 일방 선택만이 있는 형태를 말한다. 이런 형태가 많은 집단은 집단 구성원 간의 친밀도나 응집력이 약하므로 협동적인 공동작업을 해나갈 때 어려움을 겪게 된다.

한편, 한 집단 내의 전체적인 구조가 어떠한가를 한 눈에 알아볼 수 있게 도식으로 나타내는 방법도 있는데, 이를 표적 도시법이라 한다.

표적도를 작성하기 위해서는 먼저 그림 7-2와 같은 동심원을 4개 그린다. 그리고 동료들로부터 선택을 가장 많이 받은 상위 25% 유아들을 제일 안쪽 동그라미에 표시한다. 이와 같은 방법으로 나머지 유아들도 각각 25%씩 나누어, 다음 원에서부터 차례로 배치한다. 그 다음에 유아 상호 간의 선택관계를 그림 7-2와 같이 화살표로 표시하여 나타낸다.

그림 7-2는 앞의 행렬표 분석결과를 도식화한 것이다.

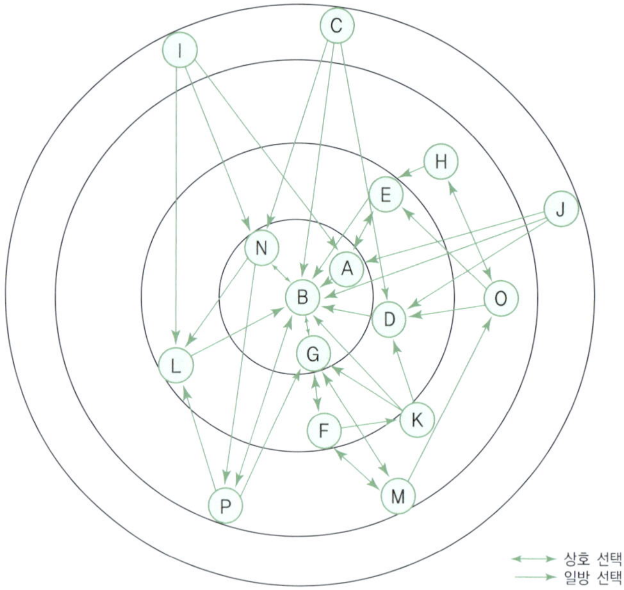

그림 7-2 친구관계의 표적 도식

4) 친구관계지도의 원리

유치원에서의 경험은 유아에게 사회성을 발달시키는 좋은 기회가 된다. 처음에는 친구를 사귀는 데에 미숙했던 유아도 유치원에서 집단활동을 하다 보면 자연스럽게 친구를 사귀게 되고 사회성이 높아지게 된다. 그러나 유아 중에는 무엇을 어떻게 해야 또래들과 잘 어울릴 수 있는지 잘 몰라서 또래와의 접촉을 꺼리고, 심지어는 두려워하는 유아도 있다. 어른들은 이런 유아의 친구관계를 지도하는 데 훌륭한 역할을 담당할 수 있다. 다음에서는 유아의 친구관계를 지도하는 몇 가지 방법을 알아보기로 하겠다.

첫째, 유아에게 친구들과 어울려 놀라고 강요하기 전에 먼저 어른들이 유아에게 관심을 보여주며, 친밀한 관계를 형성하도록 하기 위하여 적극적인 접근을 한다. 유아가 과제를 수행했을 때에는 칭찬하고 인정해 줌으로써 유아가 자신감을 가질 수 있도록 도와준다. 이러한 자신감은 친구 사귀기에까지 긍정적인 영향을 끼치게 된다.

둘째, 유아들이 서로 이야기를 나누거나 함께 협동하여 작업하는 기회를 제공한다. 유아들이 집단으로 둥글게 모여 앉아 한 사람씩 전날 일어났던 일을 이야기하도록 하면서, 자유롭게 의견을 나누도록 격려한다.

셋째, 수줍은 유아들은 친구 사귀기 기술이 좀 더 성숙되어 있는 유아와 짝을 짓게 한다. 이것은 수줍은 유아에게 사회적 기술을 자연스럽게 습득할 수 있는 기회를 제공해 줄 것이다. 일단 둘이서 친해진 다음에는 좀 더 큰 집단에 끼여들어서 함께 활동할 수 있도록 지도한다.

넷째, 유아에게 집단에서의 역할을 분담시킨다. 집단에서 자신이 무엇을 해야 할지 모르거나 자신의 역할이 정해져 있지 않으면, 집단활동에 적극적으로 참여하지 못하고 방관자로서 겉돌기 쉽다. 따라서, 이런 유아들은 먼저 집단에서 작은 역할을 맡아 수행해 내는 것에서부터 시작하여 차츰 자신이 할 수 있는 일을 적극적으로 찾아서 해낼 수 있도록 지도한다.

다섯째, 어떻게 행동해야 또래 유아들에게 환영받을 수 있는지를 구체적으로 가르친다. 즉, 또래 친구들을 만나면 어떻게 행동해야 할 것인지를 세밀히 가르친다. 그리고 이러한 사회적 행동이 왜 필요한 것인지를 이해할 수 있도록 설명해 준다.

여섯째, 유아가 자신의 행동이 또래 친구와의 관계에 어떤 영향을 끼치게 되는지를 깨달을 수 있도록 지도한다. 예를 들어, 친구와 함께 물건을 나누어 쓴다든지, 차례를 지킨다든지, 서로 미소를 나누고 협력하는 등의 행동이 친구관계에 어떤 긍정적인 영향을 주는가에 대해서 이해시킨다.

반면에, 친구를 때리거나, 욕하거나, 물건을 빼앗는 등의 행동이 친구관계에 어떤 부정적인 결과를 가져다 주는가에 대해서도 토의해 본다. 이러한 토의는 유아에게 친구관계에 대해서 관심을 가지며 생각해 보는 기회를 제공할 것이다.

5) 친구관계지도의 실제

유아들은 아직 사회성 발달이 미숙한 단계에 있기 때문에, 수줍음을 잘 타는 유아가 많이 있다. 특히 낯선 사람을 만나거나 낯선 환경에 처하게 되면 매우 수

줍어하고 주저하며 불안감을 나타내는 경우가 종종 있다. 그러나 대부분의 유아는 얼마 동안의 시간이 흘러 그 상황에 일단 익숙해지면 조금 전의 수줍음은 사라지고 평소의 평온 상태를 되찾는 것이 보통이다.

유아들이 또래집단 안에서 친구관계에 문제가 생기는 경우를 크게 두 가지로 볼 수 있다. 첫째는 위축되고 고립되어 친구관계를 거의 맺지 못하는 경우이며, 둘째는 공격적인 행동으로 인해서 친구관계를 원만히 유지하는 데 문제가 있는 경우이다.

다음에서 이 두 가지 사례를 지도하는 방법에 대하여 살펴보고, 또래들 간에 말다툼과 같은 갈등이 생겼을 때 지도하는 방법도 함께 알아보기로 하겠다.

(1) 위축되거나 고립된 유아의 지도

유아가 또래와의 접촉을 회피하고 또래들과 어울리지 못하며, 혼자서 고립된 행동을 보여주는 원인은 다음의 몇 가지로 생각해 볼 수 있다.

첫째, 자신을 돌보아 주는 어른, 즉 어머니와의 관계가 지나치게 밀착되어 있어서 어머니에게 모든 것을 의존하게 된 데서 비롯되는 경우이다. 특히, 어머니가 자녀를 과잉보호하여 모든 행동을 간섭하고 지시할 경우, 유아가 어머니 곁을 한시도 떠나지 않으려 한다. 그러므로 유아가 성장하면서 어머니와의 관계에서 또래와의 접촉으로 대인관계를 확장시키지 못한 것이다. 이 경우에 유아는 친구를 사귀는 데 관심이 없게 된다.

둘째, 과거에 대인관계에서 실패했던 경험 때문에 친구와의 접촉을 두려워하고 회피하는 경우이다. 예를 들면, 또래들과 어울려 놀다가 어른에게서 몹시 꾸중을 들었다든가 또래들의 놀림을 받았던 경험이 있다면 유아는 또 이와 같은 불쾌한 경험을 가지게 될까봐 무의식적으로 대인관계를 회피할 수도 있다.

셋째, 친구를 사귀고 싶어도 대인관계를 맺는 기술이 부족해서 어떻게 친구를 사귀어야 할지 모르는 경우이다. 외동으로 태어나서 형제가 없거나, 밖에 나가 다른 유아와 함께 놀 기회가 거의 없는 유아에게 많이 나타난다.

넷째, 가정 형편상 자주 이사를 다니기 때문에 한 곳에 정착하여 친구관계를 맺을 기회가 결여된 데서 위축·고립된 친구관계를 보여주는 경우이다. 현대 사회의 산업화와 도시 집중화 현상에서 빚어진 문제라고 할 수 있다.

다섯째, 드물기는 하지만 친구를 사귀고자 하는 욕구가 별로 없으며, 또래에 대해서 관심을 갖지 않는 경우이다. 또래들과 함께 놀기보다는 혼자 놀기를 더 좋아하며, 혼자 있어도 심심해하지 않고 친구가 없어도 서운해하지 않는 유아이다. 이런 유아는 혼자서 멍하니 앉아 있거나 백일몽에 빠져 있기도 하며 공상을 즐기는 것처럼 보인다. 친구관계를 회피하고 고립되어 지내므로 집단 내에서 적응하지 못하고 탈락하거나 비난의 대상이 되기도 한다. 이러한 상황은 유아의 친구관계를 더욱 위축되고 고립되게 만드는 결과를 가져온다.

위축, 고립된 유아를 지도하는 방법은 다음과 같다.

- 어머니의 과잉보호로 인하여 또래들과 어울릴 기회를 갖지 못한 유아의 경우, 부모와의 면담이나 부모교실 등을 통하여 부모의 양육 방법과 태도를 바로잡도록 협의한다.
- 또래들과 이야기를 나눌 기회를 자연스럽게 마련해 준다. 처음에는 한 명 정도의 유아와 함께 짝을 이루어 친구관계를 맺도록 하다가 차츰 어울리는 유아의 수를 증가시킨다.
- 유아가 또래와 어울리는 행동을 보여줄 때 칭찬과 격려로 이 행동을 강화시켜 준다. 어른들이 유아의 친구관계에 관심을 보여주고, 어른 스스로 유아와 친밀한 관계를 맺음으로써 친구관계의 중요성을 은연중에 깨닫게 한다.
- 유아가 해낼 수 있는 과제를 주고 그 결과에 대하여 여러 유아들 앞에서 칭찬해 줌으로써, 인정받을 수 있는 기회를 자주 만들어 준다. 이를 통하여 영유아가 자신감을 기르고 긍정적인 자아개념을 갖도록 돕는다.
- 유아가 해낼 수 있는 능력 이상의 과도한 기대를 하지 않는다. 영유아는 개인차가 있으므로 사회성의 발달수준에도 각각 그 정도가 다를 수 있음을 인정하고 수용해야 한다. 모든 유아가 사교적이며 친구관계가 원만해야 한다고 기대하는 것은 바람직하지 못하다.
- 위축, 고립된 유아를 단기적으로 지도하여 효과를 볼 것이라고 기대하면 실망을 그끼기 쉽다. 꾸준히 그리고 적극적으로 영유아에게 접근하여 유아가 친구관계에 관심을 갖도록 하고, 자신감을 길러 주는 데에는 어른들의 인내

심과 애정이 절대적인 조건임을 인식해야 한다.

- 무엇보다도 교사는 유아에게 진심어린 관심과 사랑을 갖고 이들을 지도하는 것이 중요하다. 아무리 훌륭한 지도방법을 알고 있다고 해도 진정으로 유아를 사랑하지 않는다면 그 효과를 충분히 볼 수 없기 때문이다.

(2) 공격적인 유아의 지도

유아는 일상생활에서 여러 가지 좌절을 경험하면서 자기 자신이나 외부상황에 대하여 분노를 느끼는 경우가 종종 있다. 어린아이일 때에는 이러한 분노를 느낄 때마다 울거나 화를 내는 것으로 적절히 해소할 수 있다. 그러나 차츰 나이가 들면서, 이러한 분노의 직접적인 표현은 사회적으로 수용되지 않음을 알게 된다. 그리하여 분노를 참고 화를 내지 않으려고 애쓰기도 하지만, 그렇다고 해서 분노의 감정이 완전히 해소되는 것은 아니다.

억압된 분노의 감정은 공격적인 행동으로 나타나는데, 유아에게서 흔히 볼 수 있는 행동으로는 다음의 세 유형을 들 수 있다.

- 언어적 공격 : 욕, 비난, 언쟁과 같은 언어적인 방법으로 자신에게 피해를 입힌 사람, 자신의 욕구를 좌절시킨 사람을 공격한다. 또 피해나 좌절을 당하지 않았다 해도 단순히 타인을 놀리거나 괴롭히기 위해서 공격적인 언어를 사용하기도 한다.
- 행동적 공격 : 때리기, 할퀴기, 꼬집기, 물어뜯기, 발로 차기, 물건 던지기, 침뱉기 등의 행동을 보여준다. 이러한 행동은 분노나 욕구 좌절에 대한 반응일 수도 있으나, 뚜렷한 이유 없이 나타날 수도 있다.
- 물건에 대한 공격 : 사람을 대상으로 삼지 않고 물건을 대상으로 공격적인 행동을 보여주는 것이다. 물건을 던지거나, 망가뜨리거나, 부수거나, 밀치거나, 잡아 뜯거나, 찢는 등의 행동적 공격과 함께 언어적 공격이 동시에 일어날 수도 있다. 이러한 공격적인 유아를 지도하는 방법은 다음과 같다.

첫째, 분노가 인간의 정상적인 감정임을 먼저 인정하고 수용하는 데서 유아의 지도를 시작한다. 누구나 좌절하고 스트레스를 받게 되면 분노의 감정이 솟구친다.

화가 날 만한 이유가 있을 때 화를 내는 것은 결코 비정상이 아니며, 구태여 감추어야 할 수치스러운 행위이거나 죄책감을 느껴야 할 감정이 아님을 인정해 준다.

둘째, 분노가 수치스러운 감정은 아니지만, 이것을 적절한 방법으로 표현하지 못하면 사회적으로 받아들여지지 않는다는 사실을 유아에게 주지시킨다. 즉, 유아가 분노를 폭발시켜 행동으로 나타낼 때 부모나 교사는 그의 감정을 충분히 이해하고 받아들이는 태도를 보여주되, 그의 폭발적 행위에 대해서는 인정할 수 없음을 말과 행동으로 보여준다.

셋째, 유아가 분노를 나타낼 때 어른이 야단을 치거나 함께 흥분하게 되면 서로 감정이 상승되어 필요 이상의 흥분된 감정을 나타내기 쉽다. 유아가 화가 나서 울거나 공격적인 행동을 보일 때, 어른은 잠깐 기다려서 유아의 흥분된 감정이 가라앉은 후 이야기를 시작하는 것이 보다 효과적이다.

넷째, 화가 났을 때 어떻게 감정을 해소하는가에 대한 모범을 어른들이 평소에 보여주어야 한다. 특히, 가정에서 유아는 부모들의 적응방법을 모방하고 답습하는 경우가 많다. 분노의 감정이 일어났을 때 욕설을 퍼붓거나, 가재도구를 던지거나, 싸움을 하는 부모의 행동을 보고 자란 영유아는 자연히 그러한 방법으로 자신의 분노를 표현할 가능성이 커진다. 따라서, 공격적으로 행동하지 않으면서도 자신의 욕구를 만족시킬 수 있는 방법을 학습하도록 어른들은 평소에 모범을 보여주어야 한다.

다섯째, 분노나 좌절을 느끼게 되는 상황을 제거함으로써 이러한 감정이 일어나지 않도록 미리 방지한다. 지나치게 높은 행동목표를 설정하거나, 유아에게 과도한 기대를 부과하는 것 등은 유아에게 좌절감을 안겨 주기 쉽다. 또 유아가 주위 사람들로부터 거부당해서 외톨이로 고립되어 있다는 느낌을 갖지 않도록 따뜻하고 수용적인 태도로 세심한 배려를 해준다.

여섯째, 공격적인 행동의 결과가 어떤 형태로든지 보상받게 되지 않도록 통제한다. 평소에는 유아에게 무관심하다가 공격적인 행동을 보여줄 때에만 주의와 관심을 기울인다면, 그것이 오히려 유아에게 보상적인 효과를 가져다 줄 수 있다. 왜냐하면, 유아가 원하는 것은 주위의 관심을 끌어 보고자 하는 것일 수 있기 때문이다. 따라서, 이러한 경우에는 유아의 공격적인 행동에 대하여는 오히려 관심을 보이지 않고, 공격적인 행동을 보여주지 않을 때에는 칭찬과 관심을 보여줌으로써 공격적 행동에 대한 보상 요인을 제거할 수 있다.

일곱째, 가정이나 유치원 또는 학교에서 교사가 다룰 수 있는 범위를 넘어서는 정도의 심한 공격적인 행동을 유아가 보여 줄 때에는 전문가에게 의뢰하여 도움을 받을 수 있도록 한다.

(3) 또래 간의 갈등지도

2세가 된 영아들은 혼자 있기보다는 또래들과 함께 노는 것을 더 좋아한다. 이 나이의 영아들은 서로의 행동을 모방하기도 하고, 서로 바라보며 미소를 짓기도 하며, 미숙하나마 이야기하기도 하고, 장난감을 주거나 바꾸기도 하고, 간단한 게임을 하기도 한다.

그러다가도 이들은 종종 갈등에 부딪치게 되는데, 대체로 한 아이가 상대방의 장난감을 빼앗으려 하거나, 똑같은 장난감을 각각 동시에 가지고 놀고 싶어 할 때 싸움이 일어나게 된다. 이러한 또래 간의 갈등 상황은 어떠한 특징을 가지고 있는지 살펴보기로 하겠다.

- 또래 간의 말다툼이나 몸으로 부딪치는 몸싸움은 대체로 짧은 시간 동안 일어나며, 곧 끝나는 것이 특징이다. 다툼의 지속시간은 연령이 증가할수록 길어지는데, 2~3세의 영아들 간의 다툼보다 4~5세의 유아들 간의 다툼이 더 오래 지속된다.
- 일반적으로, 여자 아이보다 남자 아이들이 더 자주 또래 간의 갈등 상황을 일으킨다.
- 영유아들의 연령이 증가하면서 차츰 또래 간의 갈등 상황도 줄어들게 된다.
- 또래 간에 갈등을 일으키는 주 원인은, 장난감이나 학용품 등 원하는 물건을 자신이 먼저 가지고 싶어 하거나 혼자 독차지하려고 하는 데에서 찾아볼 수 있다. 아동기에 접어들면서 이런 종류의 갈등 상황은 줄어들지만, 여전히 다른 원인들보다는 압도적으로 많다.
- 4세 이후에는 소유욕과 관련된 갈등 상황은 감소한다. 반면에, 집단놀이에서 규칙이나 차례를 안 지켰다든지, 활동을 방해받았다든지 등과 같은 집단

활동이 좌절된 상황이 생겼을 때 갈등이 일어난다. 또한, 영유아가 또래로부터 놀림을 받거나 별명이 불리거나 따돌림을 받는 것과 같은 개인적인 자존심에 상처를 받는 상황이 생겼을 때 또래 간의 싸움이 일어나게 된다.

또래 간의 갈등 상황은 마음껏 활동할 수 있는 넉넉한 공간에서보다는 좁은 공간에서 더 자주 일어난다. 대부분의 갈등 상황은 자기들끼리 간단하게 해결하는 것이 보통이며, 감정의 앙금이 오래 남지 않는 것이 특징이다. 그러나 경우에 따라서는 어른들의 개입이 필요할 때도 있다.

갈등 상황을 보다 효과적으로 다루는 교사들의 지도방법은 다음과 같다.

첫째, 가능하다면 또래들 간의 싸움이 일어나기 전에 미리 예방하는 것이 가장 바람직하다. 영유아들의 행동을 주의 깊게 관찰하다 보면 그들 간에 갈등이 곧 일어날 것임을 예견하게 되는 경우가 많다. 그러므로 예견되는 갈등상황이 있을 때에는 미리 교사가 개입하여 갈등의 원인이 되는 상황을 사전에 제거하도록 한다.

둘째, 교사는 편견이나 편애가 없이 모든 영유아에게 공정해야 하며, 변함없는 애정과 관심으로 대해야 한다. 머리가 좋다거나, 평소에 교사의 지시를 잘 따른다거나, 의복이 항상 단정한 영유아라고 해서 그렇지 못한 영유아보다도 더 많은 관심을 보여주는 것은 공정한 태도가 아니다. 더욱이 또래들 간의 싸움이 있을 때 교사의 이러한 태도가 은연중에 나타난다면, 오히려 갈등을 부추기는 결과를 가져올 수도 있음을 염두에 두어야 한다.

셋째, 자주 또래 간의 갈등에 휩싸이는 영유아는 집단놀이에 적극적으로 참여시켜, 또래들이 집단에서 어떻게 행동하는가를 보고 배울 수 있는 기회를 제공해 준다. 이때, 영유아가 또래와 잘 사귀고 사이좋게 노는 행동을 보여주면 즉시 칭찬하고 인정해 줌으로써 이러한 행동이 더 자주 일어나도록 격려해 준다.

넷째, 영유아들 간의 갈등을 중재할 때, "네가 형이니까 참아라." 라든지, "네가 남자니까(또는 여자니까) 양보해라." 하는 식으로 강요하는 것은 바람직하지 못하다. 영유아들이 왜 다투게 되었는가에 대한 원인을 말하게 하여 각각 주의깊게 경청하면서 '어떻게 해결하면 좋겠다고 생각하는지' 에 대해 영유아에게 묻고, 해결 방법을 스스로 생각해내도록 하는 시간을 가져 본다.

3 Part

영유아생활지도의 방법

08
Chapter

상담을 통한 영유아지도

이 장에서는 영유아를 지도하는 데 핵심적 역할을 하게 되는 상담활동에 관하여 알아보고자 한다. 상담을 정의하고, 상담의 여러 이론의 특징을 살펴보며, 일반적인 상담 과정을 단계적으로 정리하기로 하겠다.

상담은 영유아의 생활지도에 매우 중요한 역할을 하는 부분이다. 상담은 영유아가 현실적으로 당면하고 있는 여러 가지 문제들의 해결을 위하여 직접적으로 문제해결을 돕는 역할을 할 뿐만 아니라, 그들이 보다 건강한 마음과 몸으로 각자가 가지고 있는 잠재적 능력을 십분 발휘할 수 있도록 돕는 역할을 하기도 한다.

1 | 상담의 정의

상담(counseling)이란 용어는 라틴어의 'consulere' 란 말에서 그 어원을 찾아볼 수 있다. 이 말은 '고려하다(to consider)', '반성하다(to reflect)', '조언을 받다(to take counsel)', '상담하다(to consult)' 등의 뜻을 포함하고 있다고 한다(황응연 외, 1976). 원래 이 말은 주로 법률·경제·종교 분야에서 사용되다가

1908년경부터 직업지도의 개념이 도입되면서 교육계에서 사용되어 온 것으로 알려져 있다. 오늘날에 이르러서 상담이란 충고, 정보의 제공, 격려, 정신분석, 심리상담 등의 광범한 활동을 가리키는 개념으로 일상생활에서 쓰이고 있다(박성수, 1986).

상담에 대한 정의는 학자에 따라 다르며, 이론적 배경에 따라 다르게 정의하고 있다. 페터슨(Patterson, 1971)은 상담의 특징을 다음과 같이 서술하고 있다.

- 상담은 피상담자가 스스로 어떤 변화를 필요로 하고 있으며, 이 변화를 위한 도움을 구하고 있는 자발적 활동이다.
- 상담의 목표는 피상담자의 자발적인 변화를 촉진하기 위한 조건들을 제공해 주는 것이다.
- 상담에서의 상담자-피상담자 간의 인간관계는 명백한 한계와 제한이 있게 된다.
- 상담은 언어적 활동이다. 즉, 행동변화를 촉진시키는 관계들은 주로 언어를 매개체로 하여 이루어진다.
- 상담자와 피상담자 간의 관계는 일반적인 인간관계와는 다른 전문적인 관계이다.
- 상담은 사적(私的)으로 이루어지며, 그 내용에 대한 비밀은 보장이 된다.

이상의 특성으로 미루어 볼 때 상담이란 일반적인 인간관계와는 다른 전문적인 관계 속에서 언어라는 매체를 통하여 행동의 긍정적인 방향으로의 변화를 촉진시키려는 목적을 가지고 이루어지는 과정이라고 볼 수 있다.

구체적으로 유아와 아동을 대상으로 하는 상담의 목표를 여러 학자들의 의견을 기초로 정리하면 다음과 같다.

(1) 행동의 긍정적 변화

상담을 통해 소극적·부정적이거나 공격적인 행동들이 긍정적·적극적인 방향의 바람직한 행동으로 변화하도록 돕는 것이 상담의 중요한 목표이다.

(2) 유아 정신건강의 증진

상담을 통해 문제가 되고 적응에 방해가 되는 행동을 변화시키는 것뿐만이 아니라, 보다 합리적이고 독립적이며 생산적인 기능을 하는 데 필요한 정신건강을 증진시키고자 하는 것에 상담의 목표를 둔다.

(3) 유아 문제해결능력의 증진

유아가 상담을 받도록 의뢰된 데에는 유아의 적응행동상의 문제점이 있기 때문에 이에 대한 도움을 주기 위해서라도 일차적이고 직접적인 이유가 있다. 따라서 유아가 유치원 적응문제나 또래관계문제, 또는 기본습관과 관련된 문제 등에서 우선적으로 도움을 받아야 할 문제가 무엇인가를 판단하여 이에 따르는 해결방안을 찾는 데에 상담의 목표가 있다.

(4) 유아의 잠재적 능력의 개발

상담의 궁극적 목표는 개인의 잠재력을 발견하여 이를 최대한으로 신장시키는 것이다. 유아를 대상으로 하는 상담도 유아가 가지고 있는 능력과 흥미를 발견하고 이를 효율적으로 개발함으로써 독립적이고 창의적인 성숙한 시민으로 성장·발달하도록 돕는 것이 중요한 상담의 목표하고 할 것이다.

(5) 유아의 의사결정능력의 증진

유아가 앞으로 자기 자신과 환경과 관련하여 신중하게 생각하고 판단해서 결정을 내릴 수 있으려면 정서적으로나 심리적으로 자기 자신을 신뢰할 수 있어야 한다. 이러한 신뢰를 바탕으로 유아는 긍정적인 자아상과 함께 건강한 가치관을 확립하여 독립적으로 의사결정을 할 수 있는 능력을 증진시키는 것이 상담의 목표이다.

다시 말해서, 상담이란 인간과 인간과의 '만남'에서 이루어진다. 사람이 서로 만난다는 것은 이미 어떤 형태로든지 인간관계가 성립되고 있음을 뜻한다. 그러나 상담이라는 특별한 용어를 사용했을 때, 이 인간관계는 일반적인 의미와는 다른 뜻을 지니게 되는 것이다. 왜냐하면 상담은 도움을 필요로 하는 개인(피상담자)과 도움을 주는 입장에 있는 개인(상담자)이 서로 만나서 가능한 최선의 문제 해결 방안을 함께 탐색해 나가는 과정이기 때문이다. 상담을 하기 위해서 만난 두 사람은 또한 일반적인 대담과는 다른 대화를 나누게 된다. 왜냐하면, 이 대화는 목적이 분명하고 내담자(상담을 받으러 온 사람)의 최대의 개인적 성장과 발달을 도모하기 위한 모든 정성을 쏟아야 하는 전문적 과정이기 때문이다. 이러한 상담의 목표에 도달하기 위한 방법에는 여러 가지가 있다. 정신분석적 방법, 내담자 중심의 방법, 행동수정적 방법 등 다양한 이론이 있으며, 이러한 이론적 배경에 따라 각기 훈련받은 전문가들은 조금씩 다른 방법으로 내담자의 문제해결을 도우려고 한다.

그러나 내담자, 즉 아동의 개인적 성장·발달을 최대한으로 도모하기 위한 공통적인 목표에 도달하기 위하여 상담자는 어떤 특정 상담이론이나 방법을 처음부터 고수하거나 고집해서는 안 될 것이다. 어떤 방법, 어떤 기술이건 내담자를 돕는 길이라면 언제나 융통성 있게 대처해 나갈 수 있는 준비가 되어 있어야 한다. 그러나 이러한 융통성을 가지려면 어떤 종류의 상담이론이 있으며, 그 주요 개념이 무엇인가를 아는 것이 중요하다. 인간의 감정과 정서로 인해서 생기게 된 마음의 병과 부적응적 행동을 상담하고자 하는 시도는 사실상 고대 그리스에서부터 시작되었으며, 현재까지도 좀 더 개선된 상담방법을 모색하기 위한 노력이 계속되고 있다.

2 | 상담의 이론

상담의 이론 중 가장 먼저 꼽을 수 있는 것으로는 정신분석적 상담이론이 있다. 프로이트(S, Freud)에 의해 창시된 정신분석은 인간의 행동의 원칙을 과거의 경험과 관련된 무의식에서 찾기 때문에 유아와 아동을 대상으로 하는 상담방법으로서는 그리 활발하게 적용되지 않는 편이다.

그러나 정신분석적 개념을 통하여 상담자는 다음의 몇 가지 사실들을 이해하는 것은 도움이 된다(이장호, 1983).

- 생후 몇 년간의 체험은 성격 형성에 매우 중요한 영향을 미치는 것이 확실하다.
- 자아를 보호하기 위하여 유아는 여러 가지 자아 방어기제를 사용한다. 회피, 철회, 퇴행적 행동들을 그 예로 볼 수 있다.
- 유아가 겪었던 과거의 경험은 현재에 그가 나타내는 문제 또는 적응행동과 직접·간접적인 관계를 가질 수도 있다.
- 유아가 상담상황에서 보여주는 상담자에 대한 태도는 상담을 진행해 나가는 데 중요한 단서가 될 수 있다. 특히, 부모–자녀관계를 이해하거나 형제자매관계, 그리고 기타 양육보조자나 교사와의 관계를 이해하는 데 도움이 된다.

두 번째로 살펴볼 상담이론은 행동주의적 상담이론인데 영유아를 대상으로 하는 상담에서 가장 많이 적용된다.

행동주의적 상담이론은 파브로브(Pavlov)에 의한 고전적 조건형성이나, 스키너(Skinner)에 의한 조작적 조건형성이론에 기초를 두고 이를 행동장애 또는 바람직하지 못한 행동을 수정하기 위한 상담적 목적에 응용한 것이다.

행동주의적 상담이론은 객관적으로 관찰할 수 있고 측정이 가능한 행동을 상담대상으로 삼기 때문에 상담의 효율성과 상담 효과 및 상담의 진전 정도를 객관적으로 평가할 수 있는 장점을 가졌다는 관점에서 소개되어 많은 상담전문가들의 관심을 끌었다.

행동주의적 상담이론의 기본적인 특징을 살펴보면 다음과 같다.

- 행동주의적 상담이론은 관찰 가능한 행동에 관심을 가진다. 객관적으로 관찰이 가능하지 않기 때문에 추측할 수밖에 없는 인간의 정서, 동기, 사고, 가치관 등을 부인하는 것은 아니나, 관찰 가능하고 측정 가능한 심리적 영역에만 국한하는 것이 보다 과학적이라고 믿고 있다.
- 행동주의적 상담이론은 일차적으로는 실험실에서 동물을 대상으로 한 연구를 통해서 얻어진 지식과 정보를 인간행동에 적용시킨 것이다. 이 이론에서

는 인간의 모든 행동은 환경의 조작에 의한 특정한 반응들이 연합, 강화, 모방 등을 통해 학습된다고 보고 있다. 따라서 인간의 적응행동뿐만이 아니라 부적응행동, 이상행동도 학습된 것이라고 간주한다.

- 인간의 모든 행동은 무의식적인 동기나 어떤 내면적인 심리작용의 결과가 아니다. 인간의 모든 행동은 정상행동이건, 이상행동이건 모두 같은 학습원리에 의해서 습득된 것이기 때문에 같은 원리에 의해서 이러한 행동들의 소거가 가능하다.
- 바람직하지 않은 부적응행동 또는 이상심리는 행동수정, 즉 재조건화 또는 재학습에 의해서 교정될 수 있다. 재학습은 운동반응뿐만 아니라 사고와 정서반응도 이루어지며 특정한 반응이나 상황뿐만 아니라 다른 반응이나 상황으로의 일반화도 일어난다.

이상과 같은 기본적인 이론적 특징을 가지고 있는 행동주의적 이론에 입각하여 상담에 임하는 전문가는 문제행동 또는 부적응적인 행동을 보여주는 영유아를 상담할 때 다음과 같은 방법을 자주 사용한다(강문희 외, 2008).

상담 초기단계에서 중요한 것은 상담대상자인 영유아에 대한 평가이다. 영유아의 문제 행동이 언제, 어느 상황에서 얼마나 자주 나타나는지, 그리고 이러한 문제 상황과 가장 밀접하게 관련되는 사람은 누구인지 등에 대한 자료를 수집하고 그에 대한 평가를 하는 것이다. 이러한 평가를 통해서 얻어진 결과에 기초하여 우선적으로 상담자는 상담의 계획을 세워야 할 것이다. 상담의 주 목적은 영유아, 즉 내담자의 부적응적 행동을 제거하는 데 있으므로 상담자는 먼저 유아의 어떤 행동이 부적응적이고, 어떤 환경적 조건이 이 부적응적 행동을 계속하도록 강화해주고 있으며, 이 행동을 변화(수정)시키려면 환경을 어떻게 새로이 조작해야 할 것인가를 계획하는 것이다.

이러한 평가와 상담계획이 정해졌으면 적절한 상담방법을 활용하게 된다. 예를 들면, 체계적 둔감법이나 행동조성, 토큰경제, 모델링 등의 방법인데 이에 대한 자세한 방법은 이 책의 12장에서 다루게 될 것이다.

세 번째로 살펴볼 상담이론은 인간중심의 상담이론이다. 1942년, 로저스(Carl R. Rogers)가 『카운셀링과 정신치료』라는 저서를 발표한 뒤 정서적 문제를 가진 사람에 대한 인간중심적인 접근이 중요한 상담방법으로 대두되었다. 로저스는 초기에 자신의 상담방법을 비지시적 상담(nondirective counseling)이라고 하였으나, 그 후 내담자 중심 상담(client-centered counseling)이라고 명명하면서 이 이론을 발전시켰다.

이 이론의 기본적인 가정은 적절한 환경이 제공된다면 인간은 누구나 스스로 성장할 수 있으며, 자신의 문제를 이해하고 스스로 해결할 수 있는 잠재적 능력을 가지고 있음을 강조한 것이다.

인간중심이론의 기초가 되는 개념은 자아와 자아실현을 지향하는 성장이라고 할 수 있다. 자아는 흔히 자아개념이라고 하는, 즉 자신의 능력이나 특징들에 대한 종합적인 견해를 중심으로 하여 구성된다. 따라서 자신을 어떻게 평가하는가 하는 것은 자기 자신을 어떻게 지각하고 있는가에 의해서 결정된다고 볼 수 있다.

이러한 긍정적 또는 부정적 자기 평가에는 순전히 자기 자신을 보는 견해뿐만 아니라 타인이 자기를 보는 견해가 중요한 요소로 포함된다고 한다. 로저스에 의하면 자아와 현실 간에 불일치가 이루어지거나 자아에 대한 지각이 이상적 자아와 일치되지 않으면 심리적 부적응의 원인이 된다고 한다.

따라서 상담에서의 상담자의 역할은 ① 공감적(共感的)으로 내담자를 이해하며, ② 내담자의 인격을 무조건적으로 존중하고, ③ 내담자와의 상담관계에서 상담자는 자신이 마음속으로 내담자에 대하여 느끼는 것과 내담자에게 실제로 보여주는 표면적인 태도가 일치해야 할 것 등을 기본적인 요소로 강조하고 있다.

인간중심의 상담방법은 주로 학교상황에서 유아와 아동들이 당면하는 여러 가지 문제를 해결하도록 돕는다든가, 심하게 왜곡되지 않은 정서장애문제를 해결해 보려는 학교 상담자들에게 널리 알려져 사용되어 왔다. 또한 엑스라인에 의해 소개된 아동중심 놀이치료는 인간중심상담이론을 기초로 하고 있다.

이상에서 간략하게 현대 상담학에서 영향을 끼치고 있는 중요한 이론을 살펴보았다. 이러한 상담이론들은 각각의 독특한 상담과정과 방법을 가지고 실제의 상담과 상담을 진행시키고 있다. 그러나 각 이론에서 중요한 것은 상담자가 아동의 본성을 어떻게 보느냐 하는 문제일 것이다. 자신의 문제를 스스로 해결할 수 있는 잠재력을 가진 아동의 능력에 대한 신뢰감에서 상담을 출발하느냐, 아니면 문제를 해결해 나가기 위해서는 외부의 힘에 의존해야 하므로 보다 적극적으로 상담자가 아동에게 영향을 주고 문제를 해결해 주어야 한다는 신념에서 상담을 하느냐 등의 아동관이 문제가 될 것이다.

이러한 아동, 즉 인간에 대한 철학적 관념은 실제의 상담방법에 커다란 영향을 주게 된다. 따라서 상담자는 피상적인 상담의 이론 자체에 얽매이는 것보다는 스스로 자기의 철학적 인간관에 입각한 자기 자신의 독특한 상담방법을 찾아 나가는 것이 중요하다.

3 상담의 과정

앞에서 밝힌 바와 같이 상담이란 문제 또는 문제의식을 가지고 있으며, 이를 해결하는 데 도움을 필요로 하는 사람과 이를 전문적으로 도와주려는 두 사람과의 '만남' 이라고 한다면, 이 '만남' 은 분명히 목적이 있는 인간관계임에 틀림없다.

1) 상담의 단계

다음에서는 이러한 상담의 목적을 달성하기 위하여 거치게 되는 가장 효과적이라고 생각되는 상담의 단계를 간단히 살펴 보려고 한다. 이러한 단계는 영유아 상담에만 한정되는 것이 아니라 청소년, 성인 등 일반상담에서 경험하게 되는 단계이다.

(1) 제1단계 : 내담자가 도움을 받을 필요성이 있음을 확인하는 단계

제1단계에서 우선 내담자는 상담을 받으러 온 이유와 자신의 문제, 고민거리 등을 이야기하고 도움을 청한다. 이 단계에서 주의해야 할 점은 내담자의 이야기를 주의깊게 경청하는 한편, 그의 행동, 얼굴 표정, 손짓, 몸짓, 목소리의 특징, 말의 속도 등을 통해서 전달되는 또다른 메시지를 빠뜨리지 말고 관찰·감지해야 한다는 점이다. 경우에 따라서 내담자는 말로는 이것저것 그의 불만과 문제점을 표현하고 호소하는 듯하나 실제로 중요한 문제는 표현되지 않은 가운데 숨겨져 있으며, 이 숨겨진 메시지를 상담자가 간파하지 못하면 더 이상의 관계로 상담이 발전될 가능성은 희박해지는 것이다. 유아나 아동의 경우는 자발적으로 상담실을 찾아오는 경우는 거의 없으며 대개는 부모나 교사에 의해 상담실에 오게 된다는 점에 유의한다.

(2) 제2단계 : 인간관계를 확립하는 단계

제2단계에서 상담자가 해야 할 중요한 과제는 내담자로 하여금 솔직하게 자신의 문제를 터놓을 수 있도록 신뢰감을 밑바탕으로 하는 인간관계를 확립하는 일이다. 인간관계를 확립하는 방법에 대해서는 뒤에서 자세히 언급할 예정이나 여기서 한 가지 강조해 두고 싶은 것은 상담자의 인간관이 매우 중요한 영향을 준다는 사실이다. 상담은 인간관계를 기본으로 이루어가기 때문에 부모의 손에 이끌려 오게 된 유아라고 해도 상담자가 신뢰로운 인간관계를 유아와 맺는 것은 가장 중요하다.

(3) 제3단계 : 상담의 목적과 과정을 결정하는 단계

내담자가 상담에서 얻고자 하는 것이 무엇인지를 밝히는 단계이다. 경우에 따라서 내담자는 상담자가 줄 수 있는 것 이상을 얻기를 기대하고 찾아오거나 또는 정말 자신이 상담에서 무엇을 해결하려고 하는지 조차 분명히 모르고 막연한 기대로 상담을 요청한 경우도 있다. 제3단계에서 상담자가 해야 할 일은 내담자에게 이 상담에서 얻고자 하는 궁극적인 목적이 무엇이며, 상담자가 해줄 수 있는 도움의 한계가 어느 정도인가를 밝혀주는 일이다. 유아와 아동의 경우는 부모가 상담실에 오게 된 목적을 이야기하게 되는데 상담자는 유아가 가지고 있는 문제와 부모가 말하는 문제 간의 차이가 있는지 등을 정확하게 파악할 필요가 있다.

(4) 제4단계 : 문제 해결을 위해 시도하는 단계

제4단계는 상담의 핵심이 되는 단계로서 가장 중요한 상담의 과정이 진행되며, 상담자의 여러 가지 기술이 요구되는 단계이다.

(5) 제5단계 : 통찰을 얻는 단계

장기간 또는 장시간에 걸친 상담의 과정을 통해서 내담자가 자기 문제의 본질과 핵심을 이해하고 앞으로의 나아갈 방향을 결정하게 되는 것이 특징이다. 제5단계에 도달하기 위해서 상담자와 내담자는 그동안 우여곡절을 경험하게 되는 것이다. 때로는 내담자가 상담자의 진심을 의심하기도 하며, 때로는 거부의 심정으로 약속된 상담시간을 어기기도 하고, 상담자에게 언어적 공격을 퍼붓기도 한다. 그러나 이러한 과정은 결국 내담자가 자기 자신의 문제를 똑바로 직면하고 당면한 상황을 용기를 가지고 대처해 나갈 수 있도록 자아의 힘을 키우는 데 필요한 밑거름이 된다고 볼 수 있다.

(6) 제6단계 : 행동을 취하는 단계

일단 통찰에 의해서 내담자가 자신의 문제점을 올바로 인식하게 되었다고 해서 내담자의 문제가 곧바로 해결된다고 볼 수는 없다. 상담자는 계속해서 내담자와 함께 현재에 처해 있는 상황에서 취할 수 있다고 가정되고 가장 효과적이며, 바람직한 행동의 방향은 무엇인가를 함께 토의하여 가장 간단하고 비교적 효과를 빠르게 볼 수 있는 작은 일에서부터 문제해결의 실마리를 풀어가도록 노력해야 할 것이다. 이때 만일 잠정적으로 행동으로 옮겼던 문제해결방안이 효과가 없거나 오히려 역효과를 가져오는 것으로 보인다면 이에 대해 즉각적인 제2 또는 제3의 다른 방안을 내담자와 함께 추구해 나가야 할 것이다.

(7) 제7단계 : 종결의 단계

몇 번의 시도와 시행착오를 거쳐서 문제가 어느 정도 해결되면 상담자와 내담자는 상담을 종결할 필요성을 느끼게 된다. 종결을 하게 될 때 대개는 상담자가 지금까지의 상담에서 얻어진 몇 가지 사실들을 이야기해 주고 내담자의 의견을 물은 후 상담을 종결할 의사를 미리 밝힐 필요가 있다. 만일 내담자 측에서 계속해서 상담을 더 받기를 요구한다면 상호 간의 합의하에 내담자가 종결에 대한 마음의 준비가 될 때까지 어느 정도 더 상담을 지속할 필요가 있을 수도 있다. 영유아와 아동의 경우에는 종결에 대한 논의를 부모 또는 보호자와 하게 된다.

이상에서 본 일곱 단계는 일반적으로 상담자가 경험하게 되는 상담의 과정이라고 볼 수 있다. 그러나 상담은 언제나 이러한 일곱 단계를 반드시 거치는 것이 아님은 이미 잘 알려진 사실이다.

2) 상담면접의 기법

다음에서는 보다 구체적으로 상담면접에서 상담자가 취해야 할 태도와 면접의 기법을 살펴보기로 하겠다. 그러나 미리 강조하고 싶은 점은 상담의 방법은 어떤 정해진 규범에 맞추어서 진행된다기보다는 상담자의 성격과 내담자 문제의 성질 등에 따라서 항상 융통성 있게 운영되어야 한다는 점이다.

(1) 상담면접의 시작

앞에서 말한 바와 같이 상담자가 유아를 만나서 해야 할 첫 번째 과제는 무엇보다도 신뢰감을 형성하는 일이다. 유아에게 진심에서 나오는 관심을 보여주고 따뜻하고 수용적인 태도로 대해 아동이 편안한 마음을 갖고 상담에 임할 수 있도록 도와주는 것이 무엇보다도 중요하다.

(2) 화제의 유도

처음 만나는 유아와 아동에게 무슨 말로 시작을 해야 할 것인가라는 문제는 상담자 자신의 오랜 경험을 토대로 굳어지는 경우가 많다. 대개 상담을 받으려고 상담실을 찾아오거나 전화를 한 사람은 심리적으로 불안하고 초조한 상태에 있는 경우가 많으므로 상담자는 가능한 한 이 불안감을 해소시켜 주려는 노력을 해야 한다.

(3) 비밀의 보장

상담의 내용은 물론 비밀로 지켜진다는 사실을 처음부터 유아에게 확신시켜 주는 것이 현명하다. 만일 자신이 이야기한 내용이나 상담을 받으러 왔었다는 사실 자체가 외부에 알려진다고 생각한다면 상담을 받으러 오고자 하는 사람은 별로 없을 것이며, 받는다 하더라도 극히 표면적이고 국부적인 문제만 다루게 될 것이다. 따라서 상담자는 처음부터 비밀보장의 확신을 아동에게 심어 주는 것이 매우 중요하다.

(4) 상담상황의 정리

여기에는 상담시간의 제한, 유아 행동의 제한 및 상담자와 내담자의 역할과 기대를 미리 정리해 두는 것이 포함된다.

먼저 상담시간에는 제한이 있음을 아동이 알도록 해야 한다. 위급하거나 시간이 더 필요할 경우를 제외하고는 대개 45분 또는 한 시간 미만의 시간을 한 아동을 위하여 할애하는 것이 보통이다. 따라서 주어지는 이 시간 동안 유아는 마음 놓고 상담자에게 하고 싶은 말을 할 수 있으며, 또한 반드시 이 시간제한에 대한 약속은 서로가 지키도록 미리 동의를 구하는 것이 바람직하나. 지나치게 서두르는 인상을 상대방에게 줄 필요는 없으나 한 시간이 넘도록 상담을 하는 일은 가능한 한 피하도록 한다. 이야기가 길어질 경우에는 대개 했던 이야기를 반복하게 되는 경우이므로, 적당한 대목에서 상담을 마무리짓고 더하고 싶은 말은 다음 상담에서 계속하도록 하는 것이 보다 효율적인 상담을 위해 바람직하다.

다음으로 유아의 행동, 특히 공격적인 행동들, 예를 들면 상담실의 기물을 던지거나 파괴하는 행위, 상담자 개인에 대한 신체적·언어적 공격(욕설) 등은 허용되지 않음을 경우에 따라 미리 밝혀둘 필요가 있다.

(5) 경청하기

상담자가 유아의 말을 경청한다는 것은 가장 간단하고 쉬운 것 같으나 생각보다는 어려운 경우가 많다. 비록 경청하는 것 같은 태도는 보이고 있으나 얼마 안 가서 상담자는 다른 생각에 빠져들거나 졸음을 참기 어려운 지경에 이를 수도 있다. 그러나 경청은 가장 기본적인 상담의 기술이며, 상담을 성공적으로 이끄는 주요 요인이라는 점을 기억해 둘 필요가 있다. 유아가 말할 때 따뜻하고 지속적인 눈길을 보냄으로써 상담자의 관심을 보여주며 자연스럽고 편안한 자세를 보여주고 유아의 이야기가 진행됨에 따라 때로는 깊은 동의를, 때로는 이해를, 그리고 때로는 단순한 재확인을 해줌으로써 상담자가 열심히 경청하고 있다는 사실을 유아가 알도록 해줄 필요가 있다.

(6) 조언하기

흔히 생각하기에, 상담은 조언을 주는 것이라고 보는 경우가 있다. 물론 심리상담에서도 조언과 정보제공은 포함되기 마련이다. 다만 기억해 두어야 할 문제는 조언을 언제, 어떻게 해주느냐 하는 점이다. 아마도 초등학생이나 중·고등학생 정도의 청소년들에게는 이야기를 들어주는 것에 치중하기보다는 적절한 조언을 해주는 것이 더 효과적일 수 있다.

그러나 이 경우의 조언은 흔히 어른들이 하는 식으로 은연중에 압력을 주는, 또는 단순히 자기 자신의 경험에서 나온 부분적이고 단편적인 성격의 것일 가능성이 많다. 이런 종류의 조언은 이미 유아가 상담을 받으러 오기 전에 주위 어른들이나 친구들에게서 받았던 조언과 큰 차이가 없을 수 있다. 따라서 이러한 상식적인 조언은 내담자에게 별로 큰 도움이 안 되는 경우가 있다.

조언은 짧은 시간에 중요한 문제를 결정해야 할 때 특히 유용하다. 이때에 상담자는 가능한 한 가장 정확하며 최근의 정보를 아동에게 제공해 주어 내담자가 이러한 정보들을 기초로 가장 바람직한 방향의 의사결정을 내릴 수 있도록 도와주어야 한다. 그러나 한 가지 유념해야 할 것은 상담자가 제시한 조언을 받아들일 것이냐 아니냐 하는 문제는 유아 또는 부모가 최종적으로 결정하도록 해야 한다는 점이다.

또한 조언은 아동이 심한 정서적 갈등과 긴장을 경험하고 있으며, 이로 인해 일상생활을 효과적으로 처리해 나갈 수 없게 된 위기상황에 당면해 있을 때 필요하다. 갑작스러운 가족의 사망, 부모의 이혼, 입원, 구속, 실직 등으로 인해서 야기된 위기상황에서는 언어적이고 심리적인 도움뿐만이 아니라 환경적인 지원이나 기타 여러 방면에서 필요한 도움을 줄 수 있는 조력자를 찾을 수 있도록 중간자의 입장에서 조정 역할을 해 줄 필요가 우선적일 수도 있다.

그러나 조언이나 도움을 지나치게 많이 줄 경우, 유아의 반발과 의존심을 키울 가능성이 있으므로 상담자는 언제나 이 부분에 대해 민감해야 할 것이다.

4 | 유아상담의 특성과 지도방법

위에서 살펴 본 상담의 기법은 일반적으로 연령에 상관없이 자주 쓰이는 방법이다. 그러나 유아의 발달적 특성을 고려하면서 도움을 필요로 하는 유아와 상담을 진행한다면 보다 효과적일 수 있다.

1) 유아상담의 특성

유아를 상담하고자 할 때에는 유아의 전반적인 발달상의 특징을 이해하는 것이 중요하다. 즉, 상담자는 유아의 특성을 잘 이해함으로써 거기에 알맞은 상담방법을 활용할 수 있는 것이다.

사실, 유아와 대화를 나누면서, 그가 무엇을 말하려고 하는지 이해하며, 또 유아가 상담자의 이야기를 이해하고 있다는 느낌을 갖는 것은 결코 쉬운 일이 아니다. 유아는 자기의 근심이나 걱정거리를 직접적인 표현으로 말하는 경우가 극히 드물며, 자신을 괴롭히고 있는 문제가 무엇인지 조차 모르는 경우가 많다. 그렇기 때문에 적절한 도움을 구하는 데 어려움을 겪게 된다. 그러므로 상담자는 무엇보다 유아의 사고나 추리과정 또는 언어발달 등의 한계를 있는 그대로 인정하고 유아의 사고방식을 이해해야만 한다.

유아의 발달 특징과 관련지어 상담의 특성을 살펴보면 다음과 같다.

첫째, 취학 전인 2~6세 영유아기는 아직 사물을 객관적인 입장에서 생각하지 못하고 자아중심적인 방법으로 사고하는 때이다. 자아중심적이란, 이기주의와는 달리 사고가 자신을 중심으로 이루어지는 것을 말하며, 타인의 관점이나 견해, 또는 느낌이 자신의 생각과는 다를 수 있음을 깨닫지 못하는 것이 특징이다. 이들의 자아중심적인 사고는 곧 자아 중심적인 언어활동과도 연관이 된다.

이러한 자아중심성은 유아가 자신의 잘못된 행동의 원인을 이야기할 때, 결코 자신의 잘못이라고 하기보다는 타인이 "그렇게 하도록 만들었다."라고 그 책임을 남에게 돌린다. 잘못의 책임이 자신에게 있다고는 전혀 믿지 않는 것이다.

따라서 영유아, 특히 유아와 상담하는 데 있어서 상담자는 잘못된 행동 원인이 어디에 있는지를 영유아와 토론하거나, 영유아가 이것을 깨닫게 만들기 위해 강압적이거나 설득하고자 하는 방법을 쓰는 것은 전혀 효과를 거둘 수 없음에 유의해야 한다.

둘째, 영유아들이 언어에만 의존하여 의사소통을 하는 데에는 한계가 있다. 따라서 영유아와 충분히 의사소통을 하려면 상담자는 영유아의 말뿐만 아니라 동작이나 몸짓, 얼굴 표정 등을 이해할 수 있어야 한다. 또 필요하다면 상담자 자신도 언어와 함께 행동이나 몸짓, 얼굴 표정 등을 적절히 활용하는 것이 영유아와의 의사소통을 원활히 하는 데 효과적이다.

셋째, 영유아는 자신이 어떤 문제를 가지고 있으며, 이를 해결하기 위해서는 누군가의 도움을 받아야 한다는 사실을 스스로 깨닫지 못한다. 그러므로 상담을 받으러 오는 영유아들은 대부분 부모나 교사와 같은 어른들의 의사에 따라 오게 되는 것이다. 따라서 아동상담에서는 성인상담에서와는 달리 상담을 받으려는 강한 의지나 동기유발이 어렵다는 점에 상담자는 유의해야 한다.

넷째, 영유아들은 어떤 사건의 인과관계를 이해하고 이에 대해 판단을 내리고자 할 때, 여러 가지 관련 상황과 조건, 그리고 원인 등을 고려하여 종합적인 판단을 내리는 능력이 부족하다. 특히 유아와 초등학교 초급학년의 아동은 더욱 이러한 특징을 많이 나타내는 경향이 있다. 따라서 여러 가지 조건 중 어느 특정조건만을 사건과 결부시켜 결론을 내리거나 심지어 현재의 사건과는 직접적인 상관이 없는 엉뚱한 것과 관련지음으로써 사건에 대한 올바른 판단을 내리지 못하는 것이다.

예를 들면, 어떤 어린아이가 영화관을 지날 때마다 공포와 불안에 휩싸이는 사례가 있었는데, 이 경우에 그 유아는 영화관에 직접 가본 경험이 있었던 것도 아니고, 단지 그의 할아버지가 영화관에서 영화를 보다가 심장마비를 일으켜 사망했다고 한다. 이 유아는 '영화관'과 '죽음'을 관련지어 놓고 있었기 때문에 영화관 자체가 공포의 대상이 되었던 것이다. 이런 종류의 엉뚱한 연상도 부모나 교사 또는 상담자의 주의 깊은 배려와 조심스러운 상담에 의해서 서서히 밝혀짐으로써 도움을 받을 수 있게 된다.

다섯째, 10세 전후의 아동들은 유아에 비해 비교적 정서적으로도 안정되어 있으며, 흥미의 범위도 차츰 넓어지고 감정의 표현도 어느 정도 정확하게 할 수 있게 된다. 그러나 대화를 하다가도 상대방의 생각이나 의견을 이해하지 못하는 경우가 종종 있으며, 상대방의 이야기를 끝까지 듣지 않은 채로 곧장 결론을 내려버리는 성급함을 보여주기도 한다. 따라서 이야기의 주제가 일정하지 못하고 한 가지 이야기에서 다른 이야기로 뛰어넘을 때가 있으므로, 상담자는 아동의 이야기 주제를 파악하기 위한 노력을 해야 한다.

2) 상담을 통한 지도방법

유아는 아직 사고의 논리성이나 객관성이 부족하고, 언어적 표현력도 완전하지 못한 시기에 있다. 이러한 유아를 대상으로 언어를 통해 그들의 정서적·행동적 문제를 이해하고 해결한다는 것은 결코 쉬운 일이 아니다. 그러나 한편으로는 반드시 불가능한 일은 아닐 것이다.

어른들의 입장에 서서 유아가 논리적으로 사고할 것을 강요하지 말고, 진정으로 유아를 이해하려는 마음가짐으로 주의 깊게 유아의 이야기에 경청하고 대화를 나눈다면, 유아의 마음 속으로 들어가는 통로를 찾을 수 있을 것이다.

다음에서 유아와 대화를 나눌 수 있는 몇 가지 일반적인 방법을 생각해 보기로 하겠다.

(1) 유아의 질문에 대답하기

유아는 호기심도 많고 질문도 많다. 질문을 통해서 유아는 여러 가지 사실들에 대한 지식과 정보를 얻게 된다. 뿐만 아니라 유아는 질문을 하고 이에 대한 대답을 얻는 과정을 통해서 자신의 감정과 생각을 언어로 표현하는 것이 어느 정도까지 주위 사람들에게 허용되는가를 알아차리게 된다.

유아와의 대화를 통해서 어른들은 유아의 질문이 단순한 호기심의 발로라는 것 외에도 그 뒤에 숨어 있을지 모르는 진정한 의미를 감지하려고 노력해야 한다. 만일, 유아가 상담자나 교사에게 음주, 흡연, 결혼 생활, 자녀 훈육 등과 같은 개인적인 질문을 한다면, 유아가 이해할 수 있는 범위 내에서 솔직하게 대답해 주는 것이 바람직하다. 이러한 질문에 대한 대답과정에서 유아는 상대방 어른, 즉 교사나 상담자를 믿어도 좋은지를 시험하고 있을 가능성이 크기 때문이다.

(2) 유아에게 질문하기

유아와 대화를 나누기 위해서 어른들은 유아에게 여러 가지 질문을 하게 된다. 어떤 질문들은 대화를 촉진시켜 주지만, 어떤 질문들은 오히려 대화를 해 나가는 데 장애가 될 수도 있다.

"예." 또는 "아니오."로 대답될 수 있는 폐쇄적인 질문은 가능한 한 피하는 것이 좋다. 예를 들면, 유아가 자기의 형이나 친구와 싸우다가 한 대 얻어 맞았다는 이야기를 했을 때, "아팠니?" 하고 어른이 질문하는 것은 유아의 감정을 이해하는 데 별 도움이 안 된다. 그보다는 "어떻게 느꼈니?" 라는 질문을 함으로써 형이나 친구에 대한 분노의 감정을 탐색하는 것이 바람직하다.

유아에게 질문을 할 때 또 한 가지 유념해 둘 것은, 너무 막연하거나 추상적인 질문은 피해야 한다는 것이다. 예를 들면, "네가 새로 사귄 친구는 어떤 아이니?", "왜 그런 일을 했니?" 와 같은 질문은 너무 막연하기 때문에 유아는 그저 "좋아요." 또는 "잘 모르겠어요." 와 같은 역시 막연한 대답밖에는 할 수 없게 된다.

막연한 질문보다는 보다 구체적인 사례를 들어서 질문을 하는 것이 좋다. 예를 들면 "장난감을 가지고 놀 때 친구와 무슨 이야기를 했니?", "친구의 장난감을 네가 빼앗았을 때 그 친구가 어떻게 했니?" 와 같은 것이다.

질문을 받은 유아는 가끔 자신의 대답이 맞을지 틀릴지를 겁내는 경우가 있다. 상담자는 유아에게 검사나 시험을 하기 위해서 질문을 하는 것이 아니라는 것을 인식시켜, 유아가 얼마든지 하고 싶은 이야기를 할 수 있도록 한다.

(3) 유아의 이야기를 이해하지 못했을 때 반영하기

상담을 하면서 유아가 전달하려고 하는 이야기의 내용을 이해하지 못하는 경우가 생길 수 있다. 이때, 어른들은 이야기의 내용을 추측하려고 하기보다는 잘 이해하지 못했음을 유아에게 말해주는 것이 상담을 진행시켜 나가는 데 도움이 된다. 만일 이 일로 인해서 유아가 낙담하거나 의기소침해진다면, 바로 이러한 유아의 감정을 반영해 주는 것이 바람직하다.

예를 들면, "네가 이야기하려는 말의 뜻을 내가 잘 이해하지 못했기 때문에 네가 속이 상한 것 같구나. 우리가 서로 이해하지 못한다는 것은 섭섭한 일이지. 네가 한 이야기를 다시 한 번 내게 들려줄 수 있겠니?" 라고 말한다. 이와 같이, 솔직하고 직접적인 태도는 유아로 하여금 대개는 용기를 가지고 다시 한 번 자신의 의사를 표현하도록 하는 데 도움이 된다.

(4) 면접에 대한 태도를 분명히 하기

유아들은 교사나 상담자 등 어른들이 "이야기를 하자."고 조용히 부르면, 우선 겁부터 내고, 자신이 무슨 잘못이라도 저지르지 않았나 하고 걱정하는 경우가 많다. 특히, 상담은 방과 후의 빈 교실이나 교무실, 상담실 등에서 이루어지는 경우가 대부분이므로 유아들은 무조건 복종적인 자세가 되어 어른들의 질문에 대답하게 되기 쉽다.

이와 같은 관계는 상담을 효율적으로 해 나가는 데 도움이 되지 못하며, 유아로 하여금 오히려 상담자를 피하고 적당히 사태를 모면해 보려는 의도를 가지게 하기 쉽다. 따라서, 상담자로서의 역할을 잘 해내기 위해서는 상담자가 지나치게 자기의 전문성이나 권위를 내세우려는 태도를 보여서는 안 된다. 반대로 달콤한 말로 유아를 적당히 구슬리려는 태도도 물론 피해야 할 것이다.

(5) '문제아'가 아닌 '문제를 가진 아이'라는 입장을 취하기

어른들은 '문제아'라는 말을 흔히 사용한다. 어른의 입장에서는 반항하는 유아의 행동이 틀림없이 문젯거리, 골칫거리이기 때문에 이러한 행동을 보여주는 유아를 문제아라고 지칭하는 것이다.

그러나 유아의 입장에서 본다면, 어른들의 무관심이나 지나친 통제 또는 거절적인 행동이 유아를 좌절시키며, 이러한 좌절에서 나온 행동은 유아 나름대로 이유가 있다고 보아야 할 것이다.

유아를 돕는 입장에 있는 사람들은 '문제아'라고 하는, 고정적이고 편견이 개입될 가능성이 있는 용어를 사용하지 않도록 하고 '문제를 가진 아이'라고 하는 입장에서 유아에게 접근해야 한다. 즉, 유아의 인격 자체에 문제가 있는 것이 아니라, 다만 어떤 적응상의 문제 때문에 현재 고통받고 있는 유아라는 입장에서 접근하는 것이다.

이러한 접근을 통하여 상담자는 아무리 큰 문제가 있는 아이라 하더라도 그의 고유한 인격을 존중하면서, 유아의 문제 해결을 시도할 수 있는 여유와 태도를 가질 수 있게 된다.

(6) 유아가 자연스럽게 행동하도록 돕기

어른들은 유아에게 가만히 앉아서 이야기하라고 자주 지시한다. 그러나 유아들은 어른처럼 얌전히 앉아서 이야기하기가 쉽지 않다. 몸을 흔들거나, 일어났다 앉았다 하거나, 물건을 만지작거리거나, 팔이나 다리를 흔드는 등의 동작은 대화에 방해가 된다기보다는 오히려 유아가 스스로 자연스럽게 느끼도록 하여, 어른과의 대화를 보다 쉽게 만들기까지 한다.

따라서 유아의 행동을 통제하고 억제하려는 데 상담시간을 소비하기보다는 유아가 자연스럽게 행동하면서 상담에 임할 수 있도록 하는 것이 효과적이다.

(7) 행동 관찰을 통해 유아를 이해하기

유아는 질문에 대해 정확하게 대답하지 못하는 경우가 종종 있다. 또 대답을 했다 해도 상담자가 그 의미를 정확하게 파악하기 어려운 때도 있다. 따라서 상담자는 유아의 말을 경청하는 동시에 목소리의 변화, 어조, 제스처, 표정 등을 잘 관찰함으로써 유아의 생각과 느낌을 보다 정확히 이해하도록 노력해야 한다.

(8) 대화를 꺼리는 유아 다루기

아무리 상담자가 정성을 다해서 유아와 대화를 나누려고 해도 유아들 중에는 별 반응을 보여주지 않는 아이가 있다. 이런 경우 상담자가 유아를 잘 이해하기 위해서 유아의 가족사항이나 현재의 고민거리 또는 학교생활이나 친구관계 등을 알아보려고 하면, 유아는 방어적이 되거나 마지못해 대답을 하므로 상담관계의 성립이 더욱 힘들게 된다. 이와 같은 유아를 다룰 때에는 다음과 같은 방법을 사용해 본다.

- 유아와 함께 앉아서 그의 주의를 끌어 본다.
- 마주 앉는 것보다는 옆에 나란히 앉는 방법을 취한다.
- 첫 번째 대화는 상담과는 무관한 것에서 시작한다. 예를 들면, "아주 멋진 운동화를 신었구나!", "이 티셔츠 위에 있는 오리 모양은 근사한데!", "빨간 머리 핀을 꽂고 있으니 참 멋진데!"와 같이, 유아의 불안감을 감소시킬 수 있는 말을 건넨다.
- 그 밖에도 상담관계를 잘 성립시키기 위해서 시청했던 TV 프로그램 이야기나 읽었던 책, 해 보았던 게임 등에 관하여 함께 이야기해 본다.
- 그림 그리기, 장난감놀이, 게임 등과 같은 활동을 도입해 보는 것도 유아의 긴장을 풀어 주는 데 도움이 된다.

(9) 지나친 일반화 피하기

인간관계에 대한 전문가들 중에는 인간의 행동에 대한 인과관계를 지나치게 일반화하여 추론하고 해석하는 경향이 있다. 예를 들면, 빈곤한 가정의 자녀들에 대하여 어떤 편견을 가지고 유아의 행동을 해석하려는 것이다.

그러나 유아가 경험하는 가정의 경제적 문제는 유아에 따라 각각 다를 수 있기 때문에, 어떤 정형에 맞추어 추론하고 일반화하려는 태도는 유아의 진정한 당면문제를 이해하는 데 도움이 되지 못한다.

(10) 감정 이해하기

정서적으로 불안한 유아에게는 누군가가 그의 감정을 이해해 준다는 것이 매우 중요하다. 유아는 그가 신뢰하는 사람에게 자신의 느낌, 생각 그리고 경험을 이야기하는 과정을 통해서 정서적 안정감을 되찾게 된다. 따라서 상담자는 유아의 감정을 이해하고 공감할 수 있는 능력을 갖추어야 한다.

그러기 위해서는 먼저 유아의 이야기를 경청해야만 한다. 일반적으로, 어른들은 어른으로서의 책임감 때문에, 유아의 이야기를 경청하기보다는 유아에게 이것 저것 지시를 내리고 지도하려는 마음이 앞서는 경향이 있다. 이러한 마음이 생기면 유아가 실제로 하고 싶어하는 이야기에 귀 기울이지 못하게 되어, 유아가 진정한 감정과 생각을 표현할 기회를 빼앗는 결과를 가져오게 된다. 따라서, 유아와 대화를 나눌 때에는 명령하고 지시를 내리거나 지도하고 충고하려고 서두르지 말고, 유아의 이야기를 경청하면서 유아 개개인의 독특한 경험이나 감정에 공감하려고 노력해야 한다.

로저스(1980)는 공감(empathy)을 동정(sympathy)과 구별하면서 다음과 같이 정의하였다.

- 공감이란 판단을 내리지 않으면서 유아의 생활 속으로 가만히 일시적으로 들어가 함께 생활하는 것이다.
- 공감이란 유아의 사적인 세계로 들어가서 그 안에서 편안히 느끼며, 유아의 사고가 어른의 사고와는 다르다는 것을 깨닫는 것이다.
- 공감이란 유아에 대한 이해를 유아가 이해할 수 있는 말로 설명하는 것이다.
- 공감이란 유아가 깨닫지 못하고 있는 것을 감지하는 것이다.
- 공감이란 완전히 무의식적인 감정을 벗겨내려고(너무 위협적이기 때문에) 노력하지 않는 것이다.

이러한 정의들은 간단한 것 같이 보이지만 결코 실행하기가 쉽지는 않다. 상처받고, 혼란 속에 있으며, 불안하고, 두렵고, 문제에 휩싸여 있어서 자신의 존재가치조차도 의심하거나 자아 정체감이 불확실한 사람들에 있어서 누군가가 공감해 주는 사람이 있다는 것은, 이해받는다는 안도감과 함께 강하고 건전한 힘으로 작용하게 될 것이다. 공감한다는 것은 유아로 하여금 스스로 자신의 생각과 감정을 표현하도록 돕는 것이기 때문에 이것은 지도하거나(guiding), 인도하거나(leading), 지시하거나(commanding)하는 것과는 다르다. 예를 들면, 그림을 그리다가 완성시키지 못하고 자신이 없어 하는 유아에게 "영수야! 너는 그릴 수 있어. 너는 그림을 참 잘 그리지 않니. 네가 그릴 수 있다고 믿는다." 또는 "조금만 더 노력하면 그릴 수 있어." 등의 말로 그림을 마저 그리게 할 수 있을런지는 모른다. 그러나 여기에는 어른과 유아 사이의 감정적 이해가 별로 오가지 않고 있음을 알 수 있다. "영수야, 네가 그리고 싶은 대로 그려지지가 않아서 속상한 모양이구나." 또는 "이 그림을 지금 끝내기 어렵다고 정말 느끼고 있는 것 같구나." 등의 말은 유아의 감정에 대한 이해를 보다 명백히 전달하고 있는 것이다.

이렇게 볼 때 공감은 유아를 이해하는 데 매우 중요하다. 이러한 공감을 방해하는 어른들의 의사소통 방법은 다음과 같은 것들이다.

- 명령·지시하기 : "복도에서 뛰지 말어.", "그만 울어.", "장난감 가지고 놀아." 등과 같은 말들은 어른이 유아에게 일방적으로 내리는 명령 또는 지시와 같은 것이다. 이러한 지시는 유아의 감정을 이해하는 데 전혀 도움이 되지 못한다.
- 충고·제언하기 : "다음에 아이들이 너를 때리면, 선생님께 도움을 청하는 것이 좋겠다."와 같은 말들은 앞으로 어떻게 하라는 방향을 제시해 주는 것이다. 이 방법은 경우에 따라서 일시적으로 문제 해결이 되는 것 같이 보이지만 역시 근본적인 문제에 접근하지는 못하며, 유아의 감정이 반영되지 못하고 있다.
- 설교하기 : "너는 항상 최선을 다해야 한다."거나, "선생님(부모님) 말씀을 항상 귀기울여 들어야 한다."는 등 "…해야 한다."는 식의 도덕적 설교는 오히려 유아와의 대화에 장애가 되는 요인이 될 수도 있으므로 유의해야 한다.
- 칭찬하기 : 가끔씩 진정한 뜻이 담긴 칭찬을 해주는 것은 유아의 사기를 북돋우는 데 도움이 된다. 그러나 너무 자주 칭찬의 말을 하는 것은 남용이 되기 쉽고 진심을 의심받을 가능성이 있으므로 주의할 필요가 있다. 또한

단순한 칭찬은 유아의 감정을 이해하고 이를 전달하는 데 큰 도움이 되지 못한다.

- 위안해 주기 : "지금은 견디기 어렵지만 조금만 지나면 기분이 훨씬 나아질 거야." 등과 같이 유아의 마음을 진정시킬 수 있는 말을 하는 것이다. 이 역시 일시적으로는 유아에게 위로가 될 수 있으나 근본적인 문제 해결의 접근은 될 수 없다.
- 논리적으로 따지기 : "왜 그런 일을 했니?", "왜 그렇게 해야만 했지?" 등과 같이 어떤 행동을 한 이유나 원인에 대하여 논리적으로 따지고 캐묻는 일이다. 이러한 대화법도 역시 유아의 감정을 진정으로 이해하는 데 도움이 되지 못함은 물론이다.

이상에서 살펴본 여섯 가지 대화방법은 상담자-유아 간의 공감적 의사소통을 방해하는 방법들이라고 볼 수 있다. 다음에서는 공감적 이해를 촉진시킬 수 있는 의사소통방법을 몇 가지 소개하기로 하겠다(Ornum & Mordock, 1983).

- 유아의 긍정적 감정 찾아내기 : 정서적으로 위기에 처해 있는 유아, 문제를 가진 유아들은 불안하고 흥분되어 있기 쉽다. 이들에게 우선 필요한 것은 따뜻하게 감싸주고 불안을 감소시켜 주며 흥분을 가라앉히는 일일 것이다. 상담자나 교사와 유아와의 대화는 이런 의미에서 유아의 긍정적인 측면을 인정해 주고 수용해 주는 데에서 시작되어야 할 것이다.
- 탐문하는 식의 질문 삼가기 : 상담자가 유아의 무의식 세계를 알아보기 위해서 이것저것 탐문하는 것은 불안한 유아에게 더욱 불안감을 안겨주기 쉽다. 상담 초기의 지나친 탐문은 오히려 유아에게 불안감을 고조시킬 뿐이며, 상담자를 경계하게 할 가능성마저 있게 된다. 유아가 걱정이나 근심, 불안감을 이야기하면 있는 그대로 수용하고 경청해 준다. 그러나 억지로 이야기하도록 강요하지는 않는다. 유아가 마음의 문을 열고 이야기할 준비가 될 때까지 기다려 주며, 정서적 지지를 해주는 것이 바람직하다.
- 감정을 언어로 표현하도록 격려하기 : 유아에 관한 정보를 얻기 위한 단순한 시도에서가 아니라 유아를 이해하고 그의 감정의 응어리를 풀도록 하기 위

한 목적으로 유아의 언어적 표현을 격려해 준다. 그러나 앞에서 말한 바와 같이 강요나 탐문을 통한 질문은 역시 바람직하지 못하다.

- 유아의 인격 존중하기 : 어린아이라고 해서 감정의 정도가 약한 것은 아니다. 유아도 어른과 마찬가지로 기쁨과 슬픔과 괴로움, 불안, 죄악감, 수치심 등의 감정을 경험하고 있다. 또한 유아에게도 각기 개인차가 있으며, 이들의 능력과 성격·적성·흥미 등에 특징이 각각 있음을 상담자는 충분히 인정해야 한다. 이들이 성장할 수 있는 가능성을 믿고 그들의 인격을 존중하는 것은 모든 상담관계의 기본인 동시에 모든 인간관계의 기초가 된다.

09 Chapter 놀이를 통한 영유아지도

놀이는 영유아의 생활에서 중요한 부분을 차지한다. 이 장에서는 놀이의 개념을 밝히고 놀이의 기능을 알아보며, 영유아기 놀이의 일반적인 특징을 살펴본 후, 놀이를 생활지도의 목적으로 사용하는 방법을 소개하겠다.

1 | 놀이의 개념과 교육적 가치

먼저 놀이의 개념과 교육적 가치를 살펴보기로 하겠다.

1) 놀이의 개념

놀이가 무엇인가에 대해서는 오래 전부터 철학자, 교육학자, 심리학자들 사이에서 관심의 대상이 되어 왔다. 놀이는 여러 가지로 정의될 수 있다.

프뢰벨(Froebel)은 놀이를 영유아에게 있어서 창의적인 '자기-활동(self-activity)'의 한 유형이며 성인 생활을 모방하는 방법이라고 정의하였다. 또한 놀이는 유아의 정신의 자유로운 표현이며, 가장 순수하고 숭고한 생산물이라고 설명하였다. 그가 은물(恩物)이라는 놀잇감을 개발하여 놀이의 중요성을 강조하고 놀이를 통하여 개인능력의 최대 신장이라는 교육목표를 실천에 옮기려 했음은 잘 알려진 사실이다.

스펜서(Spencer, H.)는 아동의 놀이를 잉여 에너지(surplus energy)의 소치라고 풀이하였다. 즉, 아동은 뇌신경의 중심부에서 넘치게 배출되는 에너지를 소모하기 위해서 자유분방하게 열심히 놀게 된다는 것이다.

홀(Hall, G.S.)은 놀이를 생물학적이고 유전적인 것의 결과로 보고 놀이를 통해서 종족의 진화 역사가 반복된다고 하는 반복이론을 제시하였다. 즉, 예를 들면 아동들이 물장난을 할 때의 즐거움은 물고기를 잡았던 조상들이 바닷가에서 놀 때의 재미와 관련된다는 것이다.

그루스(Groos, K.)는 1899년에 출간된 그의 저서에서 놀이에 대한 연습이론(rehearsal theory)을 주장하였다. 그에 의하면, 아동의 놀이는 본능적 행동의 표현으로서 선천적으로 불완전하게 타고난 기술을 완벽하게 익히기 위해서 본능적으로 하는 연습이라고 보았다. 따라서 놀이는 아동들의 성장·발달의 수단이며, 단순하고 목적이 없으며 쓸모없는 활동이 아님을 강조하였다.

셜리(Sully)는, 놀이란 아동의 상상과 모방능력을 강조한다고 하였다. 놀이를 통해서 아동은 진지하고 깊숙이 상상의 세계에 몰입한다. 놀이는 속박에서 벗어나는 것이며, 즐거움이나 기쁨은 놀이의 필수적인 것이라고 보았다.

프로이트(Freud)는, 아동은 놀이를 통해서 억압된 감정을 해소시키며, 그러한 놀이를 반복함으로써 불쾌한 감정을 씻어낸다고 하여 놀이의 정신건강적 측면을 강조하였다. 즉, 불유쾌한 긴장이나 갈등은 반복에 의해서 흥분이 감소되기 때문에 공상이나 놀이에서 재연된다는 것이다. 따라서 놀이는 아동으로 하여금 수동적이며 무기력한 방관자가 아니라 왜곡되고 갈등상태에 당면한 일이나 사태를 능동적으로 해결할 수 있게 만든다. 이렇게 장애에 부딪친 일을 해결하기 위해서 하는 놀이는 쾌락의 추구와 고통의 회피라는 관점에서 설명된다고 보았다.

피아제(Piaget)는 놀이를 아동의 지적 발달과 관련시켜서 보았다. 그는 놀이란 아동의 지적 발달에 근본이 되는 자발적 활동이며, 아동은 놀이를 통하여 자신의 경험을 능동적으로 통합하여 새로운 지적 기능을 습득한다고 설명하고 있다.

베텔하임(Bettelheim)은 놀이란 놀이자 자신이 부여한 규칙 외에는 아무런 규칙도 없으며, 외부세계에서 초래되는 어떠한 의도적 목적이나 결과도 없는 활동이라고 규정하였다.

이상에서 제시한 여러 학자들의 놀이에 대한 정의들을 종합하여 보면, 놀이란 자발적이며 주위환경을 자유롭게 탐색하고 창의적으로 표현하며 되풀이하여 즐기는 활동이라고 정의할 수 있다.

먼저, 놀이란 자발적이어야 한다는 점을 살펴보자. 즉, 놀이란, 내적 동기에서 우러난 것이며, 외적인 조건에 관계가 없다는 것이다. 다른 사람과 비교되는 성취나 성적이 문제가 되지 않으며, 오직 그 활동 자체를 즐기는 것이 목적이 된다. 따라서 아동은 놀이를 하는 가운데서 즐거움을 느끼며 놀고 있는 그 자체를 즐기고 있다고 볼 수 있다.

또 놀이는 환경을 자유롭게 탐색하는 요소를 내포하고 있다. 자유롭게 탐색한다는 것은 아동들의 상상이 가는 대로 외부 간섭 없이 자기 마음대로 해본다는 뜻이다. 예를 들면, 하나의 막대기는 두들겨서 소리를 내는 도구로도 사용되고, 또 친구와 놀 때에는 칼이 될 수도 있으며, 물건의 길이나 높이를 측정하는 자 막대가 될 수도 있다. 어른의 권위적인 지시에 따라 하는 것은 자유로운 탐색으로 보기 어렵다. 놀이의 창의적 표현은 자발적으로 자유롭게 탐색한 것을 아동의 마음대로 표현한다는 것을 뜻한다.

다른 한 가지 특징인 놀이의 반복성에 대해 살펴보면, 아동이 놀고 있는 것을 관찰해 볼 때 한 가지 행동을 반복해서 하는 데에서 재미를 느끼고 있는 것을 알 수 있다. 예를 들면, 세 살된 유아가 나무토막을 쌓아 올리다가 적당한 때에 허물어뜨리고 그것을 다시 쌓고, 또 허물고 하는 것을 볼 수 있는데, 이러한 반복적인 활동 자체가 유아에게 흥미를 더해 주는 놀이의 특징이 된다.

2) 놀이의 교육적 가치

어린아이들의 하루 생활은 놀이에서 시작되어 놀이에서 끝난다고까지 할 수 있을 정도로 놀이가 어린아이의 생활에서 차지하는 몫은 대단히 크고 중요하다. 또한 놀이는 어린아이의 생활의 전부이기도 하지만, 부질없는 시간 낭비가 전혀 아니기 때문에 아동의 성장·발달에 중요한 역할을 담당하고 있는 것도 사실이다.

놀이가 교육적인 가치를 지녔음을 인정한 것은 어제 오늘 시작된 일이 아니며, 고대 그리스에서도 일화를 찾아 볼 수 있다. 특히 유아들에게 산수를 가르치기 위해서 사과를 가지고 놀게 했다든지, 건축가로 키우기 위해서 세 살난 유아에게 장난감 연장을 준 플라톤의 일화는 매우 흥미롭다.

프뢰벨은 유아놀이에 대하여 다음과 같이 말한 바 있다.

"놀이는 유아발달의 가장 높은 형태이다. 놀이는 유아의 사고와 감정의 자발적인 표현이며, 이것은 유아의 정신세계에 절대적으로 필요하다. 유아기에 있어서 놀이는 사소하거나 부질없는 것이 아니라 심각하고 깊은 의미를 가지고 있다. 어른들은 유아의 놀이를 소중히 생각하고 유아에게 놀이를 권장해야 한다."

이러한 놀이의 교육적 가치가 무엇인가를 살펴보면 다음과 같다.

- 놀이는 영유아의 신체발달을 촉진시키고, 체력을 향상시키며 신체의 협응기능을 길러 준다.
- 놀이는 영유아로 하여금 자신의 감정과 생각을 자유롭게 표현할 수 있는 기회를 제공해 줌으로써 정서적 안정을 얻게 해주며 정서발달을 돕는다.
- 놀이는 영유아의 사회적 발달을 돕는다. 즉, 놀이를 하면서 유아는 다른 아이들과 어울리게 되며 물건을 나누어 가지기도 하고, 양보도 해보며, 차례를 지키기도 하고 서로 약속을 지키는 등의 사회생활을 시작한다. 이러한 과정을 통하여 유아는 자기중심적이었던 행동유형에서 차츰 벗어나서 사회화의 기술을 습득하게 된다.
- 놀이는 영유아의 지적 발달을 돕는다. 즉, 놀이는 유아의 탐색적 활동과 호기심을 자극하고 새로운 지적 성취를 하려고 하는 동기를 불어넣어 줌으로써 지적 발달을 촉진시킨다.
- 놀이는 영유아의 문제해결능력을 길러준다. 즉, 유아는 여러 가지 형태의 놀잇감을 가지고 반복해서 노는 가운데 새로운 놀이방법을 시도하거나 구성해보기도 하며, 직면하는 어려운 문제를 이리저리 맞추어 보고 풀어보는 과정에서 추리력과 문제해결능력을 발달시키게 되는 것이다.

2 | 유아기 놀이의 일반적인 특징

유아의 놀이는 사춘기의 청소년이나 성인의 놀이와는 다른 몇 가지 특징을 가지고 있다. 물론 놀이의 특징은 놀이를 하는 유아의 특성에 따라 개인차가 있을 수 있으나, 다음과 같은 몇 가지 공통되는 일반적인 특징이 있다.

첫째, 놀이의 형태는 유아가 속한 사회의 전통이나 관습의 영향을 받는다. 각 문화와 시대에 따라 유아들의 놀이 유형이 다른 것을 관찰할 수 있는데, 한편으로 놀이의 유형이 한 세대에서 다음 세대로 전수되기도 한다. 한국의 유아가 즐기는 놀이 형태는 서양의 유아가 즐기는 놀이 형태와 다른 경우가 많다. 따라서 놀이의 형태는 문화적·시대적 환경에 따라 영향을 받게 된다.

둘째, 놀이는 유아의 성숙과 발달의 단계에 따라 그 종류가 다양해지며 그 유형도 달라진다. 생후 한 살까지의 영아는 자신의 감각기관과 운동기능을 이용하여 놀이를 하며, 두 살이 되면서부터 놀잇감을 만지고 간단한 조작을 하면서 놀게 된다. 세 살이 되면서부터는 운동기능도 보다 민첩해지고 또래에 대한 관심도 늘어나게 되어 또래들과 어울려 그네타기, 미끄럼타기, 자전거타기 등 운동놀이를 즐기게 된다.

또한 놀이의 종류도 다양해지기 시작한다. 네 살이 넘으면서 유아는 언어발달도 많은 진전이 있게 되어 상상놀이나 역할놀이, 이야기책 듣기 등을 즐기게 되며 블록 쌓기나 그림 그리기 등과 같은 놀이에 보다 많은 관심을 보이기 시작한다. 5~6세가 넘으면서 유아의 놀이는 보다 다양해지며 실내·외놀이를 다 함께 즐기게 된다. 이 시기는 놀이에서 진정한 즐거움을 만끽하며 놀이에 몰두하는 시기라고 할 수 있다. 이와 같이 유아의 놀잇감의 변화와 놀이의 선호도는 영유아의 성장·발달에 따라 달라진다.

셋째, 연령에 따라 한 가지 놀이활동에 참여하는 시간의 길이가 다르다. 영아는 유아기로 접어 들면서 주의집중시간이 길어지며, 또 좋아하는 놀이에 대한 선호가 분명해져서 자신이 선택한 놀이에 오랫동안 몰두하여 반복하는 경향이 있다. 따라서 연령이 증가함에 따라 한 가지 놀이활동에 참여하는 시간이 길어진다.

넷째, 놀이는 연령이 증가함에 따라 또래의 영향을 많이 받는다. 두 살이 안 된 영아는 주로 혼자서 노는 시간이 많지만 세 살이 넘으면서부터는 혼자 하는 놀이가 감소되고 다른 유아들과 함께 노는 사례가 증가한다.

다섯째, 놀이발달은 성역할 행동과 관련된다. 남아와 여아의 놀이 형태가 서로 다르고, 놀잇감의 선택에서도 차이가 나는 것을 흔히 볼 수 있다. 남아는 보다 활동적이고 거친 놀이를 즐기고 놀잇감도 총, 로봇, 자동차 등을 좋아하는 반면, 여아는 소꿉놀이, 인형놀이 등을 좋아한다. 이러한 경향은 선천적이라기보다는 사회·문화적인 영향과 유아 양육방법에 기인하는 것으로 알려져 있다. 따라서 남자와 여자의 역할관이 바뀜에 따라 남녀 유아의 놀이 선호에도 변화를 가져온다.

3 | 놀이를 통한 영유아지도와 심리치료

놀이는 유아로 하여금 자연스럽게 자신의 심리적 긴장과 갈등, 불안을 표현함으로써 내면적인 문제를 해결해 나간다는 점에서 치료적 가치를 지닌다.

어린아이의 심리적 문제를 정신상담적인 방법에 의해서 처음으로 치료를 시도한 사례는 1909년 프로이트에 의해서였다. 그는 한스라는 다섯 살 난 남자 아이의 공포증을 그 아이의 아버지를 통해 치료한 사례에서 유아 정신분석의 기초를 이루게 했다. 그러나 언어를 사용하여 자유연상을 한다던가 꿈을 분석한다는 것은 영유아 환자를 대상으로 하기가 대단히 어렵다는 문제가 대두되었다.

그 후 폰 허그-헬무스(Hermine Von Hug-Hellmuth)는 1920년대에 유아 정신분석의 기술로서 놀이를 처음으로 활용하였는데, 이것이 놀이치료의 계기가 되었다. 폰 허그-헬무스는 어린아이의 가정을 방문하여 자연스러운 상황에서 유아의 놀이행동을 관찰하고 이러한 놀이행동들이 가지는 심리적·상징적 의미를 분석함으로써 정서적 문제를 가지고 있는 유아의 내면세계를 이해하고자 하였다.

놀이치료에 공헌한 또 다른 사람은 안나 프로이트(Anna Freud)와 멜라니 클라인(Melanie Klein)이다. 놀이치료에서 영국학파로 알려진 클라인은 성격의 구조가 이미 출생 시부터 이루어져 있음을 강조하면서 따라서 유아의 심리 치료는 생애 초기부터 가능하다고 주장하였다.

또한 클라인은 유아에 대한 정신분석을 하면서 자유놀이의 방법을 마치 어른들의 정신분석에서 자유연상을 하는 것과 동등하게 취급하게 되면서 유아치료에 놀이를 보다 활발하게 사용하게 되었다. 그는 유아 자신이 자각하지 않고 있는 편견, 갈등, 기쁨, 소망, 공포 등의 감정들이 자유놀이를 통하여 상징적으로 표현된다고 가정하였다. 특히 놀이치료의 도구로서 인형(가족인물 중심)을 사용함으로써 유아가 놀이를 하면서 가족관계에서 일어나는 갈등과 문제점을 투사하고 이를 통하여 감정을 정화(catharsis)해 나가도록 지도하였다.

안나 프로이트는 그 후 아동분석(child analysis)이라는 새로운 분석방법을 발전시켰으며, 자유연상법 대신에 놀이를 사용해서 유아의 문제를 이해하고 치료하였다.

그는 유아의 정서, 갈등, 불안을 이해하기 위해서는 유아의 놀이를 체계적으로 관찰해야 하며, 이러한 관찰을 통해 나타난 문제를 놀이를 통해 해소시키고, 자기의 문제에 대한 통찰(insight)을 갖도록 유아를 도와주어야 한다고 주장하였다.

1930년대에 이르러 놀이치료는 두 가지의 상반되는 형태의 접근방법을 적용하고 있는 것을 볼 수 있는데, 그중 하나는 적극적·활동적 놀이치료이며, 또 다른 접근방법은 수동적 놀이치료라고 할 수 있다. 적극적 놀이치료란 치료자가 유아에게 몇 개의 놀잇감을 선별해 주어 유아가 겪었던 충격적인 상황을 표면으로 표출할 수 있도록 유도하는 치료방법이다.

레비(Levy, 1939)는 적극적 놀이치료의 한 형태로 발산요법(Release Therapy)을 소개하고 있다. 이 치료의 목적은 유아의 문제 특성에 따라 특정 장난감을 유아에게 제공해 주어 유아가 이를 가지고 놀이함으로써 공포, 공격성, 형제간의 경쟁의식 같은 부정적 감정들을 방출해 내어 유아의 정서적 긴장과 갈등을 풀어주는 정화적 효과측면을 강조하였다.

이에 비해 수동적 놀이치료는 상담자가 유아의 놀이에 아무런 제한을 가하지 않으며 격려와 정서적 지지를 중요시여기는 접근방법이다. 이 수동적 놀이치료는 관계상담(relation therapy)이라고도 부르는데, 즉 프로이트의 정신분석적인 놀이치료에서는 유아가 표현하는 과거의 경험이나 꿈, 상상, 기억 등에 대한 해석을 통하여 치료적 목적을 달성하려고 하는 반면에, 관계치료에서는 유아의 현재 상태를 중요시하며, 치료자와 유아 간의 인간관계를 강화시키고 놀이를 하고 있는 유아의 현재 감정과 행동에 초점을 맞춘다.

에릭슨은 놀이가 유아로 하여금 자신의 경험을 재구성하도록 만들기 때문에 유아가 놀이를 통하여 자기의 문제를 해결하고 극복하게 하는 가장 자연스러운 자기치료방법이라고 하였다. 즉, 놀이를 통해서 유아는 자기의 불안과 갈등, 정서를 표출함으로써 정화적 효과를 얻게 될 뿐만 아니라, 피동적으로 당했던 사건을 놀이를 통해 능동적으로 조절함으로써 유아로 하여금 갈등과 문제를 처리할 수 있는 기회와 해결방법을 무의식적으로 구사하는 데 도움을 준다는 것이다.

한편, 로저스의 내담자 중심 치료(client centered therapy)를 유아상담에 응용한 액슬린(V. Axline)은 놀이에서 유아가 자기 자신을 스스로 표현하는 것을 매우 중요시하였다. 이러한 자기표현을 통하여 유아는 자신의 문제에 대한 통찰을 얻게 된다는 것이다.

다음에서는 영유아지도에 도움이 되는 놀이치료를 위한 시설과 놀이치료의 과정을 살펴보기로 하겠다.

1) 놀이치료실의 환경적 구성

놀이치료를 하려면 먼저 필요한 것이 적당한 공간 및 설비를 갖춘 놀이방과 놀이도구이다. 물론 교실의 한쪽에 놀이방을 만들어 놓을 수도 있으나, 가능하면 따로 놀이시설을 갖춘 놀이방을 두는 것이 바람직하다.

놀이방은 보통 6~10평 정도의 크기가 적당하다. 너무 작으면 유아가 답답함 또는 압박감을 느낄 수 있으며, 너무 크면 산만한 느낌을 주기 때문에 적당하지 않다.

놀이방의 시설은 다음과 같은 것들을 포함시키도록 한다(김재은, 1980; 50-54).

- 모래상자 : 가능한 한 타원형이나 둥근 형태가 좋고 언저리는 바닥보다 약간 높게 한다. 굵은 모래를 사용하도록 하며, 크기는 1~2평 정도가 좋다.

- 물놀이장 : 20~30cm 정도의 깊이에 0.5~1평 정도 크기면 충분한 물놀이장이 된다. 바닥에 작은 배수구를 내어 사용하지 않을 때는 물을 빼둘 수 있도록 한다. 물놀이장도 모래장과 같이 네모난 것보다는 둥근 형태가 좋다.
- 세면대 : 높이는 유아들의 키에 맞게 하고 손을 닦을 수 있도록 수건걸이와 수건을 준비해 둔다.
- 놀이도구 선반 : 위에는 개방식, 밑에는 서랍식으로 된 정리장이나 선반을 준비한다. 서랍은 필요할 때 빼낼 수 있도록 하며, 선반은 이동식과 고정식을 만들면 편리하다.
- 책상과 의자 : 유아의 크기에 맞는 낮은 의자와 책상이 필요하다. 책상은 60×90cm 넓이 정도면 된다. 방의 넓이에 따라 책상은 2~4개 정도, 의자는 2~6개 정도 준비해 둔다.
- 낙서용 백색판 : 아이들이 크레용으로 그리면 걸레나 벤젠으로 닦아 낼 수 있도록 표면을 백색 비닐로 입힌다. 또는 대형 모조지(80×110cm)를 끼울 수 있는 나무틀을 준비하여 낙서용 백판으로 사용할 수 있도록 한다.
- 기타 시설 : 놀이치료에 필수적인 것은 아니나 교육 또는 연구의 목적을 가진 놀이방이라면 일방경(one-way mirror), 녹음시설, VTR 녹화시설 등을 하도록 한다. 다만 유의할 점은 이러한 시설물들이 노출될 경우 유아에게 불안감을 안겨 줄 수 있으므로 노출되지 않도록 기술적인 배려를 한다. 또한 기구들이 유아의 부주의에 의해서 파손되지 않도록 보호해주는 장치도 필요하다.

그림 9-1 놀이치료실

2) 놀잇감 선정의 원칙

위에서 살펴본 놀잇감들은 다음과 같은 원칙에 의하여 선택한다(Carmichel, 2006; Landreth, 2002).

(1) 유아의 흥미를 끌 수 있는 놀잇감을 선택한다

유아들이 놀이방에 빨리 친숙해지도록 하기 위해서는 특히 유아의 흥미를 끌 수 있는 놀잇감을 구비해 두는 것이 좋다. 유아의 흥미를 끌 수 있는 놀잇감을 고를 때에는 유아의 발달수준, 연령, 생활환경과 같은 개인차를 고려해야 한다.

(2) 유아의 감정표현을 돕는 놀잇감을 선택한다

놀이가 갖는 치료적인 효과를 생각해 볼 때 유아의 여러 가지 욕구가 놀이방에서 표출되고, 억압된 감정을 표현할 수 있는 놀잇감이 좋다. 공격적 욕구를 표출시키는 것으로는 무기류·샌드백·큰북·고무풍선 등이 있으며, 유아적인 쾌락 욕구를 표출시키는 것으로는 물놀이·모래놀이·손가락그림·우유병·봉제완구 등이 있다.

(3) 치료자와 유아 간의 교류를 촉진할 수 있는 놀잇감을 선택한다

놀이치료를 하는 동안에 치료자와 유아는 언어 또는 비언어적인 측면에서 상호작용을 하게 되며 삼성의 교류가 일어나게 된다. 이때 유아가 치료자를 신뢰할 수 있도록 치료자가 수용적인 태도를 보여주는 것이 중요한데, 무기류의 놀잇감이나 전화 같은 것들이 좋다.

(4) 유아의 욕구좌절이나 활동을 억제하지 않는 놀잇감으로 선택한다

너무 어려운 게임이나 조각그림 맞추기, 조립식 장난감, 망가진 건전지용 놀잇감 등은 유아에게 욕구좌절을 안겨줄 가능성이 있다. 잘 변색되거나 파손되지 않는 튼튼한 놀잇감을 선택한다.

(5) 유아의 창의적 활동을 촉진시키는 놀잇감을 선택한다

가능하면 유아의 창의성이나 상상력을 자극시킬 수 있는 놀잇감을 준비한다.

3) 놀이치료실에 비치할 놀잇감의 예

어떤 놀이도구를 얼마만큼이나, 어떻게 비치하느냐 하는 문제는 치료자의 이론적 배경이나 취향, 전문적 경험에 따라 달라지므로 이에 대한 고정된 규칙은 있을 수 없다. 그러나 놀이치료를 할 때는 유아가 자유로이 놀잇감을 선택하도록 하는 것이 일반적인 경향이므로 비교적 다양한 놀이도구를 준비해 둘 필요는 있다. 일반적으로 놀이치료방에 비치해 둘만한 놀이도구로는 다음과 같은 것들이다.

- 다양한 종류의 인형들 : 아버지, 어머니, 형, 동생, 누나 등 가족관계를 표현할 수 있는 모습을 갖춘 가족 인형을 반드시 준비해 둔다. 여기에 곁들여 인형집이 있어야 하며, 가족 인형 외에 몇 개의 인형을 여유로 두면 유아의 대인관계, 가족관계를 직접 또는 간접적으로 알 수 있는 매개체가 된다.
- 소꿉도구 : 여러 가지 소꿉도구를 인형의 집 안이나 그 근처에 배치해 둔다.
- 여러 가지 타는 것 : 축소판의 조그만한 장난감 자동차, 비행기, 기차, 배 등의 축소형 교통수단들을 준비한다. 공간이 있으면 유아가 탈 수 있는 크기의 자동차를 마련하여 활동적인 놀이도구로 이용한다.
- 공격성을 표출하는 무기류 : 장난감 총이나 칼 등 유아의 공격적 충동을 표현할 수 있는 장난감을 마련해 둔다. 단, 안전한 것으로 준비한다.
- 물놀이 도구 : 양동이, 깔대기, 물총, 바가지 등 물놀이에 필요한 도구를 준비한다.
- 모래놀이 도구 : 삽, 양동이, 모양찍기 판 등 모래놀이에 필요한 도구를 준비한다.
- 적목 : 대형·중형·소형의 적목들을 마련해 준다.
- 학용품 : 종이, 연필, 크레용, 자, 칼, 그림물감, 두꺼운 도화지 등을 준비한다.
- 공 : 각종 크기의 공, 고무공, 스폰지공, 풍선, 펀치볼 등 활동적인 놀이도구를 준비한다.

그림 9-2 인형놀이에 사용되는 놀잇감

- 게임 종류 : 5~6세의 유아와 초등학교 아동들을 위하여 간단한 게임 종류나 장기판 등을 마련해 준다.
- 책 : 몇 권의 동화책(그림이 들어 있는)을 비치해 둔다.
- 악기 : 몇 가지 종류의 간단한 악기들(예 : 큰북, 탬버린, 하모니카, 피리 등)을 준비해 둔다.
- 기타 : 장난감 전화, 샌드백(sand bag), 조각 그림 맞추기(puzzle), 찰흙 등 유아의 흥미와 필요에 따라 알맞는 것을 마련해 둔다.

놀잇감은 가능한 한 창의적·상상적인 놀이를 유도할 수 있는 것으로 택한다. 예를 들면, 종이는 접어서 여러 가지 물건(배, 모자, 바구니)을 만들 수도 있고, 그림을 그릴 수도 있으며, 뭉쳐서 공을 만들 수도 있다. 그러므로 치료실과 치료자의 여건에 따라 놀잇감을 마련하되, 가능한한 여러 가지를 활용할 수 있는 놀이도구를 마련한다면, 치료적 효과를 더욱 촉진시킬 수 있을 것이다.

4 놀이치료의 과정

놀이치료에 소요되는 시간은 보통 20~50분으로 하며, 1주일에 한 번 또는 두 번 정도 하는 것을 원칙으로 한다. 치료 초기에는 20분 정도로 짧게 하다가 놀이

방과 치료자에 익숙해지게 됨에 따라 차츰 연장하여 보통 40분 정도를 한다. 너무 길면 싫증을 내고 너무 짧으면 자발적인 행동을 일으킬 만한 시간적 여유가 없기 때문에 바람직하지 못하다.

치료 시작에서 치료 종결까지의 기간은 유아의 문제의 종류와 정도에 따라 다르나 보통 10~20회 정도 하는 경우가 많다. 물론 증상이 가벼울 때에는 10회 이내에서 종결될 수 있으며, 증상이 무거울 때에는 20회 이상까지 연장될 수 있다. 놀이치료의 단계는 다음과 같이 구분하여 볼 수 있다(장선철, 1984; 415-417 참조).

(1) 준비 단계

준비 단계에서는 놀이치료를 진행해 나가기 위한 전반적인 계획을 세운다. 놀이치료의 대상아를 접수하고 그 유아의 문제행동 유형을 파악하며, 치료의 전략을 세우게 된다.

이 단계에서 가장 큰 관심사는 모자분리의 문제이다. 놀이치료를 하려면 유아가 우선 어머니에게서 떨어져서 치료자와의 치료시간을 가져야 하는데, 이때 어머니와 떨어지는 것이 무척 힘든 유아가 있기 때문이다. 따라서 준비 단계에서는 어머니와의 면담을 통해 모자분리에 대한 사전정보를 충분히 알고, 그 정도에 따라 원만한 모자분리가 이루어지도록 한다.

(2) 도입 단계

도입 단계는 모자분리가 원만하게 이루어진 유아를 놀이방에 데리고 가서 놀이치료를 시작하는 단계이다. 이 단계에서는 대체로 다음과 같은 일이 이루어진다.

- 대상 유아가 놀이방에 익숙해지도록 놀이방의 성질을 설명해 준다.
- 치료자는 가능한 한 허용적인 태도로 대상 유아를 관망하는 가운데 좋은 관계를 형성하며 놀이가 끝나는 시간을 일러준다.
- 놀이방에서 마음대로 밖에 나가는 것은 원칙적으로 제한한다. 그러나 화장실에 간다든지 자기의 어머니가 있는지 없는지를 확인하기 위해 잠시 나갔다 오는 것은 허용한다.

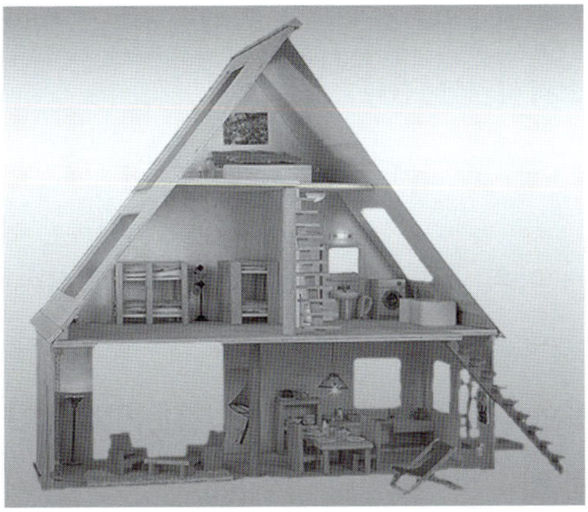

그림 9-3 가족관계를 상징하여 표현할 수 있는 인형의 집

- 도입 단계에서는 대상 유아가 불안이나 긴장을 보이기 쉬우며 본격적인 놀이를 하기보다는 놀이방과 치료자의 태도에 대한 탐색을 하는 시기이므로 치료자는 인내심을 갖고 유아가 놀이방에 적응할 때까지 서두르지 않고 기다리는 마음가짐을 갖도록 한다.

(3) 중간 단계

중간 단계에 접어들면 유아는 놀이방의 성질을 이해하게 되고, 치료자와의 관계도 잘 성립되므로 놀이방에서의 활동도 활발해진다. 이 단계에서는 다음과 같은 일이 이루어진다.

- 유아의 마음속에 내재되어 있는 감정표출을 촉진시키고 욕구를 행동으로 나타내도록 하는 적절한 계기를 마련해 줌으로써 점차 사회적으로 받아들여지는 방법으로 욕구를 표현하도록 도와준다.
- 치료자나 비품 또는 다른 멤버에 대한 직접적인 공격이나 유아 자신의 안전과 건강을 위협하는 행동에 대하여 적절한 제한을 도입한다. 제한은 유아를 비난하거나 꾸짖는 방법이 아니라, 유아의 관심을 다른 곳으로 옮기도록 하거나, 치료자의 일방적인 명령, 위협조의 제제가 아닌 유아와의 상호 약속의 형태를 취한다. 또한 치료자가 제한을 줄 필요가 있다고 판단했을 경우에는 우호적이면서도 명확한 태도를 나타낸다.

- 치료자는 놀이가 진행됨에 따라 바람직한 행동은 강화시키고 바람직하지 못한 행동은 소거시켜 나간다.

(4) 종결 단계

종결 단계에서는 유아의 문제행동이 점차 감소되기 시작하며, 현실생활에 대한 적응이 촉진된다. 이 단계에서 이루어져야 할 일은 다음과 같다.

- 현실의 여러 장면과 놀이방과의 거리를 접근시켜 일상생활에 필요한 적응의 기술이나 문제해결의 방법을 학습시킨다.
- 치료가 종결되기 수일 전에 언제 치료가 끝난다는 것을 예고해 줌으로써 유아가 마음의 준비를 하도록 한다.

5 놀이치료자의 역할

액슬린(1947; 75-76)은 놀이치료에서 치료자의 역할을 다음과 같이 요약하였다.

- 치료자는 유아로 하여금 그의 감정을 자유로이 표현할 수 있는 허용적인 분위기를 조성해 주어야 한다. 교육적 상황에서는 감정을 표현하는 데 어느 정도의 제한점이 있어야 하나, 그림 또는 음악, 연극, 자유놀이 등을 통해서 자신의 생각과 느낌을 자유롭게 표현하도록 허용해 주는 것은 매우 중요하다. 그러나 자유로운 자기표현 그 자체가 유아의 문제를 해결해 주는 것은 아니며, 단지 치료자가 그의 문제를 다룰 수 있도록 표면화하게 해준다는 점을 명심해야 한다.
- 치료자는 유아와 따뜻하고 친숙한 관계를 맺도록 힘쓴다. 문제가 있는 유아는 어른에 대한 신뢰감을 상실한 경우가 많다. 따라서 유아가 안심하고 적극적인 활동을 해 나갈 수 있도록 좋은 관계를 갖도록 한다.
- 유아가 현실세계에 보다 잘 적응하도록 하기 위해서는 놀이치료에서 행동의 제한을 둘 필요가 있게 된다. 놀이방은 유아에게 최대한의 자유를 주는

곳이지만 자기 자신이나 타인에게 해를 입히거나 기물을 파손하는 행위는 하지 못하도록 제한을 둔다.

- 치료자는 유아가 표현하는 감정들을 받아들이고 이해하며, 이러한 수용과 이해를 유아에게 반영해 주어야 한다. 유아의 감정을 반영해 준다는 것은 단순히 유아가 한 말을 그대로 반복해 줌을 의미하지는 않는다. 유아의 감정에 대한 공감적 이해에 기초를 둔 반영이어야 한다.
- 유아를 있는 그대로 받아들인다. 유아를 완전히 수용한다는 것은 유아가 사회적으로 인정되는 바람직한 감정을 표현했을 때뿐만 아니라, 바람직하지 못한 감정을 표출했을 때에도 유아를 존중하고 수용함을 뜻한다. 특히 외형적(환경적)인 장애나 결함, 결손뿐만이 아니라 내면적(정신·심리적)인 장애나 결함에 대해서도 그것 때문에 유아에 대한 태도가 바뀌는 것이 아니라 있는 그대로를 완전히 받아들여야 한다.
- 유아가 그의 문제를 스스로 해결할 수 있는 능력이 있음을 믿고 존중해 준다. 유아의 성장과 적응의 잠재력을 믿고 유아 스스로가 선택·결정·해결할 수 있는 책임감을 갖게 한다.
- 치료자는 명령, 강제, 질책, 비판, 지시보다는 칭찬, 격려, 시인을 통해서 유아를 앞에서 끌기보다는 뒤에서 따라가는 태도를 가져야 한다.
- 행동변화는 하루 아침에 일어나는 것이 아니고 서서히 일어난다. 놀이치료는 점차적인 학습과정이므로 서서히 인내심을 갖고 유아가 준비가 될 때까지 기다리도록 한다.

Chapter 10

그림을 통한 영유아지도

유아의 내면세계를 이해하고 문제를 지도하는 방법 중에는 예술을 통한 방법이 있다. 이 장에서는 그림을 통하여 유아의 정신세계를 어떻게 이해하며, 지도방법으로는 어떻게 이용될 수 있는지를 알아보려고 한다.

1940년대 초에 나움버그(Naumberg, M.)는 처음으로 심리치료에 그림을 도입하였다. 나움버그는 정신분석적인 학문적 배경을 가지고 있었기 때문에 환자의 무의식을 자발적으로 표현하는 방법으로서의 미술치료(art therapy)의 의미를 크게 부각시켰다. 즉, 환자와 치료자와의 관계를 발전시키고, 환자로 하여금 자유연상을 하도록 만드는 매체로서 그림을 사용하였으며, 환자가 그려놓은 그림을 상징적으로 해석하는 데 주력했던 것이다.

그 후 1950년대에 와서 크래머(E. Kramer)는 나움버그와는 약간 다른 견해를 가지고 미술치료를 발전시켰다. 즉, 그는 미술을 무의식 세계의 표현으로서의 의미보다는 그림을 그리는 것 자체를 통한 치료적 효과를 더욱 강조하였다. 특히 그는 집단에서 그림을 그리도록 함으로써 예술활동과 예술적 산물(그림)이 전반적인 심리치료적 환경으로서 작용하게 되도록 시도하였다. 집단에서 치료자는 예술가, 교사, 상담자의 세 가지 역할을 겸하도록 하였다.

미술치료는 근래에 이르러 미국에서 많은 호응을 받게 되었으며, 우리나라에서도 그림을 통한 심리치료를 시도하고 있는 정신과가 생기게 되었을 뿐만 아니라 미술치료학회가 발족되기에 이르렀다. 특히 유아와 청소년의 정서문제를 해소시키기 위한 노력으로서 미술계나 심리학계, 그리고 정신치료학계에서 많은 관심을 갖고 연구해 오고 있다.

1 | 미술의 치료적 효과

역사적으로 볼 때 그림은 독특하고 재능이 있으며, 창의적인 소수의 사람들만이 자신의 재능을 그림을 통해 표현해 온 것으로 간주되었다. 그러나 오늘날에 이르러서, 그림은 일반 대중이면 누구나 가까이 할 수 있는 활동이며, 그림을 그리면서 자기 자신을 표현할 수 있는 중요한 도구로 생각하게 되었다.

놀이치료에서 놀이도구(장난감)를 사용하는 것과 마찬가지로 미술치료에서는 그림 그리는 활동을 흥미있고 재미있게 도입시킴으로써 치료적 효과까지도 꾀하도록 하고 있다. 일반적으로 볼 때 미술치료는 다음과 같은 치료적 효과를 가지고 있다(Gumaer, 1984, Kramer, 1998, Brems, 2002).

(1) 그림은 유아의 인지·감각적 자극을 종합한 결과물이다

그림은 아동으로 하여금 그들의 정신과 감각을 사용하도록 만든다. 그림을 그리기 전에 아동은 먼저 생각해야 하며, 다양한 감각적 자극들을 종합하여 그림으로 나타내도록 하려면 환경에 대한 여러 가지 지식을 사용해야만 한다. 따라서 아동은 그림을 그리는 활동을 통하여 인지적 능력을 기를 수 있다.

(2) 그림은 유아의 생각과 느낌을 표현한다

유아는 과거, 현재 또는 미래에 관련된 자신의 생각과 느낌을 그림을 통하여 표현할 수 있다. 따라서 교사와 미술치료 전문가는 직접적으로 관찰할 수 없었던 유아의 생각과 느낌에 보다 잘 접근할 수 있으므로 유아의 내면 세계를 이해하는 데 도움이 된다.

(3) 미술은 유아의 감정을 정화시키는 데 도움이 된다

유아가 그림을 통하여 자신의 분노나 적대적 느낌을 사회적으로 받아들여질 수 있는 방법으로 자유롭게 표출하는 것은 유아가 이러한 감정과 갈등, 그리고 금지된 정서경험을 방출하여 정화(淨化, catharsis)시키는 데 도움이 된다. 타인을 난폭하게 대하거나 공격적인 유아들은 그 방법 이외에 다른 방법으로, 자신의 느낌을 어떻게 표현해야 할지 모르기 때문에 공격적일 수가 있는데 점토를 부수거나 망치로 내려쳐서 조각을 하거나 하는 미술활동이 공격적 행동에 대한 대체 방법이 될 수 있는 것이다.

(4) 미술활동은 유아의 자발적 활동이며, 그 결과물은 유아의 자아존중감을 높이는 데 도움이 된다

그림은 유아 스스로 자발적으로 시작하게 되는 활동이며, 스스로 자신의 생각과 감정을 통제하여 작업한 결과로 보인다. 차분하고 자발적으로 그림을 그리는 행동을 통하여 유아는 자아존중심을 높일 수 있다. 특히 작품을 완성시킴으로써 유아는 성취감, 성숙감을 느끼며 개인적인 만족감과 함께 긍정적인 자아개념을 발달시키는 데 도움이 된다.

(5) 그림을 그리면서 자연스럽게 대인관계의 기술을 익힌다

미술활동은 성인(예 : 교사, 부모 또는 치료자)과의 좋은 인간관계(rapport)를 성립시키는 데 매우 유용하다. 특히 언어적 표현이 부족한 유아, 아동이나 대인관계에 자신이 없어 하는 청소년들에게 대인관계를 성립시키는 데 중요한 매체로서의 역할을 할 수 있다.

(6) 그림은 유아가 자신의 소원이나 원망, 두려움, 불안 등을 자연스럽게 표현하도록 한다

그림은 유아가 자신의 자존심이나 과거의 정서적 상처를 표출하는 것에 대한 두려움, 죄책감이 없이 자연스럽게 자신의 무의식 세계를 표출시키도록 하는 데 도움이 된다.

(7) 그림은 유아의 지적 수준과 정서적·내면적 특성을 진단하는 평가적 도구로서의 가치를 가진다

그림은 유아에 대한 여러 가지 정보들과 함께 진단, 평가적 자료로서의 가치를 가지고 있다.

2 그림 그리기의 발달 단계

로웬펠트(Lowenfeld, 1970)는 아동의 그림 그리기 발달 단계를 다음과 같은 6단계로 나누었다(김정, 1978).

(1) 제1단계 : 난화기(亂畵期, scribbling stage : 2~4세)

자기표현의 첫 단계로서 종이 위에 마음대로 그리는 것으로 어떤 것을 표현하려는 목적보다는 단지 손의 근육운동과 그 결과로 생긴 선을 즐길 뿐이다.

난화기에 의미 없이 아무렇게나 그려진 선은 차츰 수평→수직→파형→혼합형→원형으로 발전하는데, 이 단계의 후기에는 회전의 형태가 나타난다. 이 기간은 미분화 상태의 그림이다.

(2) 제2단계 : 전도식기(前圖式期, pre-schematic stage : 4~7세)

무의식적인 표현과정으로부터 점차 의식적인 표현과정으로 옮겨지는 상징적 도식의 기초 단계이다.

이 시기의 특징은 대상에 대해 그들이 가지고 있는 어떤 이미지 또는 대상에 대한 감정을 상징적으로 묘사한다는 점이다. 또한 이 단계의 아동은 인물을 주로 많이 그리는데, 처음에는 원형과 팔, 다리, 몸통, 발 등이 그려지다가 점차 발전하여 친숙한 사물의 형태를 풍부하게 잘 그린다. 자기중심적이며 동화적 꿈이 담긴 내용이 많다.

(3) 제3단계 : 도식기(schematic stage : 7~9세)

도식기에는 사람과 사물에 대한 일정한 개념을 찾아낼 수 있는 능력과 판단이 생기므로 독자적인 표현이 나온다. 그러나 인물이나 사물에 대한 개념이 부족해서 자꾸 반복하려는 경향이 있다. 공간개념이 싹트기 시작하며, 하늘과 땅을 상징하는 기선을 긋는다.

아동의 정서적 상태에 따라서 크기의 강조·생략·첨가 등의 현상이 나타나며, 투시화 혹은 X-광선식의 그림을 그린다. 이 시기 아동의 그림형태나 내용은 아동의 경험, 가치와 상당히 연결되어 있다고 할 수 있다.

(4) 제4단계 : 사실적 묘사 시도기(gang age : 9~12세)

이 시기의 아동은 사회나 친구와의 관계에 대한 중요성을 인식하기 시작한다. 어른의 지시로부터 사회적으로 보다 독립하려고 하며, 자신을 둘러싸고 있는 주위 환경에 대한 의식과 이해가 점점 더 커진다.

이 단계의 아동은 도식적인 표현에서 탈피하여 객관적이고 사실적인 묘사로 접근한다. 시각과 지각의 발달로 거의 객관적인 상태에서 사물을 관찰하며, 주위 환경에 대한 관심을 가진다. 또한 그림을 그리는 데는 대담성이나 자신감을 점차 잃어가는 경향이 있다.

(5) 제5단계 : 의사실기(擬寫實期, pseudo-naturalistic : 12~14세)

이 시기의 아동은 지각능력이 발달하며, 논리적 사고가 증대된다. 모든 그림에서 운동감이 많아지며, 3차원적 표현이 가능하다. 자신이 본 것을 있는 그대로 그리는 시각형과 느낌과 감정을 그리는 비시각형으로 나뉘어진다. 또한 그림이 잘 되는 아동과 잘 안되는 아동으로 확연하게 갈라진다.

(6) 제6단계 : 청소년기의 창조적 회화기(adolescent art in the high school : 14~17세)

진정한 의미의 창조적인 그림을 그릴 수 있는 시기이다. 그러나 이 시기의 아동은 대부분 그림에 대한 홍미를 잃어버리게 된다.

표 10-1 미술작품과 미술창작과정에 대한 정상적 발달 단계

단 계	특징적 과정	특징적 활동
자극 단계	• 감각이나 운동감각적 자극을 위한 탐색 활동	물감 물 튀기기나 문지르기, 종이나 점토 튀기기나 문지르기 또는 구기기
형성 단계	• 아동은 매체에 대한 통제를 하기 위해 재료를 의식적으로 다룸	낙서하기, 점토나 플레이도우를 굴리고, 평평하게 하기
이름붙이기 단계	• 작품은 무언가를 나타내기 시작하며, 성인의 격려를 받아 작품의 이름을 붙일 수 있음	무언가를 나타내기 위해 아동만이 알아보는 낙서하기 또는 점토나 플레이도우로 형태 만들기
표상 단계	• 작품은 형태를 띠지만, 아직 식별 하기는 힘듬 • 형태가 있으며 명확한 표상적 가치를 갖고 있음	비록 확인하기는 어렵지만, 표상적 가치를 갖고 있는 대상이나 그림
머물러 있기 단계	• 윤곽선에 따라 체계적으로 안을 채움 • 경계 내에 머무름	대상의 명확한 윤곽선을 그림, 실제를 표상한 명확한 경계가 있는 점토 모델
실험 단계	• 매체 간, 그리고 매체 내에서 탐색을 함 • 창의성이 만개함 • 세부적인 것에 집중함	보는 사람의 관심을 사로잡고자 그림이나 모델을 정교화함
공고화 단계	• 선호하는 매체가 생김 • 2차원적 표상이지만 현실적임, 사람들과 사물들을 포함시킴으로써 자기중심성에서 벗어나기 시작함	사물들이 포함되어 있는 타인들의 그림을 그림, 현실적인 조각을 만듬
자연화 단계	• 정교화되고 세련됨 • 비율, 음영, 차원에 맞게 그리려 노력함	3차원이 나타나고 비율이 맞는 그림과 조각을 만듬
개인화 단계	• 자기표현과 개인적 스타일을 추구함, 가치와 이상을 반영함 • 갈등이 좀 더 분명하게 드러남	3차원적이고 정교화되며, 의미가 담긴 색다른 그림이나 조각을 만듬

자료 : Brems, C.(2002). A comprehensive guide to child psychotherapy. Long Grove, IL : Waveland Press. Inc. p.296.

이상을 실제로 미술활동을 하는 데 사용하도록 하려면 나머지 20분 동안을 적절히 배분하여 그림 그리기를 시작하기 전 재료의 선택 및 준비하는 데 보내고, 그 다음 활동이 끝난 후 뒷마무리하는 데 나머지 시간을 보내도록 시간을 배려하는 것이 바람직하다. 각 회기의 미술치료는 일반적으로 도입-활동-질문과 이야기 나누기의 순으로 진행된다.

(1) 미술치료의 도입과정

유아는 처음 미술치료실에 들어오면 어색해 하거나 무엇을 해야 할지에 대해 당황하거나 불안해하는 경우가 종종 있다. 따라서 치료자는 유아가 미술치료실의 물리적 환경과 활동에 대해 친숙해지도록 도움을 주어야 한다. 미술치료사와의 친밀한 관계를 형성하는 것은 무엇보다도 중요한 과제이다.

미술치료실을 처음 방문한 경우에는 먼저 미술치료실에 대해 간략하고 편안하게 전반적인 설명을 하고 이곳에서 하는 일과 해서는 안 될 일 등 일반적인 규칙에 대해 함께 이야기하는 것이 좋다. 그 다음 회기부터는 그 시간에 실시할 미술활동에 대한 설명을 간단하게 하는 것으로 충분하다. 일반적으로 미술치료의 도입과정은 5~10분이 넘지 않는 범위에서 하는 것이 바람직하다. 지나치게 긴 설명이나 제한의 도입은 유아의 흥미를 잃게 하기 쉬운 점을 유의한다.

(2) 미술활동하기

미술치료 회기의 대부분의 시간은 실제로 미술활동을 하는 데 할애되어야 한다. 일단 유아가 미술작업에 몰입하게 되면 그 안에서 나름대로의 깊은 정서적 경험을 할 수 있도록 불필요한 대화나 작품에 대한 코멘트, 평가, 간섭 등은 하지 않는다.

(3) 그림에 대한 이야기 나누기와 마무리

60분 정도의 1회기 미술치료시간이 종결되고 유아의 미술활동이 끝나면 유아가 그려놓은 또는 만들어 놓은 그날의 작업 내용에 대한 간단한 이야기를 나누는 시간을 가질 수 있다. 그러나 유아의 활동에 대한 평가나 비판이 아니라 치료자가 유아의 내면세계를 보다 잘 이해하기 위한 시도여야 함을 유념한다. 치료자와 유아의 관계가 신뢰롭고 안정적일수록 유아의 미술활동과정과 유아가 만들어 놓은 미술작품 속에서 더 많은 정보와 느낌을 가질 수 있다.

경우에 따라서는 그림에 대한 질문이나 이야기를 나누지 않고 다만 유아와 치료자가 함께 그림을 바라보고 있다는 것만으로도 더 효과적으로 공감과 신뢰감이 전달될 수 있다.

3) 미술치료의 기법

미술치료에서 활용되는 미술활동은 다음과 같은 몇 가지로 구분할 수 있다(Kramer, 1971)

- 기본적 미술활동 : 유아들이 자주 보이는 긁적거리고, 덧칠을 하는 등의 기본적인 그리기활동은 상징적인 형태의 그림을 만들어 내지는 않으나 긍정적이고 적응적인 경험을 하도록 해준다.
- 발산적 미술활동 : 엎지르고, 두드리고, 뿌리는 등의 파괴적 행동은 통제력을 상실한 것처럼 보이지만 유아가 자신의 감정을 표출하는 방법이 된다.
- 전형적이고 일반적인 미술활동 : 만화나 다른 사람의 그림들을 복사하고, 그대로 보고 베끼는 등의 그림 그리기는 정형적이고 반복적인 미술활동이기 때문에 창의적이지는 않으나 유아들이 자주 보이는 미술활동이라고 할 수 있다. 경우에 따라서는 이러한 정형적이고 반복적인 그림들 속에 유아의 내면의 세계가 나타나 있음으로, 치료자는 이것을 읽어 낼 수 있어야 한다.
- 의사소통의 통로로서의 미술활동 : 유아나 아동의 경우에는 언어발달의 한계로 인해 자신의 마음이나 느낌을 충분히 언어로 표현하기 어려울 수 있다. 이때 그림이나 미술작품은 이러한 언어적 한계를 대치할 수 있는 의사소통의 방법이 될 수 있다. 이러한 그림을 통한 의사소통은 치료관계가 발전함에 따라 나타나게 된다.
- 표현적이고 창의적인 미술활동 : 유아는 치료자에 대한 신뢰가 잘 구축되고 정서적 안정을 갖게 되면서 자신의 내면을 표현하고 의사소통을 완벽하게

전달할 수 있는 상징적 도구로서 미술활동을 활용할 뿐만 아니라 더 나아가 창의적인 정신세계의 표현으로서 미술활동을 활용할 수 있다.

4) 미술치료자의 역할과 태도

미술치료자의 역할은 말할 것도 없이 유아가 자유롭게 자기표현을 할 수 있고 미술에 사용되는 재료들을 편안하게 사용할 수 있는 환경을 제공하는 일일 것이다. 또한 이를 위한 전문적인 자질을 갖추고 유아의 내면 세계를 진정으로 이해할 수 있는 능력을 가져야 한다. 효과적인 미술치료를 진행하기 위해서는 유아와 미술활동을 통해 의사소통할 수 있는 역할을 담당해야 한다. 이러한 역할을 수행하기 위해서 갖추어야 할 미술치료자의 바람직한 태도는 다음과 같다.

(1) 수용적 태도

다른 치료상황에서와 마찬가지로 미술치료에서도 치료자와 유아 간의 좋은 인간관계를 맺는 것은 매우 중요하다. 따라서 치료 초기에는 치료자에 대한 경계심을 없애도록 하기 위해서 수용적이고 받아들이는 태도를 치료자가 보여주어야 한다.

이러한 수용적인 분위기에 익숙하게 되면, 유아는 자발성을 회복하게 되어 자발적으로 자신이 그리고 싶은 그림을 그리게 되며, 자신을 있는 그대로 표현하는 것을 두려워하지 않게 된다.

유아가 자신이 그리고 싶은 것을 마음대로 그릴 수 있음을 확인하게 되면 그림을 그리고 미술활동을 하는 것에 즐거움을 느끼게 되며, 치료자와의 관계는 신뢰를 바탕으로 다져지게 될 것이다.

(2) 지지적 태도

치료자는 유아가 정서적 표현과 그림 그리는 활동에 대해서 지지적인 태도를 보여준다. 특히 유아의 그림에 대하여 비판, 비난, 평가하는 태도는 바람직하지 못하므로 하지 않도록 한다.

치료자는 유아가 그리고 싶은 것을 그릴 수 있다는 신뢰감을 언어나 태도를 통해서 보여주는 것이 좋다. 예를 들면, 그림을 그리다가 잘 그려지지 않아서 좌절감을 느끼는 유아에게 "그래, 그림이란 어떤 때는 잘 그려지지 않을 때도 있지. 그렇지만 너는 끝까지 잘 해낼 수 있다고 생각해."와 같은 어른의 말은, 유아에게 정서적인 뒷받침을 해주는 역할을 하게 된다.

(3) 그림에 대한 질문

유아가 그림이나 미술작업을 모두 끝냈을 때, 치료자는 유아가 그리거나 만들어 놓은 작품에 대하여 질문을 한다. 질문에 대하여 유아가 대답을 하면 그것을 받아서 다시 한 번 치료자의 말로 명확하게 유아에게 들려준다. 예를 들면, 유아가 "언니와 눈싸움을 하는 그림이에요."라고 대답했을 때 "그래, 언니하고 너하고 눈싸움을 하는 것을 그렸구나."라고 치료자가 다시 한 번 확인해 주는 말을 함으로써 유아가 자신의 그림을 다른 사람이 함께 인식해 준 데 대해서 자신감과 만족감을 갖도록 도와준다.

또한 그림의 내용에 대하여 불분명하거나 유아의 내면세계를 명백히 이해하는 데 도움이 된다고 생각되는 경우에는 그림에 관하여 좀 더 이야기해 보도록 유도해 본다. 이런 경우, 그림의 내용을 중심으로 자연스럽게 치료를 이끌어 갈 수 있는 계기가 될 수도 있다.

4 | 아동 미술작품의 해석

미술치료의 중요한 목적 중의 하나는 아동의 내면세계를 이해하는 매체로 미술작업을 사용하는 것이다. 치료자는 아동이 그림 속에 투사하고 있는 것이 무엇인지를 무엇보다도 정확하게 지각할 수 있어야 한다.

일반적으로 볼 때 정서적 문제를 가지고 있는 아동의 인물화는 다음과 같은 점에서 일반아동의 그림과 다르다고 알려져 있다.

그림 10-1 대인관계 형성이 어려운 8세 아동의 동작성 가족관계 그림

- 왜곡되고 괴상하게 생긴 괴물을 일반아동보다 더 자주 그린다.
- 신체의 각 부분이 잘 연결되어 있지 않은 그림을 그리는 경향이 있다.
- 불안의 정도가 높은 아동일수록 막대기 타입의 굳어진 인물화를 그리는 경향이 있다.
- 불안의 정도가 높은 아동일수록 신체를 색칠할 때 지나치게 어둡거나 진한 색깔을 선택하는 경향이 있다.

다음에서는 미술치료에서 자주 접하게 되는 인물화와 가족관계 그림에 대한 해석을 간략하게 살펴보기로 하겠다. 이러한 해석들은 아동을 이해하기 위한 참고사항으로 사용되는 것이 바람직하며, 확고한 과학적 근거를 제공하는 것은 아님을 유의한다.

1) 인물화의 해석

인물화는 주로 미술치료를 시작하기 전이나 치료가 끝난 후에 진단적 목적 또는 평가적 목적으로 사용되는 경우가 많다. 맥코버(Machover, 1949)가 제시한 인물화의 해석방법을 간단히 소개하면 다음과 같다.

- 머리 : 신체의 다른 부분에 비해 지나치게 크게 그린 머리부분은 갈등으로 고통받고 있는 자아, 편집증적인 경향 또는 자기애(narcissism)적인 경향을 보여준다고 한다. 만약 머리를 가장 마지막에 그렸다면 대인관계에서의 문제가 있음을 암시한다고 볼 수 있다.

- 얼굴 : 얼굴은 아동의 사회적 측면을 보여준다고 생각된다. 다른 신체부분은 잘 그리면서 고의로 얼굴을 빼놓고 그렸다면, 이것은 아동의 대인관계의 어려움을 시사하고 있다고 해석된다.
- 입 : 지나치게 입을 강조해서 그린 그림은 아동이 자신의 먹는 습관이나 비만에 대한 불안을 보여준다고 해석된다. 직선으로 입술을 그린 것은 아동의 긴장상태를 보여준다.
- 눈 : 눈은 자아의 중심부로서 해석된다. 크고 둥글며 어두운 눈은 적개심이나 의구심을 투사한다고 해석할 수 있으며, 반면에 작고 반짝이는 눈은 타인에 대한 불신을 보여준다.
- 머리카락 : 머리카락은 주로 남·녀 성을 가리키는 매체로서 사용된다. 성적으로 문제가 있는 소녀들은 곱슬거리고 긴 머리칼과 젖가슴 부분을 강조한 그림을 그리는 경향이 있다고 한다.
- 목 : 목부분을 생략하고 그리지 않은 것은 미숙함을 보여주는 것이라고 해석된다.
- 팔과 손 : 팔과 손을 희미하게 그리거나 생략한 것은 사회관계에서 자신감이 없음을 보여준다고 해석될 수 있다. 손을 뒷짐지거나 주머니 속에 넣은 모습을 그린 것은 회피의 상징으로 해석될 수 있다. 반면에 손과 팔을 지나치게 크게 그린 것은 허약한 아동이 힘을 갖고 싶어 하는 욕구로 해석되거나, 아니면 자위행동이나 도박과 같은 사회적으로 '금지' 된 행동에 손을 사용하는 것에 대한 죄책감으로 해석될 수도 있다.
- 다리와 발 : 다리와 발은 사회적 갈등의 지표가 된다. 지체장애아는 종종 다리부분을 생략하거나 의자에 앉아 있는 모습을 그리는 경우가 있다.

2) 가족관계 그림의 해석

디 레오(Di Leo, 1973)는 아동의 가족관계 그림을 해석할 때 다음과 같은 점에 주의해서 살펴 볼 것을 제안하였다.

- 가족들의 크기 : 가족 중 가장 영향력이 크거나 지배적인 인물을 일반적으로 가장 크게, 가장 먼저 그리는 경향이 있다.
- 가족들의 위치 배열 : 가족 중 아동이 가장 좋아하는 사람을 자기 바로 옆에 그리는 경향이 있다.
- 유사성 : 아동은 가족 중 좋아하는 인물을 자기 자신과 비슷하게 그리는 경향이 있다(예 : 의복이나 장신구 등).
- 생략한 가족 구성원 : 가족 중 어떤 인물을 생략해서 가족 그림에 포함시키지 않는 것은, 아동의 분노와 긴장의 원천이 되는 해당 인물을 제거해 버리려는 욕망을 투사시키고 있다고 해석할 수 있다. 가족 그림에서 자기 자신을 빼고 그리는 것은 가족관계에서의 불안정한 자신의 위치와 소속감의 결여를 보여주고 있다고 할 수 있다.
- 고립 : 가족들이 자신을 무시하고 있다고 느끼는 아동은 자기 자신을 가족들과 멀리 떨어진 위치에 그리거나 맨 마지막에 그리는 경향이 있다.

이상에서 본 해석들은 아동의 심리세계를 이해하는 데 도움이 된다. 그러나 해석을 할 때에는 아동의 그림뿐 아니라 다른 다양한 자료들을 함께 고려해야 하며 지나치게 진단적인 해석은 삼가는 것이 좋다.

3) 그림 해석상의 유의점

아동이 그려 놓은 그림을 해석할 때에는 다음의 다섯 가지 사항에 유념한다.

(1) 그림을 그리는 과정의 특징

그림을 그리고자 했을 때 어떤 미술재료를 선택했느냐에서부터 그것을 어떻게 사용했느냐를 중심으로 그림을 해석한다. 즉, 미술재료 중 부드러운 느낌의 물감이나 붓을 선택했는지, 아니면 딱딱한 느낌의 재료인 연필, 색연필, 마커 등을 선택했는지를 주의해서 본다. 그 다음 이렇게 선택한 붓이나 마커를 어떻게 사용하고 있느냐를 본다. 줄긋기나 윤곽을 그릴 때 쓰는 기법인 스토로크는 아동의 내적 에너지나 내적 긴장상태의 표출이라고 생각되므로 붓을 어떤 방향으로 얼마의 힘을 주면서 사용하느냐에 주안점을 두고 분석해 본다. 즉, 아동이 불안할 때는 붓의 움직임이 주저하는 경향이 있으며, 즐거울 때는 움직임이 가볍고 율동적으로 보인다는 점을 유념한다. 알아보기 힘들 정도로 흐릿하게 그려진 그림이나 반대로 지나치게 진하거나 굵은 선, 과도한 음영 등은 아동의 불안하고 위축된, 또는 과대망상적인 내면세계를 보이는 것이라고 해석한다.

(2) 그림의 전체적 조화

먼저 아동의 그림에서 리듬과 조화를 읽는다. 그림 속에는 아동의 생생한 감정이 깃들어 있다는 관점에서 아동의 그림을 볼 때는 리듬과 조화를 함께 읽어내도록 해야 한다. 개개 아동의 그림 속에서 나타나는 그 아동만의 독특한 리듬과 조화를 읽어내려고 애써야 한다. 아동의 그림이 종이의 어느 한쪽에 치우쳐 있거나 종이에 비해 그려진 그림이 지나치게 작거나 큰 것은 그림의 조화를 깨트리는 예로 들 수 있다. 이러한 특징들은 아동의 내면세계가 우울하거나 자신감이 없거나 두려움, 위축, 불안 등을 보여주는 것으로 해석되기도 한다.

(3) 그림에서 자주 사용된 색채

그림에서 사용된 색체는 흔히 아동의 마음상태를 나타내는 것이라고 본다. 아동이 어떤 색을 잘 쓰는지, 대체로 몇 가지 색채를 그림에 쓰는지, 그림을 그린 후 다른 색의 크레용이나 물감으로 그림을 덮어버리지는 않는지 등을 유의해 본다. 일반적으로 검은색이나 붉은색 등 강렬하고 어두운 색을 많이 사용하던 아동은 치료가 진행됨에 따라 부드럽고 밝은 색채를 사용하는 횟수가 증가한다고 알려져 있다. 이러한 색채의 변화는 아동의 연령과도 관계가 있음을 유념하면서 그림활동에서 아동이 사용하는 색채의 변화는 어떻게 일어나고 있는지 등에 관심을 두고 해석한다.

(4) 그림의 주제 또는 내용

아동이 그리는 대부분의 그림은 나름대로 주제가 있다. 주제는 사람일 경우가 많지만 그 밖에도 집이나 자연, 동물 그리고 이러한 사물과 인물 대상들의 조합이나 연결과 관련된 그림을 주제로 삼아 그린다. 완성된 그림이나 미술작업의 결과물을 보면서 치료자는 아동이 만들어 낸 그림의 주제는 무엇인가, 자주 등장하는 그림의 주인공은 누구인가, 표현하고자 하는 내용은 무엇인가 등을 파악할 수 있어야 한다. 이러한 주제들은 종종 아동의 내면세계의 핵심일 수 있기 때문에 치료의 주제가 될 수 있으며, 아동의 내적 세계에 숨겨져 있는 욕구, 갈등, 욕망, 콤플렉스 등을 이해할 수 있는 통로가 된다.

11

Chapter

음악을 통한 영유아지도

음악은 우리의 생활 속 곳곳에 배어 있다. 이 장에서는 음악을 매체로 하여, 영유아의 내면세계를 이해하고 영유아를 위한 지도와 상담의 도구로 사용하는 방법에 관하여 알아보고자 한다.

음악을 통한 치료는 고대에서부터 현대에 이르기까지 인간의 억압된 감정을 표면화하고 표출하도록 도우며 때로는 마음을 크게 위로하고 긍정적 정서를 불러일으킨다는 점에서 미술이나 다른 예술치료와 유사하다. 음악은 전 세계적으로 연령에 상관없이 누구나, 언제, 어디에서나 즐기는 생활의 일부이다. 교회, 학교, 유치원, 슈퍼마켓, 공원, 버스, 택시, 등 어느 곳에서나 우리는 음률을 대하게 된다.

특히 아동들의 생활을 보면, 생후 얼마 안 되어서 이미 소리에 귀를 기울이고 소리의 고저와 장단에 관심을 가지며 리듬의 변화에 흥미를 보여줌을 알 수 있다. 다음에서는 먼저 음악이 아동에게 주는 교육적 효과를 살펴본 후 음악을 통한 아동 지도인 음악치료에 관한 이론과 실제를 알아보기로 하겠다.

1 | 음악의 교육적 효과

생후 초기부터 음악과 아동은 밀접한 관계를 맺어 왔다. 어머니의 자장가 소리에 귀 기울이며 잠이 들었고, 말을 배우기 전부터 자신의 목소리를 듣고 즐겼으며, 무엇이든지 두드려 소리를 만들어 내기도 했다. 영아는 TV를 보면서 영아는 무슨 뜻인지도 모르고 노랫말과 리듬을 흥얼거리다가 유아교육기관에 들어가게 되면서 음악과 율동을 즐기게 된다.

부모와 교사들은 아동의 일상생활에서 음악이 차지하는 중요성을 익히 알고 있기 때문에 다음과 같은 목적을 가지고 음악을 사용해 오고 있다(Greenberg, 1979).

- 아이를 잠재우기 위해
- 아이가 화가 났거나 흥분했을 때 이를 가라앉히기 위해
- 아이가 음식을 먹거나 놀 때 즐거운 분위기를 제공해 주기 위해
- 생일이나 명절을 축하하기 위해
- 아이에게 소리의 차이를 가르쳐 주기 위해
- 아이에게 느리고-빠르고, 높고-낮고, 시끄럽고-조용하고 등과 같은 음률에 관한 이해를 증진시키기 위해
- 아이로 하여금 누적된 에너지를 방출시키고 긴장을 완화시키도록 하기 위해
- 아이에게 신체의 움직임과 율동, 춤을 통해서 자신의 감정을 표현하도록 하기 위해
- 학습을 보다 재미있고 흥미롭게 하기 위해
- 아이의 언어발달을 향상시키기 위해
- 아이의 대근육과 소근육 운동기술을 발달시키기 위해
- 아이의 사회적, 집단놀이 활동기술을 발달시키기 위해

이와 같이 생후 초기에서부터 영유아기, 아동기에 이르기까지 아동의 생활에서 일어나는 음악적 경험은 그들에게 다음과 같은 교육적 효과를 가져다 준다.

① 아동의 창의력을 증진시킨다

음악적 경험은 아동으로 하여금 여러 가지 다양하고 새로운 생각들을 탐색해 보고, 실험해 보며 표현해 보도록 자극한다.

② 정서적 발달을 촉진한다

음악적 경험은 아동으로 하여금 자신의 감정을 표현하도록 격려하며, 타인의 감정에 민감해지도록 돕는다. 또한 음악을 듣고 표현함으로써 마음의 안정감을 느끼게 하며 긴장감을 해소시키는 데 도움이 된다.

③ 지적 발달을 촉진한다

음악적 경험은 아동으로 하여금 생각하도록 만들며, 문제를 해결하도록 자극하고 소리에 관한 이해를 증진시킨다. 또한 소리에 대하여 관계(크다-작다), 비교(더 크다-더 작다) 개념의 입장에서 예민한 지각을 하도록 자극함으로써 인지발달을 돕는다. 즉, 여러 소리를 감지하고 판단하는 작업을 통하여 인지발달을 증진시키게 되는 것이다.

④ 언어발달을 촉진한다

음악적 경험은 아동으로 하여금 언어를 사용하여 그의 음악적 경험을 묘사하도록 자극하며 노래하기와 경청하기를 통하여 어휘와 운율, 억양, 리듬 등을 학습하게 된다.

⑤ 신체적 발달을 돕는다

음악적 활동 중 노래하기, 악기 다루기, 율동 등은 아동으로 하여금 대근육과 소근육을 보다 잘 사용할 수 있도록 돕는다. 또한 몸을 움직임으로써 근육의 발달을 꾀하고 적응력과 신체조절능력을 발달시킨다.

⑥ 사회성을 발달시킨다

자유로운 음악적 경험을 통하여 자신을 하나의 인격체로서 존중하고 자신감을 갖게 되어 건전한 자아개념이 형성되며, 다른 사람과 협조하고 즐김으로써 사회성을 길러준다.

2 | 음악치료의 개념과 역사

1) 음악치료의 개념

음악치료란 음악치료전문가(music therapist)가 음악을 이용하여 인간의 신체적·정신적·정서적 및 감정적 이상상태를 교정하기 위한 일체의 활동을 말한다(김군자, 1984). 음악치료는 음악적 결과물보다 음악을 만들어가고 경험하는 과정에 중점을 두며, 음악적 과정을 통해 신체적·정신적 그리고 심리적 측면의 변화를 포함한 목표를 이루고 이러한 변화들을 음악 외적인 환경에 전이시키는 데 목적이 있다(강문희 등, 2008).

음악치료의 정의를 살펴보면 미국음악치료협회(National Association for Music Therapy)에서는 "음악치료는 치료적인 목적, 즉 정신과 신체건강을 복원 및 유지시키고 향상시키기 위해 음악을 사용하는 것이다. 이것은 치료환경 속에서 내담자의 행동을 바람직한 방향으로 변화시키기 위한 목적으로 음악치료사가 음악을 단계적으로 사용하는 것이다."라고 정의하고 있다. 또한 한국음악치료학회에서는 "음악치료는 음악활동을 체계적으로 사용하여 사람의 신체와 정신기능을 향상시켜 개인의 삶의 질을 추구하고 보다 나은 행동의 변화를 가져오게 하는 음악의 전문분야이다."라고 정의하고 있다.

이 외에도 음악치료에 대한 정의는 학자에 따라 조금씩 그 강조점이 다르게 표현되고 있으나 일반적으로 음악치료의 개념은 음악을 매체로 하는 음악적 경험을 통해서 개인의 신체적·정신적인 측면에서의 긍정적 변화를 도모하기 위한 체계적이고 전문적인 접근이라고 말할 수 있다.

2) 음악치료의 역사

음악치료의 역사는 매우 길다. 이미 4000년 전에 이집트 사람들은 음악을 '영혼의 약'이라고 부르면서 음악이 갖는 치유적 효과를 인식하고 치료적 목적으로 이용하고 있었으며, 헤브리인들도 음악을 심신의 병을 고치는 데 이용했다는 기록이 있는데, 성경에 의하면 다윗은 사울왕의 우울증을 달래기 위하여 하프를 연주하였다는 기록도 있다. 아리스토텔레스도 정서를 정화(catharsis)시키는 데 음악이 효과가 있음을 지적한 바 있으며, 피타고라스도 음악이 심신의 건강에 중요한 치료적 역할을 한다고 말하였다. 즉, 조용한 음악은 마음을 가라앉히고 진정시키는 효과가 있으며, 활기 있는 음악은 마음을 흥분시키는 작용을 한다고 예전부터 알려져 왔다. 또한 어느 민족에서나 고대로부터 축제나 크고 작은 행사를 진행시킬 때 의례적으로 음악이 곁들여졌으며, 전쟁에서도 나팔이나 북을 울림으로써 전사들을 고무하거나 흥분시키거나 또는 긴장시켜 전쟁을 승리로 이끌도록 하는 수단으로 음악을 이용하였다.

그러나 실제로 보다 체계적인 음악치료의 효과가 보고된 것은 1890년 위머(D. T. Wimmer)에 의해서였다. 그는 정신병원에 입원 중인 1,400명의 여성환자들에게 하루에 반 시간 동안 피아노 연주를 들려주었다. 이러한 치료방법이 반복되면서 이들 환자 모두가 정신적 반응이 좋아짐을 발견하였다고 한다.

또 알트슐러(Altshuler, I.M., 1945)는 정서생활과 관련된 음악과정을 신경학적으로 고찰하면서, 인간 두뇌의 한 부분인 시상신경(thalamus)에서 음악이 지각된다고 하였다. 시상신경은 모든 감정, 정서와 심미적 감정을 지각하는 중요한 중계소 역할을 하는 것으로 알려져 있다. 이 시상신경을 음악으로 자극하면 대뇌피질에 흥분이 일어남으로써 정서를 일으키게 된다는 것이다. 따라서 음악은 혈압을 변화시키고 호흡, 맥박, 심장, 혈관계, 피부, 내분비에 변화를 일으키게 하며 감각을 더 예민하게 만들고 근육을 이완 또는 긴장시키는 효과를 가져오게 된다.

그 후 개스톤(Gaston. E.T., 1968)은 음악요법이라는 저서를 펴내면서 음악치료가 단순히 음악과 개개 환자와의 관계뿐만이 아니라 음악을 중심으로 하여 환자에게 가져다주는 사회적 경험, 감정의 표현, 집단에서의 경험, 집단에의 소속감 등 음악을 매체로 하여 환자 상호 간의 협동과 사회적 승인, 이해 등이 더욱 중요함을 강조한 바 있다. 그는 음악치료란 "음악과 환자를 관계짓는 것이며, 집단참여를 통해서 환자로 하여금 생활에 적응하도록 돕는 것"이라고 하였다.

근년에 이르러 음악치료는 미국을 비롯해서 일본 등 각국에서 임상현장에서 사용되고 있는데, 특히 자폐아, 발달지체아, 지체부자유 아동 등에 음악치료의 시도가 효과적이라는 논문이 여러 편 발표되었다. 현재 미국에는 70여 개의 대학에 음악치료학과가 개설되어 있으며, 우리나라에도 1992년 7월에 '한국음악치료협회'가 조직된 바 있다.

3 | 음악치료의 특징과 적용

앞에서 말한 바와 같이 음악치료는 음악을 매개체로 하여 인간의 바람직하지 못한 정서와 행동을 바람직한 방향으로 변화하도록 돕는 것이 그 목적이다. 음악치료의 특징을 살펴보면 다음과 같다(염현정, 1993).

- 치료자와 환자 간의 좋은 인간관계 형성에 도움이 된다.
- 음악은 어느 문화권에서나 구애받지 않고 받아들여질 수 있는 공통되는 표현 양식이므로 문화적 제한을 받지 않는다.
- 음악은 인간의 감각을 자극하고 감정과 정서를 일으키며, 생리적·정신적 반응을 유발시킨다. 특히 음악은 뇌의 알파파장을 유도함으로써 뇌기능을 증진시키는 데 도움이 된다.
- 음악은 비언어적 특성을 갖고 있으므로 의사소통의 수단이 될 수 있다. 따라서 말을 안 하거나 못하는 환자뿐 아니라 발달지체아, 자폐아, 신체장애아 등에게도 악기의 연주나 음악듣기 등의 방법을 적용할 수 있다.
- 노래하고 연주하는 음악활동을 통해 아동은 일상생활에서 느끼는 긴장을 해소시키는 기회를 가질 수 있다.

이러한 특징을 갖고 있는 음악치료는 아동이 보이고 있는 문제 행동이 보다 가볍고 표면적인 데에서부터 보다 심층적이고 역동적인 원인으로 인한 내면적 문제에 이르기까지 광범위하게 적용될 수 있다. 아동의 문제행동의 심각성 정도와 환경에서의 적응능력에 따라서 음악치료의 초점은 다음의 세 가지 중 어느 한쪽에 보다 큰 비중을 둘 수 있다(김군자, 1984).

1) 감정의 정화에 초점을 두는 음악치료

음악치료는 아동이 현재 가지고 있는 자아의 방어력을 강화시키고 자기통제를 유지시키며 동시에 새롭고 보다 더 나은 자기통제방법을 발전시키고 적응능력을 길러주는 데 목적을 두면서 진행된다. 즉, 아동이 가지고 있는 갈등과 정서적 문제의 원인, 인과관계에 대한 통찰을 얻도록 하는 데 치료의 주안점을 두기보다는, 음악을 통하여 아동이 그의 감정을 정화시키고 정서를 안정시키도록 하는 데 목적을 두는 것이다.

이러한 목적에 따라 음악치료의 형태는 주로 집단적으로 실시하여 그 집단에서 상호 인간적인 관계를 형성시키고 집단의 공동과제를 성취하는 과정을 통하여 사회성을 발달시키며 사회적으로 받아들여지는 방법으로 행동하고 적응하는 방법을 습득해 나가는 것에 강조를 두게 된다. 지지적 형태를 가지게 되는 이러한 음악치료는 아동의 자아가 비교적 강하고 안정되어 있으며, 문제의 성질이 비교적 표면화되어 있는 경우에 사용하는 것이 일반적이다.

2) 문제의 원인에 대한 통찰에 초점을 두는 음악치료

음악치료를 통하여 아동이 현재 가지고 있는 창조적인 잠재력을 강화시킴으로써 자신이 가지고 있는 갈등이 무엇인지를 깨닫게 되고, 문제의 원인에 대한 통찰이 생기도록 하는 데 목적을 두면서 진행하는 치료이다. 아동이 자신의 문제가 무엇인지, 이러한 문제의 원인은 무엇이고 어떻게 극복할 수 있는지 등에 대한 통찰이 생기게 되면서 아동은 현재 자신의 잘못되었거나 바람직하지 않은 행동목표를 수정하고 보다 바람직하게 현재의 상황에 알맞은 행동을 습득하며 더 나아가 환경에서의 아동의 적응능력을 확장시켜 나갈 수 있도록 돕는다는 면에서 교육적 측면이 포함되는 치료라고 하겠다. 앞에서처럼 문제의 성질이 표면화되어 명백하고 비교적 적응상의 문제가 크지 않은 경우라기보다는 어느 정도 왜곡되고 의식의 표면 아래로 숨겨져 있어 아동이 보이는 문제행동의 원인을 찾아내기가 쉽지 않은 경우에 음악치료를 통해 아동이 자신의 문제를 보다 현실적으로 지각하고 이해하며 이를 통해 보다 적응적이고 창의적인 행동변화를 시도하도록 하는 데 도움이 된다.

3) 성격의 재구성에 초점을 두는 음악치료

지속적으로 상처받고 스트레스에 노출되어 있게 되면, 아동은 현실을 있는 그대로 받아들이기 어렵게 되어 왜곡된 해석을 가지고 환경에 임하게 된다. 이러한 부정적 경험들은 아동이 대인관계뿐만 아니라 물리적·심리적 환경과 관계를 맺는 데 영향을 주게 됨으로써, 자기 존재에 대한 무가치감이나, 낮은 자아존중감, 그리고 낮은 수준의 자신감으로 세상을 경험하게 된다. 이러한 경험들이 쌓이면서 아동은 심층적 차원에서 점점 정신적인 피폐함으로 인한 긍정적이지 못한 성격을 형성하게 될 가능성이 커진다.

음악치료는 아동으로 하여금 무의식의 세계에 깊이 숨어 있는 여러 가지 갈등을 깨닫게 도와줌으로써 이미 부서져 버린 모든 인격 형성의 여러 가지 요소들이 건전한 방향으로 새로이 결합하고 구성되도록 하는 궁극적인 목적을 가지고 있다. 음악적 환경은 아동의 마음속의 무의식에 감추어져 있는 내적·심리적 갈등을 탐구하게 하고 그의 경험을 확대·발전시키는 데 도움이 된다. 이러한 음악적 환경에 아동이 직접 참여하도록 함으로써 자신의 현실을 인식하고 정서적 상태를 보다 객관적으로 깨달을 수 있게 하는 데 도움이 된다. 성격구조의 확장과 변화, 새로운 잠재력의 발달, 건강한 인격 형성의 확대를 성취하려는 노력과 함께 무의식적 갈등이 무엇인지를 통찰하게 하여 그것을 해결하려는 것이다. 이러한 심층적 문제를 갖고 있는 아동의 심리치료를 위하여 음악치료는 활용가능하다. 그러나 경우에 따라서는 음악치료가 주 치료매체가 아니라 하나의 보조적인 역할을 하는 치료방법으로 다른 심리치료와 병행하여 활용될 때, 보다 효과적일 수 있다.

4 | 음악치료의 실제

1) 음악치료실

음악치료실은 가능한 한 외부 소음의 영향을 받지 않도록 방음시설이 되어 있어서 음악치료를 받는 사람들이 소음에 노출되거나 음악을 경청하는 데 지장을 받지 않는 쾌적한 방이어야 하며, 시각적 자극이 최소한도로 제한되어 있어야 한다.

방의 크기는 너무 크거나 작지 않아서 유아가 편안한 자세로 치료에 임하도록 해야 한다. 방이 너무 작으면 활동에 지장이 있으며, 너무 크면 소리가 분산되어 치료자와 관계를 형성하고 유지하기가 어렵다(Gumaer, 1984). 악기는 치료실 옆방이나 가까운 곳에 비치되어 있어서 필요할 때 악기를 교체하거나 가져올 수 있도록 한다(김군자, 1998). 일반적으로 피아노 등의 악기를 들여 놓고 편안히 앉을 수 있는 크기의 방이면 적당하다.

2) 악기의 선택

음악치료에 사용되는 악기는 음악적인 또는 소리를 내는 모든 악기가 포함된다. 그러나 보다 효과적인 음악치료의 악기는 다음과 같은 특징을 갖고 있는 것이 바람직하다(정영조, 2002).

(1) 다루기가 쉬워야 한다

음악치료의 현장에서 유아들이 악기를 저항 없이 선택하려면 다루기 쉽고 편안한 악기가 좋다.

(2) 움직이기 쉬워야 한다

너무 무겁거나 옮기기 어려운 악기보다는 음악치료실 내에서나 치료실 이외의 장소에서도 사용할 수 있도록 움직이기 쉬운 악기여야 한다.

(3) 소리가 멀리 퍼져야 한다

악기의 소리가 울려퍼져 확산되면 음악적 치료의 가치가 보다 더 크다.

(4) 복잡한 악기보다는 단순하고 쉽게 따라 연주할 수 있는 것이 좋다

예를 들어 바이올린이나 플룻, 피아노 등은 복잡한 멜로디를 가지고 있기 때문에 어느 정도 배워야 간단하게나마 연주가 가능하다. 그에 비해 타악기나 탬버린 등은 단순한 음을 내는 대신에 조금만 익숙해져도 같이 음악의 소리를 낼 수 있게 된다. 따라서 단순한 악기에서 시작하면서 필요하다면 차츰 조금 더 복잡한 악기를 도입할 수 있을 것이다.

(5) 일상생활에서 쉽게 접하거나 구할 수 있는 악기를 선택한다

유아용으로 시판되는 악기들이나 타악기, 목관악기, 장구, 북, 목탁, 그리고 주변에서 흔히 보는 사물들을 이용하여 소리를 내는 악기를 사용하는 것이 바람직하다. 예를 들면, 깡통에 모래를 넣어 사용하거나, 라면봉지를 부스럭거리는 것, 막대를 이용하여 두두리면서 소리를 내는 것 등도 유아와 함께 만들어 악기로 활용하면 좋은 반응을 얻을 수 있다.

참고로 음악치료에 사용할 수 있는 악기들을 살펴보면 그림 11-1과 같다.

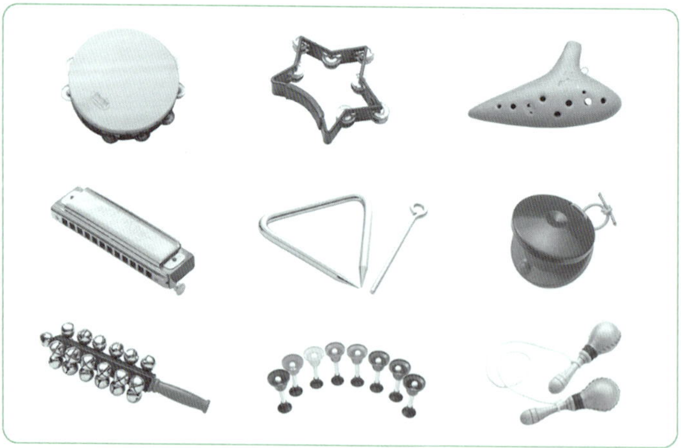

그림 11-1 다양한 악기들

3) 음악치료활동

유아의 발달적 특성이나 문제 행동의 특징 등에 대해 면밀한 진단이 진행된 후 음악치료의 목표가 설정되면 치료의 목표를 달성하기 위한 음악치료의 계획에 따라 음악활동이 제공된다. 유아를 위한 음악치료활동은 주로 노래 부르기와 악기 연주하기와 같은 연주형태로 진행되거나 음악 감상하기, 음악 듣기의 형태 또는 즉흥연주와 같은 창작의 형태로 진행되기도 하는데 일반적으로 이 세 가지 형태의 음악활동은 집단 또는 개인활동으로 필요에 따라 제공된다.

(1) 노래 부르기 활동을 통한 음악치료

유아가 즐기며 어려서부터 일상생활에서나 유치원에서 익숙한 활동인 노래 부르기는 다음과 같은 몇 가지 치료적 효과를 가지고 있다.

- 유아가 자기 신체의 일부분을 소리의 도구로 사용함으로써 누구나가 아무 준비 없이도 노래를 부를 수 있다.
- 노래는 언어적 의사소통의 통로가 되므로 서로에게 감정과 생각을 구체적으로 전달할 수 있도록 돕는다.
- 집단으로 노래를 부를 경우 집단 구성원에게 공동의 목표를 제시해 주고 공동의 경험을 갖게 함으로써 집단의 결속력을 높여준다.
- 집단에서의 노래 부르기는 유아 자신이 집단활동에 공헌하게 함으로써 자긍심을 높여주며 대인관계 기술을 발달시킬 수 있는 기회를 마련해 준다.
- 노래는 유아가 정서적 안정감을 갖도록 돕는다.

이러한 장점을 가지고 있기는 하지만 음악치료에서 노래 부르기 활동을 도입할 때 치료자가 유의해야 할 점은 다음과 같다.

- 치료자는 지나치게 높거나 낮은 음역이 요구되는 노래보다는 유아의 음역에 알맞는 노래를 선정한다. 발달지체아는 정상아보다 음역이 낮음을 유의한다.

- 처음에는 반복되는 절과 가사가 많은 흔히 들어왔던 익숙한 노래를 선택하여 유아가 편안한 마음으로 노래 부르기에 참여하도록 한다.
- 노래 부르는 유아의 연령을 고려하여 노래 부르기 활동을 한다. 영유아는 일반적으로 자장가, 율동적인 동요 등을 좋아하는 경향이 있으며, 청소년은 대중음악과 감미로운 노래를 좋아하는 경향이 있다.
- 노래를 함께 하면서 치료자가 노래 준비와 시작을 박자에 맞추어 손으로 지휘하는 것이 바람직하다.

(2) 악기 연주활동을 통한 음악치료

악기를 연주한다고 하면 우선 치료자가 음악에 대한 상당한 전문적 훈련의 배경이 있어야 할 것으로 생각하기 쉬우나 음악치료에서의 악기 연주는 주로 간단한 리듬막대나 멜로디언, 피리, 트라이앵글, 실로폰, 하모니카, 카스토넷, 멜로디벨 등을 이용하여 많은 음악적 기술을 갖고 있지 않고도 악기 연주기법을 치료에 이용할 수 있다.

음악치료에서는 유아가 직접 악기를 연주해 보고 그로 인해 소리를 만들어 보는 것만으로도 중요하며, 더 나아가서 간단한 곡을 악기로 연주함으로써 감정 표현의 통로가 된다. 또한 집단적인 연주활동은 집단에 대한 소속감과 사회적 기술을 증진시켜 주는 효과도 가져 온다는 장점이 있다.

악기 연주활동을 음악치료에 사용할 때 가장 쉬운 방법으로는 미리 준비된 카세트테이프나 피아노 연주를 들으면서 그 박자에 맞추어 각자가 선택한 리듬악기를 연주하는 방법이 있다. 또 다른 방법으로는 치료자가 즉흥적으로 피아노나 기타를 연주하면 이와 함께 유아는 북이나 실로폰 등 다른 악기를 연주하는 방법이 있다. 이 방법은 특히 음악치료 초기에 치료자와 유아 간의 관계를 긍정적으로 형성하게 하는 데 도움이 된다.

음악치료에서 악기 연주기법을 도입할 때에는 다음과 같은 점에 유의한다.

첫째, 처음 악기연주를 할 때 너무 많은 악기를 동시에 소개하지 않도록 한다. 한 번에 한 악기를 소개하여 적어도 그 시간 동안에는 유아가 선택한 악기를 가지고 연주활동을 하도록 한다.

둘째, 치료자가 리듬을 연주하여 유아에게 들려주고 그 리듬을 똑같이 따라서 연주해 보도록 시도해 본다. 필요하다면 실로폰이나 멜로디온의 바(Bar)에 음정에 따라 색종이를 붙혀 색상악보를 만들어 놓고 색에 맞추어 연주하도록 함으로써 쉽게 곡을 연주할 수 있도록 하는 방법도 있다. 이 방법은 악기를 처음 대하는 유아일지라도 곡을 정확하게 연주할 수 있도록 도움으로써 악기 연주에 대한 흥미와 만족감을 증진시킬 수 있다.

셋째, 악기를 사용하지 않고 우리의 신체를 통해 낼 수 있는 소리와 동작, 리듬을 이용하기도 한다. 손뼉치기, 발구르기, 무릎치기, 손가락 튕기기, 입으로 여러 가지 소리내기, 걷기, 달리기, 구르기, 밀기, 뛰뛰기 등 단순한 신체적 움직임에서부터 춤추기, 흉내내기 등 보다 복합적인 신체적 표현에 이르기까지 율동은 음악치료에서 중요한 몫을 차지한다. 이때 치료자는 유아의 신체운동능력의 발달 정도에 따라 적절한 율동활동을 제시한다.

이상의 내용을 요약하면, 유아를 대상으로 하는 음악치료는 우선 유아가 악기와 친근감을 가질 수 있도록 악기를 만지고, 두드리는 기회를 주는 것이 필요할 것이다. 또한 여러 가지 멜로디와 리듬을 듣고 거기에 맞추어 몸을 움직이거나 노래를 부르거나 하는 경험도 중요하다. 점차 악기에 친숙해지고 음악에 친근감을 느끼게 될 때 자신의 감정과 생각을 음악활동을 통해 표출해 보도록 지도할 필요가 생기게 된다. 악기를 다루면서 즉흥적으로 간단한 멜로디나 노래를 불러보는 것도 좋다. 감정의 흐름에 따라 녹음된 배경음악을 들려주기도 하며, 생음악을 연주하면서 유아가 여기에 동참하도록 격려해야 한다. 유아에 따라서는 음악치료 초기에는 개별적인 치료가 필요하다가 차츰 집단 속에서 음악을 경험할 수 있는 자아의 힘이 생기게 됨으로써 집단에서의 대인관계 경험을 갖도록 배려해 주게 된다. 이러한 집단활동은 유아로 하여금 자아통제능력을 기르게 하고 집단 속에서 각자 자신의 역할을 인식하고 실천할 수 있게 하며, 여러 사람과의 원만한 대인관계를 형성할 수 있도록 하는 데 도움이 된다. 참고로 음악치료에서 사용되는 동요목록을 살펴보면 다음과 같다(김군자, 1984).

동요목록

음악대(리듬음악), 태극기, 산토끼, 코끼리, 얼룩송아지, 짝짝궁, 새나라의 아동, 유치원 가자, 학교종, 아동 행진곡, 꼬마 눈사람, 눈, 설, 오빠생각, 기차길옆, 어린음악대, 우리집 강아지, 우체부 아저씨, 둥글게 둥글게 등 그 밖에 유아들에게 친숙한 동요들을 사용한다.

(3) 음악감상을 통한 음악치료

어떤 종류나 유형의 음악을 듣도록 할 것인가는 치료의 목적과 치료를 받는 유아의 성격이나 문제의 특성에 따라 달라질 수 있다. 혼자 듣거나 집단으로 음악을 듣는 방법이 있으며, 생음악으로 듣거나 녹음된 음악을 들을 수도 있다. 참고로 보니(Bonny, 1978)에 의해 시작된 유도된 심상과 음악(Guided Imagery & Music)의 치료과정을 소개하면 다음과 같다(염현경, 1993).

- 치료자는 유아가 눈을 감고 눕도록 한 후 신체를 이완시킨다.
- 치료자가 유아에게 "이제 온 몸이 가벼워졌을 거예요. 이제부터 음악을 듣겠어요. 음악이 나오면 음악을 따라가 보세요."라고 한 후 미리 선정된 곡을 들려준다.
- 음악을 들려주기 시작한 2~3분 후에 "당신은 지금 어디에 있나요?", "지금 어떤 기분인가요?", "혼자인가요?". "서 있나요?", "어디로 가고 있나요?" 등과 같은 간단한 질문으로 상상의 여행을 유도한다.
- 음악이 끝나갈 무렵 치료자는 "자 이제 돌아갈 시간이에요." 하면서 심상여행을 마무리하도록 안내한다.
- 음악이 끝나면 치료자는 "자 음악이 끝났어요. 이 방에 있는 사람이 누군지 생각해 보세요. 이 방의 피아노, 의자, 달력, 책상 그리고 리듬악기들을 생각해 보세요. 손, 발, 어깨, 얼굴을 천천히 움직여 보시고 천천히 일어나세요."라고 지시한다.
- 심상여행이 끝난 후에는 유아가 경험했던 것들에 대해 그림으로 그리게 하고 이야기해 보도록 한다. 치료자는 유아의 그림을 보고 분석, 치료하며 문제를 이해하고 해결방법을 발견하도록 도와준다.

다음의 표 11-1은 음악의 치료적 효과가 인정되어 음악감상을 하거나 배경으로 사용하기 좋은 음악과 이야기를 이끌어 나갈 수 있는 음악의 예이다.

표 11-1 치료효과가 인정된 음악의 예

구 분	음악의 종류	비 고
간헐적인 두통을 경감시키는 음악	• 리스트 : 헝가리 광시곡 1번 • 모차르트 : 돈 조반니 • 베토벤 : 피데리오 • 보로딘 : 이고르 공 • 코플랜드 : 링컨의 초상 • 멘델스존 : 엘리야 • 오펜바흐 : 호프만의 이야기 • 거쉬인 : 파리의 미국인 • 하차튜란 : 무도회 조곡	
과잉행동, 정서장애를 갖고 있는 유아의 심리적 안정을 위한 음악	• 바흐 : 이탈리아 협주곡 • 시벨리우스 : 핀란디아 • 바르톡 : 현악 4중주 5번 • 베토벤 : 월광 소나타 • 라벨 : 현악 4중주 • 하이든 : 시계 교향곡 • 바흐 : 칸타타 2번 • 쇼팽 : 야상곡 D장조 • 바흐 : 칸타타 21번	
정신적·신경적인 고통을 감소시키는 음악	• 우리나라의 전통음악을 비롯한 리듬적인 민속음악 • 포스터 : 스와니강, 켄터키 옛집, 올드블랙조 • 브람스 : 헝가리 무곡 • 인도 민속음악 : 사랑가 • 수자 : 행진곡들 • 스페인 : 탱고 음악	
줄거리가 있는 음악	• 베를리오즈 : 환상교향곡 • 코달리 : 하리야누스 조곡 • 림스키코르사코프 : 세라자드 • 스트라빈스키 : 불새 • 듀카스 : 마법의 제전 • 무소르그스키 : 민둥산의 하룻밤 • 생상 : 죽음의 무도회 • 차이코프스키 : 호두까기 인형	이야기를 이끌어 나가는 음악
환경을 묘사하는 음악	• 브리튼 : 청소년을 위한 관현악 입문 • 드뷔시 : 바다 • 그로페 : 그랜드캐년 • 라벨 : 다프니스와 클레 • 생상 : 동물사육제 • 거쉬인 : 파리의 미국인 • 무소르그스키 : 전람회의 그림 • 레스피기 : 로마의 축제 • 스메타나 : 몰다우강	이야기를 이끌어 나가는 음악
분위기를 지닌 음악	• 알비노니 : 현과 오르간을 위한 아다지오 • 바흐 : 오르간을 위한 토카타와 푸가 • 베버 : 현을 위한 아다지오 • 브르흐 : 첼로와 오케스트라를 위한 랩소디 • 라벨 : 볼레로	

자료 : 김순혜(2004). 현대아동상담. 학지사, pp.169-170.

4) 음악치료사의 역할

음악치료를 시행할 수 있으려면 음악치료 전문가가 필요하다. 음악치료사는 일반적으로 음악에 대한 어느 정도의 전문적인 지식을 가지고 있어야 하며, 특히 악기와 음의 특성을 알고 음악의 리듬과 멜로디 등의 기본 요소들이 인간의 생리와 심리에 미치는 영향에 대한 이해가 있어야 한다. 또한 환경, 교육, 종교, 예술 등 인간을 둘러싸고 있는 여러 가지 요소들이 인간의 성격발달에 어떠한 영향을 미치는가에 대한 지식을 갖추고 있어야 하며, 음악치료에 대한 연구와 실습뿐 아니라 심리학·교육학·정신의학 등 인간의 상호작용에 관한 지식이 도움이 된다. 미국에서는 반드시 대학원에서 음악과 임상심리학을 전공하고 음악치료사로서의 자격증을 얻은 사람에 한하여 음악치료를 시행할 수 있도록 규정해 놓고 있음을 참고할 필요가 있다.

12

Chapter

행동수정을 통한 영유아지도

아동의 행동을 바람직한 방향으로 변화시키고자 하는 것은 교육에서 매우 중요하다. 이 장에서는 행동수정의 개념과 방법을 보다 구체적으로 살펴보겠다.

행동수정은 아동의 행동에 바람직한 변화를 가져오고자 하는 일련의 기법들을 말한다. 행동수정의 기법을 통해서 변화된 바람직한 행동, 즉 행동수정의 결과가 영구적인 변화이기를 궁극적인 목표로 삼고 있다. 만일 어떤 아동이 사용하는 언어표현이 사회적으로 용납될 수 없는 것이라면, 행동수정의 목표는 그의 언어 사용법을 수정하는 것이 될 것이다. 즉, 행동수정은 개인이 사회에 능률적으로 적응해 나감에 있어서 필요한 행동을 개발시키는 데 궁극적인 목적이 있다.

사회에 잘 적응하는 행동을 개발시키기 위하여 행동수정은 인간의 행동을 그 주요 문제로 다룬다. 그리고 다른 심리상담에서와는 달리, 인간의 부적응행동을 학습된 결과로 본다. 여기서 말하는 학습은 인간행동의 장기적 변화를 뜻하며, 겉으로 드러나는 행동만을 문제시하고 있다. 즉, 행동수정의 대상이 되는 것은 객관적으로 관찰할 수 있고 측정 가능한 행동이므로, 인간의 심층적이고 내면적인 문제를 다루지는 않는다.

1 | 행동수정의 개념

우리의 행동은 사회생활을 영위해 가는 동안 학습, 발달된다. 한 집단의 구성원은 끊임없이 서로 배우고 가르치고 있다고 볼 수 있다. 행동수정의 원리는, 인간의 부적응 행동을 잘못된 학습의 결과로 보기 때문에 학습이론을 적용한다. 이 과정과 관련된 개념들은 다음과 같이 설명할 수 있다.

1) 강 화

행동수정이론에서 가장 중요한 개념 중의 하나는 강화이다. 강화는 특정 행동 또는 반응의 발생빈도를 증가시키는 요인이다. 예를 들어 보기로 하자. 일반적으로 한 유아가 바람직한 행동을 하고 있는 한, 부모나 교사 등 주위의 사람들은 이 아이에게 특별한 관심이나 보상을 주지 않는 것이 보통이다. 사실, 행동이 올바르고 부모나 어른들의 말을 잘 듣고 맡은 바 과제를 해 낸다는 것은 그 유아가 마땅히 해야 할 도리로 간주하기 때문이다. 반면에, 소란을 피우고 과제를 잘 해내지도 못하며, 다른 아이들과 잘 다투는 유아는 계속 교사의 주의를 듣게 되고, 교사의 관심의 대상이 된다. 그런데 이렇게 주위 사람들이 계속해서 유아의 바람직한 행동은 무시하고 바람직하지 못한 행동에 관심을 보이면, 바람직한 행동은 차츰 약화되는 반면, 바람직하지 못한 행동은 유지되고 강화되는 결과를 가져오게 된다.

강화나 보상은, 어떤 행동이 일어난 후에 주어졌을 때, 그 행동의 반응빈도를 증가시키게 된다. 예를 들어, 유아가 교실이나 복도, 운동장에서 쓰레기를 주어버리는 행동을 했을 때 칭찬을 한다면, 그 유아는 앞으로 쓰레기를 줍는 행동을 더 빈번히 하게 될 것이다. 이 경우에 칭찬은 유아가 쓰레기를 줍는 행동을 더 잘하도록 만드는 강력한 사회적인 보상이다. 이와 마찬가지로, 미소를 짓는다거나, 머리를 쓰다듬어 준다거나, 돈이나 과자 등의 상을 주는 것은 그 행동이 다시 일어나게 하는 강력한 보상이 될 수 있다.

강화는 정적(正的)인 강화와 부적(負的)인 강화로 분류할 수 있다. 예를 들어, 칭찬을 한다는 것은 바람직한 행동에 대하여 어떤 보상을 주기 때문에 정적인 강화다. 반면에, 부적인 강화는 싫은 것을 제거해 주는 경우다. 만일 교사가 "너 오늘 이 문제를 풀지 못하면 남아서 청소를 해야 한다."고 말했다면, 그 아이는 청소 당번을 피하기 위해서 아마 문제를 풀고야 말 것이다. 학교에서의 다양한 상황에서나 가정에서 행동수정을 필요로 할 때에는 가능한 한 부적인 강화보다는 정적인 강화를 활용하는 것이 바람직하다.

2) 소 거

학습된 행동은 강화를 받는 한 계속 나타나지만, 더 이상 강화를 받지 못하면 언젠가는 사라지고 만다. 예를 들어, 유아는 선생님에게 인사해야 하는 것을 배우는데, 선생님이 유아의 인사를 받아주는 한 그 유아는 선생님에게 인사하기를 계속할 것이다. 그러나 선생님이 유아의 인사를 더 이상 받아 주지 않고 무시할 경우, 그 유아는 선생님에게 인사하기를 그만 둘 것이다. 이렇게 소거란, 어떤 행동이 일어난 뒤 아무런 보상이나 결과가 나타나지 않으면 점차 그 행동의 발생빈도가 줄어드는 것을 말한다.

행동수정에서 유아가 보이는 바람직하지 않은 행동은 소거의 원리를 적용하여 수정해 나가야 하는 것이 일반적이다. 예를 들면, 학교 장면에서 교사가 '저런 행동은 좀 지나면 없어져 버리겠지.'라는 생각으로 무시해 버리거나, 손가락을 빠는 아이의 행동에 대해 어머니가 주의를 기울이지 않는다면, 그러한 행동들이 소거되는 것 등이다.

3) 관찰학습

관찰학습은 사회학습 이론가인 반두라(Bandura, 1976)를 중심으로 주장된 이론으로서 유아의 사회적인 발달을 설명하는 데 자주 적용되었다. 이 이론에 의하면 유아는 그가 관찰한 것을 모방하여 새로운 행동을 습득해 나간다는 것으로서,

실제로 유아가 자신의 눈에 신기해 보이고, 강한 느낌을 주며, 매력을 느끼는 모델의 행동을 보고 그대로 따르는 것을 우리 주변에서 흔히 볼 수 있다.

모델의 행동을 모방하여 학습해 나가는 과정은 크게 네 단계로 나눌 수 있다(Bandura, 1976).

제1단계 : 주의를 기울이는 과정

모델이 되는 자극에 대하여 주의해서 관찰함으로써, 모델이 하는 반응을 보고 여러 가지 행동 특성을 배우게 된다. 이때, 관찰자는 자신이 지니고 있는 감수성, 과거의 경험과 모델이 지니는 특이성, 정적인 매력, 유행성 등을 합쳐서 기억해 놓게 된다.

제2단계 : 기억해 두는 과정

유아는 자기 나름대로 모델의 행동을 이해하여 이에 관한 지식을 기억 속에 저장한다. 이렇게 저장된 지식은 필요로 하는 때가 있으면 이를 상기해서 다시 사용하게 되지만, 필요로 하지 않으면 다시 묻혀 버릴 것이다.

그러나 모방행동이 오랜 시간이 지난 후에 나타나는 경우도 있는데, 이것을 지연모방이라 한다. 예를 들어, 7세 때 롤러 스케이트 타는 것을 보았다가 12세쯤 되어서 롤러 스케이트장에 가서 타 본다든지, 어려서 보았던 부모의 행동을 자신이 부모가 되었을 때 그대로 재현하는 것 등을 말한다.

제3단계 : 운동재생과정

기억 속에 저장해 둔 것 가운데 쉽게 상기되는 정보를 현실상황에 사용하는 과정으로서, 운동재생과정이라고 한다. 모델의 행동을 재생할 때에는 신체적인 운동능력과 지적인 능력, 정확성을 조절하는 능력 등이 중요한 요인으로 작용한다.

제4단계 : 동기화 과정

유아가 모델의 행동을 실제 행동으로 옮기느냐의 여부를 결정짓는 과정이다. 모델의 행동결과를 관찰하여 모델이 벌을 받는 것보다는 칭찬을 받는 것을 볼 때, 그 행동을 하려는 동기가 강해진다. 자신의 관심과 가치에 부합되는 행동을 볼 때나, 매력이 있고 힘이 있는 모델이 하는 행동을 더 잘 모방하는 경향이 있다.

결국 아동은 영유아기에서부터 이미 일상생활 속에서 남이 행동하는 것을 보고 기억해 두었다가, 이것을 이용하여 자신의 소임과 자기 문제를 해결하는 여러 가지 행동발달을 이루어 나간다고 볼 수 있다.

2 행동수정의 과정

행동수정의 과정은 치료방법에 따라 다소 다르나, 대표적인 과정을 소개하면 다음과 같다.

1) 목표행동의 설정

아동에게 바람직한 행동을 훈련시키고 교육시키기 위해서는 어떠한 행동을 훈련할 것인지부터 정해야 한다. 즉, 그 아이의 발달수준에 비추어 볼 때, 할 수 있는 행동임에도 불구하고 훈련의 부족이나 다른 이유 때문에 하지 않는 행동을 목록화하여 하나씩 학습시켜 나가도록 한다.

목표행동을 설정할 때에는 자세하고 구체적으로 해야 하며, 단계별 훈련절차를 객관적으로 기술하는 것이 중요하다. 아동이 숙제를 끝까지 잘 해 가는 것이 목표인 예를 들어 보기로 하겠다.

- 제1단계 : 집에서 해야 할 숙제가 무엇인지를 숙제장에 잘 적어 오도록 한다.
- 제2단계 : 집에 오면 우선 숙제부터 하고 나서 놀도록 한다.
- 제3단계 : 숙제한 것을 어머니가 점검하고, 적절한 보상을 주도록 한다.
- 제4단계 : 학교 가기 전에 숙제한 것을 잘 챙기도록 훈련한다.

2) 행동기초선의 탐색

행동수정자는 치료를 시작하기 이전에 문제가 되는 아동의 행동을 직접 관찰하여 그 문제의 행동빈도가 주어진 시간이나 기간 동안 얼마나 나타나는지를 알아보아야 한다. 행동의 기초선은 치료가 시작되기 전과 후에 각각 알아봄으로써 치료의 효과를 파악하는 데 도움이 된다.

3) 강화제와 강화계획의 선택 및 결정

강화제는 아동의 바람직한 행동이 지속적으로 증가하도록 하기 위해 사용되는 것으로 과자, 사탕 등의 음식이나 연필, 지우개 등의 물품 또는 만화책 읽기나 종이인형 자르기 등의 활동이 될 수도 있다. 강화제를 사용할 때에는 한꺼번에 너무 많은 강화를 받아 강화의 효력이 상실되지 않도록 한 번에 조금씩 사용하는 것이 좋다. 강화계획은 비율 강화계획과 간격 강화계획 중에서 선택한다.

비율 강화계획은 아동이 치료자가 원하는 바람직한 행동이나 반응을 할 때마다 매번 강화받게 하느냐, 또는 그러한 목표 행동이나 반응을 두 번 또는 세 번 할 때에 한 번씩만 강화받게 하느냐를 정하여 강화를 주는 것이다.

간격 강화계획은 반응의 간격을 살펴서 강화를 주는 것으로 정해진 시간 간격이 지나야 강화받을 수가 있다. 치료자가 정하는 것에 따라 3분 또는 5분 마다로 시간 간격을 고정할 수도 있고, 처음에는 3분, 다음에는 5분이 지나야 강화받는 방식 등으로 간격에 변화를 줄 수도 있다.

어떠한 강화제를 쓸 것인가와 강화계획을 결정하는 요인은 행동수정 대상 아동의 발달수준과 개인적 흥미, 기호 또는 목표 행동의 특성과 행동수정의 목적에 따라 일반적으로 치료자가 정하도록 한다.

4) 행동의 기록

아동의 행동수정 이후의 변화를 기록하는 것은 중요한 일이다. 치료의 효과가 아주 느린 경우도 있고 의외의 결과를 보이는 경우도 있다. 아동도 자신의 변화를 알 필요가 있으며, 그것 자체가 또 강화요인이 된다. 부모나 교사도 아동의 실제 행동변화에 대한 정보를 갖게 됨으로써, 아동이 치료실에서 보이는 행동을 교실이나 가정에서도 하도록 더욱 잘 도와 줄 수 있다. 부모나 교사가 너무 조급

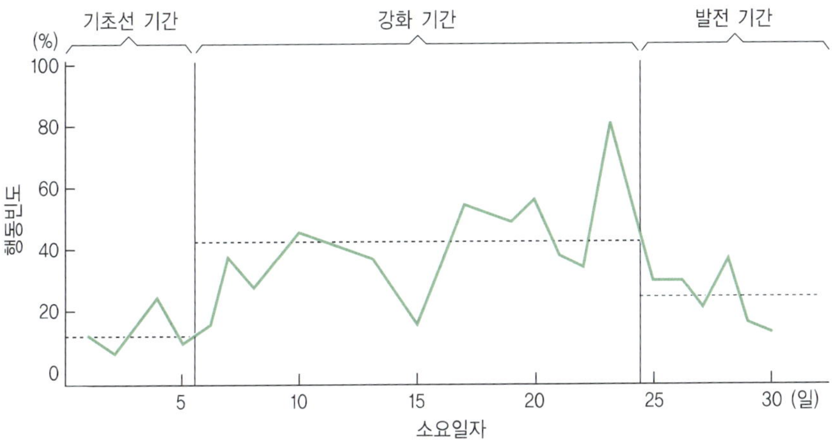

그림 12-1 행동수정과정표

하게 기대하거나 실제 효과가 나타나기 이전에 치료를 그만둔다면, 행동수정의 프로그램은 실패한다. 행동수정의 계획은 점진적인 행동의 변화에 초점을 맞추며, 아동이 해낼 수 있는 정도를 고려한다는 점에 유의할 필요가 있다. 행동이 변화되는 진전도는 차트나 막대그래프, 선그래프 등과 같은 시각적 보조자료를 이용하여 제시하는 것이 보통인데, 이러한 변화되는 모습을 도표를 통해 보거나, 또는 직접 교사와 아동이 도표를 그려 보는 과정 자체가 목표 행동을 더 많이 나오도록 만드는 강화제로서의 역할을 할 수 있다.

3 | 행동수정을 통한 지도방법

유아의 행동을 바람직한 방향으로 지도하는 방법은 여러 가지가 있으나 여기에서는 그 중에 가장 자주 쓰이는 방법들을 몇 가지 소개하기로 하겠다.

1) 자기 주장훈련

직접적으로 사람을 대하는 것이 불안하여 자기표현을 하지 못하는 사람들을 치료하기 위하여 쓰는 행동수정의 한 방법이다. 사람은 누구나 심리적으로 불안하게 되면 자기의 의견과 행동을 표현하기 어렵게 된다. 자기 주장훈련은 이러한 문제를 가진 사람들에게 자기의 생각과 감정을 표현할 수 있도록 하기 위하여 자신의 생각과 느낌을 표현하도록 연습을 통해 훈련시킨다. 이러한 자기 주장훈련을 위하여 가장 자주 쓰이는 방법은 역할 연기법이다.

이 방법은 행동수정자와 함께 자기 주장훈련에 참여한 사람들이 정서적으로 불안하여 자기 주장을 못하는 사람들끼리 서로 역할을 바꾸어 가면서 역할 연기를 여러 번 반복하게 되면, 불안 상황에 직면해도 자신의 감정을 표현하는 데 어려움이 없게 된다는 것이다. 예를 들어, 친구들의 비난이 두려워 친구들 앞에서 자기 의견을 말하기 어려워하는 유아에게, 치료자는 그런 상황에서 할 수 있는 여러 행동을 소개해주고, 각 행동의 가능한 결과에 대해 이야기해준다. 치료자가 유아를 비난하는 친구라고 가정하고 자신의 의견과 생각을 이야기해 보도록 권하며, 이러한 상황을 반복연습하게 한다. 또 서로 역할을 바꾸어서 유아가 친구의 입장이 되면 어떻게 할 것인지를 생각하고 실제로 역할 시범을 해봄으로써 자기 주장훈련을 받게 한다.

2) 모방훈련

행동수정과정에서 치료를 받는 유아가 어떻게 행동하는 것이 바람직한 행동인지를 모를 때, 그에게 학습시키고자 하는 행동을 구체적인 모델을 통해 제시함으로써 모방할 수 있도록 하는 방법이다. 이때, 유아는 모델의 행동을 보고 따라하여 바람직한 행동을 형성하게 된다. 예를 들어, 자폐적인 유아가 전혀 말을 하지 않을 때, 말문을 열게 하기 위해서 치료자는 소리나 단어 또는 문장을 말하고 유아가 따라 하도록 유도하며, 모방하면 정적인 강화를 준다. 모방훈련은 다음과 같은 단계적 과정을 거친다.

- 유아의 관심을 끄는 단계 : 무엇보다도 치료자는 훈련 대상이 되는 유아의 이름을 부르는 등의 방법을 통해 유아의 관심을 끌어야 한다.
- 모방해야 할 행동을 구체적으로 제공하는 단계 : 이 단계에서 훈련자는 모방훈련의 내용을 구체적으로 설명하고 보여주며, "이렇게 해." 라고 언어적 촉구를 제시한다. 만약, 따라 해야 하는 행동이 유아에게 익숙한 것이 아니라면 신체적인 시범을 적용하여 상세히 가르쳐 주어야 한다.
- 강화의 단계 : 유아가 모방한 행동에 대해 "○○야, 참 잘 했다" 라고 칭찬하며, 경우에 따라서는 적절한 물질적인 강화를 해 줌으로써 훈련의 효과를 높이도록 한다.

3) 체계적 둔감화

이 방법은 유아가 불안을 느끼는 상황을 조사하여 그 정도에 따라 불안유발 상황의 순서를 정하고, 불안 수준이 낮은 단계의 상황에서 점차로 높은 수준의 단계로 하나씩 해결해 나가게 하는 방법이다. 높은 장소에 올라가는 것을 두려워하는 유아에게 체계적인 둔감화를 시킬 때를 예로 들어 보자.

표 12-1에서 볼 수 있듯이 먼저, 전혀 두려움이 없는 평지에서 놀이를 하는 장면부터 시작한다. 그 다음 2층 정도의 계단을 오르는 장면, 그리고 마지막으로 10층 정도의 건물 옥상에 올라가기 등으로 점진적으로 더 두려운 장면의 순서를 정한다.

일단, 불안의 가장 낮은 수준에서부터 높은 수준에 이르기까지 단계를 정했으면, 치료자는 유아에게 근육이완훈련을 실시한다. 근육이완의 순서는 팔, 머리, 목, 어깨, 몸통, 다리로 옮겨간다. 치료자는 유아에게 긴장하지 말고 마음을 편안하게 가지도록 지시하며, 근육이완된 상태에서 가장 약한 불안을 일으키는 상황을 상상하게 한다.

이 상황에 대한 불안이 완전히 제거되면, 그 다음 단계의 좀 더 높은 불안상황에서도 이완훈련을 통해 견딜 수 있도록 지도해 나간다. 최종적으로 유아가 가장 두려워하는 불안자극 상황에까지 직면할 수 있도록 하기 위하여 단계에 따라 점

표 12-1 공포의 위계에 따른 단계적 지도의 예

가장 많이 두려운 것
10층 정도의 건물 옥상에 올라가기 더 높이 올라가는 놀잇감 타기 상황 2층에서 아래를 내려다보는 장면 2층 정도의 계단을 오르는 장면 전혀 두려움이 없는 평지에서 놀이를 하는 장면부터 시작
가장 적게 두려운 것

진적으로 이완훈련을 사용하여 불안반응을 사라지게 하는 방법이다.

이 방법은 볼페(Wolpe, 1973)에 의해서 개발된 이후 가장 자주 사용되는 행동주의치료기법으로 자리잡고 있으며, 유아의 공포와 불안을 치료하는 가장 효과적인 방법으로 알려져 있다.

4) 대용 화폐경제

유아가 바람직한 행동을 했을 때에 직접적인 물질적 보상이나 사회적 보상을 대신하는 표나 스티커 또는 점수를 주는 강화체제이다. 토큰(token)이 보상의 역할을 하기 위해서는 그것이 구매력이 있어야 한다. 즉, 학교나 가정에서만 통용되는 화폐와 같은 것으로서, 그 특정한 환경 내에서 유아가 원하는 것과 교환할 수 있도록 배려되어야 한다. 유아가 원하는 것은 학용품과 같은 물질적인 것일 수도 있으며 '게임하기', '자유시간 갖기' 등과 같은 특권을 갖는 활동내용일 수도 있다. 유아는 토큰을 모으기 위하여 교사나 치료자가 정해 준 바람직한 행동 목록들을 더 많이 해내려고 노력하게 되어 문제 행동을 개선해 나간다.

이 방법은 유치원이나 초등학교에서 의기소침하고 선생님의 질문에도 거의 대답하지 않는 유아의 지도를 위해 사용할 수 있다. 이러한 유아에게 질문에 잘 대답하고 의견을 발표하면 스티커를 하나씩 받게 된다고 말한 뒤, 유아의 반응에 따라 스티커를 이름에 붙여주고, 획득한 스티커의 개수가 더해짐에 따라 보상의 양과 질을 높여 나간다.

대용 화폐경제(token economy)는 유아뿐 아니라 성인의 경우 정신과 환자의 행동변화를 위하여 사용하기도 한다. 즉, 움직이기 싫어하고 일상생활을 스스로 해 내지 못하는 환자에게 그 환자가 원하는 보상체계를 적용하여 행동을 변화시킬 수 있다.

5) 강화차단

일종의 벌이라고도 할 수 있는 강화차단(time out)은 잘못된 행동을 한 유아의 강화인자를 빼앗거나 학급에서 추방시키는 방법이다. 때로는 타임아웃 방에 보내기도 하고, 복도에 내보내거나 학급 구석에 있게 하기도 한다. 강화차단이 되어 있는 동안은 강화받을 기회가 상실되기 때문에 불유쾌한 상태를 유발시켜 유아가 문제행동을 줄여 나가게 된다. 일상적인 환경에서의 단순한 강화차단의 시간은 짧게 하는 것이 효과적이다.

다른 아이에게 신체적 공격을 하거나 또는 자신의 손가락을 물어 뜯는 등의 자학행동을 하는 유아의 행동을 고치기 위해서 교사는 강화차단을 사용할 수 있다. 예를 들면, 교사는 유아가 다른 아이를 때리는 것을 보았을 때, 흥분하지 않은 평소의 자연스러운 목소리로 "때리는 것은 안돼, 너는 ○○를 때렸어. 복도에 나가 서 있어."라고 말한다. 문을 열고 밖으로 내보내면서 "너는 여기서 5분간 있어야 해."라고 문을 닫는다. 5분 후, 교사는 유아로부터 더 이상 잘못된 행동을 하지 않기로 다짐받고 교실로 돌아가라고 한다. 이러한 행동수정방법은 유아의 행동변화가 올 때까지 지속한다. 강화차단에 의해 교실 밖으로 나가게 된 유아의 안전관리는 반드시 병행되어야 함을 유념한다.

6) 혐오치료

구토제나 전기 충격 또는 불쾌한 심상 등과 같은 혐오자극을 사용하여 바람직하지 않은 행동을 감소시키는 방법이다. 불쾌한 혐오자극을 사용했다고 하여 벌이라고 생각할 수도 있겠으나, 벌과는 다르다. 혐오자극으로는 구토제나 전기 충격 등의 방법보다는 불쾌한 심상을 사용하여 문제행동을 개선해가는 방법이 도덕적으로도 큰 무리가 없다. 예를 들어, 어떤 유아가 몸무게를 줄여야 함에도 계속 음식을 과다하게 섭취할 때, 음식과 아주 불쾌한 자극을 짝지어 상상하게 한다. 즉, 이 음식을 먹으면 몸이 점점 불어나 다른 사람이 보기에도 흉칙하게 느껴지는 모습을 상상하게 하여 음식 섭취를 줄이는 방법이다.

혐오자극을 사용하는 또 다른 예로, 어머니가 아기에게서 젖을 뗄 때 젖에 쓴 약을 발라 놓음으로써 젖 빨기와 불쾌한 자극과를 연계시켜 젖을 더 이상 찾지 않도록 하는 것을 들 수 있다.

7) 행동형성과 행동연쇄

유아의 바람직한 행동을 증가시키는 방법 중 행동형성(shaping)은, 목표행동을 설정한 뒤, 최종 목표행동을 달성하기 위하여 각 단계의 행동이 나타날 때마다 즉시 강화해 주는 방법이다. 예를 들면, 농아는 아니지만 낯선 장면에서는 일종의 선택적 함묵증을 보여주어 전혀 말을 하지 않는 유아로 하여금 낯선 상황에서도 말을 하도록 하는 행동을 형성하기 위해서는, 처음에는 음소('아'나 '어' 등)를 발음하게 하고, 다음 단계에서 단어를, 그 다음 단계에서는 문장을 말하게 함으로써, 최종 목표행동에 도달하도록 한다. 이때, 각 단계의 목표행동이 학습되면 즉시 강화를 해주어 행동 빈도를 증가시켜 나간다. 또한 처음에는 단순한 행동에서 점차 복잡한 행동으로 연결해 가는 방법을 '행동연쇄' 라고 한다.

8) 소 거

소거는 행동을 강화해주는 자극을 제거하여 특정 행동을 감소시킨다는 점에서 강화차단과 유사하다. 이 방법은 특히 강화로 인해 계속 유지되는 행동을 감소시키는 데 유용하다. 예를 들면, 만약 어떤 유아가 교실에서 시끄럽게 떠들 때마다 교사가 평소에는 보이지 않던 관심을 보여 준다면 이것은 '떠드는 행동' 에 대한 일종의 강화 역할을 함으로써, '떠드는 행동' 은 감소되지 않을 것이다. 따라서 이러한 경우에 교사의 관심주기와 같은 강화형태는 바꾸어져야 할 것이다. 이 경우에는 교사가 관심을 주기보다는 이러한 행동을 무시함으로써 관심을 거두어들이는 방법이 더 효과적이다.

소거 프로그램이 바람직하지 못한 행동을 제거하는 데 효과적이기 위해서는 다음과 같은 점에 유의해야 한다.

- 무엇보다도 교사들은 일관성 있고 지속적으로 유아의 바람직하지 못한 행동을 무시해야 한다.
- 행동소거 프로그램이 진행되는 며칠 동안 유아의 바람직하지 못한 행동의 횟수가 증가하여도 당황하지 말고 포기하지 않도록 한다.
- 유아가 바람직하지 못한 행동을 할 때에는 무시하는 반면, 적절한 행동을 할 때에는 관심을 보여 차별화함으로써 유아에게 바람직하지 못한 행동은 억제된다는 변별력이 생기도록 해준다.

Chapter 13

가족상담을 통한 영유아지도

영유아의 문제 행동은 가족관계와 상관이 높은 것으로 알려져 있다. 이 장에서는 영유아를 돕는 중요한 치료방법으로서 가족상담의 개념과 방법을 살펴보기로 하겠다.

우리가 살아가는 현대사회는 산업화가 두드러져 가고 있고, 이에 따라 많은 사람들이 농촌을 떠나 도시로 몰려들고 있다. 이러한 사회적인 변화와 더불어 가족관계도 변화하여 핵가족이 증가하고 있으며, 가족 간의 유대도 전통적인 것과는 달라지고 있다. 이같은 현상은 개인에게 치열한 경쟁을 요구하는가 하면, 긴장과 좌절을 경험하게 함으로써 심리적 부담을 가중시키고 있다. 자연히 개인은 사회생활에서 얻게 되는 심리적 부담과 소외감 등을 가족과의 애정이나 친밀감으로 보상받으려고 한다. 그러나 이러한 기대나 요구는 가족 구성원에게 또 다른 부담이 되기도 한다.

1 | 가족상담의 목표와 의의

가족상담은 1인의 개인과 치료자 사이에서 문제 해결의 실마리를 찾는 개인 상담과는 달리 치료의 대상이 가족 구성원인 부부, 자녀 등의 일부나 전부를 포함하는 여러 명이 될 수 있다.

1) 가족상담의 목표

오늘날 가족관계에서 가족들 각자가 가정을 하나의 안식처로 느끼고, 가정 밖에서 겪는 긴장이나 좌절을 가족관계를 통해 해소하고자 하는 데 대해서 부정적인 견해도 적지 않다. 이를테면, 가정을 가진 남성들은 직장의 조직생활에서 왜소한 자신을 발견하고 무시당한 자존심을 퇴근 후 부인 또는 자녀를 통해서 회복하고자 하는 욕구를 가지는 경우를 볼 수 있다. 그러나 자녀는 자녀대로 이러한 부모의 심리적 욕구를 제대로 충족시켜 줄 수 있는 능력도 없거니와 반드시 그래야 할 의무조차 없다고 보아야 할 것이다. 때로 부모들은 자녀를 훌륭하게 양육하는 것으로서 부부 간의 부조화적인 심리적 관계를 보상받으려 하기도 한다. 즉, 부부 간에는 서로 바람직한 만족감을 충족할 것으로 기대할 수 없기 때문에 '이제는 아이들만을 위해서 살자.' 고 위로하며 살아가는 것이다.

한편, 아이들은 아이들대로 부모들의 과잉 기대와 보상심리에 많은 부담을 느끼고 있으며, 심리적인 지지를 받지 못한 채 성장하는 예가 빈번하다. 가족들은 이러한 현대사회의 가족관계 속에서 각자 나름대로의 고충을 갖게 되며, 급기야는 상담을 통해 문제를 해결해야 할 필요성을 갖게 된다.

가족상담의 목표는 다음과 같이 정리될 수 있다.

- 가족관계의 특성은 가족들이 정신적 건강과 복지 면에서 서로 맞물려 있는 상태임을 깨닫도록 도와주고, 정서적으로 서로 이해하도록 하며, 가족 구성원 개개인의 독특한 사고 및 행동양식에 대한 이해와 수용 및 인내심을 길러 준다.
- 가족 구성원 중의 한 사람이 문제를 가진다면 그 문제는 다른 가족 구성원의 태도나 인식 및 비현실적인 기대의 결과에서 비롯된 것임을 깨닫도록 도와준다. 또한 이로 인한 가족 간의 갈등이나 의견의 불일치가 생겼을 때 그로 인한 욕구불만을 극복할 수 있도록 도와준다.
- 가족 개개인의 성장과 발달이 균형 있게 이루어지도록 치료를 계속해 나갈 때, 가족들이 서로 지지하고 격려하며 배려할 수 있도록 동기를 부여한다.
- 부모와의 관계가 가족 개개인에게 미치는 영향에 대해 충분히 이해시키고, 부모에 대한 가족 구성원들 간의 인식이 일치하도록 돕는다.

2) 가족상담의 의의

가정생활이 평온하고 순탄하기를 바라는 마음은 누구나 가지고 있다. 그러나 가정에는 원하지 않는 위기가 닥쳐올 수도 있다. 즉, 심각하게는 가족 중 누군가가 사망하는 어려움에 직면하기도 하고, 부모의 이혼으로 가족이 뿔뿔이 흩어지기도 한다.

또 다른 가정적인 위기는, 가족 구성원에게 어떤 문제가 야기됨으로써 가정의 평화가 깨어지는 경우이다. 이를테면, 자녀의 비행이나 학교생활의 부적응, 부모의 알코올 중독이나 정신적인 문제, 부모의 잘못으로 인한 커다란 경제적 손실, 가정의 불명예가 되는 사건의 발생 등은 가정의 평화를 위협한다. 이렇게 여러 가지 원인에서 오는 가정적 위기는 가족들의 일상적인 생활양식을 혼란시키고 큰 좌절감을 안겨 주기 마련이다. 가족상담은 이러한 위기를 해결하기 위해 가족 구성원이 적극적으로 참여하게 함으로써 가족들 각자가 효율적으로 생활에 적응하도록 돕는 활동이다.

또한 가족상담은 부모와 자녀 간의 심리적 갈등이나 부부 간의 갈등, 또는 고부 간의 감정적인 문제가 있을 때, 이를 중재하는 역할을 담당하기도 한다. 요컨대, 가정이 불안정하고 식구들이 자주 당황하거나 긴장을 느낄 때에 가족상담이 필요하게 된다. 예를 들어, 가족 중 어느 두 사람의 관계 때문에 다른 사람이 계속 긴장과 소외감을 가질 경우나, 거의 모든 가족 구성원들이 서로 대화가 통하지 않고 서로 간의 오해나 갈등이 오랫동안 지속되어 왔을 때 가족상담은 많은 도움이 된다. 가족상담에서는 아동의 문제도 아동을 따로 떼어 관찰하고 개입하는 것이 아니라 가족관계 속에서 접근해 들어간다. 이 경우 가족상담은 가족 구성원을 대상으로 하는 개별 상담에 해당된다.

가족상담의 접근방법에는 여러 가지가 있으나 여기에서는 그중 가장 대표적이라고 생각되는 두 가지 접근방법에 대해 살펴보고자 한다. 첫 번째는 의사소통 체계적 접근방법으로 이 접근 방법에서는 아동이 현재 지닌 문제가 가족 간의 의사소통방법과 관련되어 있으며, 가족 고유의 상호교류 체계 속에서 문제가 발견되므로 이를 수정해야 한다고 가정한다. 또 다른 하나는 가족 구조적 접근방법으로 상담자를 아동과 가족을 위해 새로운 현실을 창조하는 적극적인 참여자로 보는 접근법인데, 이 접근법에서는 상담자가 상담적 관계를 형성하는 데 적극적으로 참여해서 가족이 변할 수 있는 기회를 제공하는 역할을 담당하게 된다.

2 가족상담의 형태

개인상담에 비해 가족상담은 뒤늦게 발달되었으나 오늘날, 개인상담 못지않게 그 중요성이 강조되고 있다. 위에서 밝힌 바와 같이 가족상담에는 가족을 하나의 사회적인 단위로 보는 '가족 구조적인 접근방법'과 가족 간의 의사소통 양식의 변화에 초점을 맞추는 '의사소통 체계의 접근방법'이 있다.

1) 가족 구조적 접근방법

가족 구조적 접근에서는 가족의 문제를 가족 구성원 중 한 사람이 부적응 행동을 보여 준다는 관점에서 다루어진다기보다는 다른 가족들과의 관계에서 이해되고 다루어져야 한다고 보고 있다. 즉, 가족 중 한 사람의 문제는 가족체계의 문제성을 반영한 것으로 볼 수 있으므로, 한 가족 구성원을 이해하기 위해서는 가족 전체의 심리적 특성을 염두에 두어야 한다는 이론에서 출발한 접근방법이다. 특히 미누친(Minuchin, 1974)은, 가족의 구조는 환경의 변화에 의해 영향을 받게 되며 이에 의해 가족 구성원의 지각을 변화시킬만큼 중요한 영향을 미친다는 점에서 가족의 구조적 접근에 의한 치료를 제시하였다. 이 접근방법에서 유의해야 할 점은 다음과 같다.

(1) 문제의 원인이 되는 가족관계를 파악한다

가족 내에 문제가 발생하는 과정을 살펴보면, 단순히 갈등 때문에 문제가 야기되는 것만은 아니다. 때로 갈등은 가족 간의 새로운 관계 개선에 촉매제가 되기 때문이다. 갈등보다는 가족 간의 상호 역할을 보완해주는 관계가 붕괴되어 문제가 생기는 경우가 많다. 그러므로 새로운 역할에 대한 적응은 개인과 가족 모두에게 중요하다.

가족의 내면적 심리과정은 가족관계에 의해서 발생한다고 할 수 있다. 예를 들어 부부관계에서 한쪽은 학대하는가 하면, 다른 한쪽은 학대받는 관계를 지속할 때 문제가 생기게 된다. 부부 간의 갈등으로 인해 자녀교육에 소홀하게 되면 이는 자녀가 문제행동을 일으키는 원인이 되기도 하지만, 결국은 이러한 자녀의 행동이 다시 정상적이지 못한 부부관계를 지속하도록 만드는 원인이 되기도 한다. 이렇게 반복되는 과정을 치료자가 잘 파악하여 적절한 시기에 개입해야 한다.

(2) 현재 상황을 중요시한다

상담자가 아동의 현재 상황을 이해할 수 없을 경우에는 아동이나 가족들에게 과거의 사건이나 경험을 묻는다. 현재 일어나고 있는 문제들은 대부분 과거로부터 지금까지 오랫동안 반복되고 있다는 전제 아래 상담의 초점을 맞추는 것이다.

대개 가족상담의 초기 과정에서는 부모와 자녀들이 다 같이 자기의 입장을 이해시키기 위해서 상담자에게 과거에 있었던 많은 경험들을 털어 놓는 경우가 많다. 이렇게 과거에 관한 이야기를 상담자가 듣는 것은 내담자와 상담자 간의 신뢰관계의 조성과 상호 이해에 필연적인 과정이라고 볼 수 있다. 이때, 상담자는 내담자의 과거의 경험이 현재의 자신들과 어떻게 연결되는가를 생각하고 정리할 수 있도록 도움을 주어야 한다.

(3) 부정적 감정의 노출보다는 생산적 이해에 초점을 둔다

가족 간의 부정적인 감정을 노출시키거나 개개인의 내면적인 욕구를 지지하기보다는 바람직하지 못한 행동 및 심리상태를 이해하는 방향으로 상담을 진행한다. 가족상담의 초심자들은 가족들이 서로를 얼마나 싫어하고 불만족스러운지를 표면화시키는 것이 중요하다고 생각한다. 그러나 내면적인 적개심을 노출시키기보다는 적개심이 생기는 가족 구성원 상호관계의 문제를 해소하도록 노력해 나가야 한다.

따라서 가족상담자는 치료에서 바람직하지 못한 관계를 개선하기 위해서 가족 상호 간의 갈등을 명료화하는 데에는 적극적으로 개입해야 하겠지만, 대체로 부정적인 측면은 강조하지 않는 것을 원칙으로 한다.

(4) 가족 구성원 각자의 자율적 발언을 권장한다

한 사람씩 돌아가면서 말하는 방식보다는 모든 가족이 아무 때나 서로 하고 싶은 말을 할 수 있도록 해야 한다. 그리하여 이야기의 흐름을 방해하거나, 부모나 조부모, 형 등 손위라는 이유로 아동이 자신의 의사를 제때 표현하지 못하고 지나가는 일이 없도록 배려해야 한다. 항상 자기의 이야기를 말할 기회를 놓치는 내담자에게는 의도적으로 이야기할 기회를 줄 필요가 있다. 그러나 가족상담 중에 자녀들에게 말할 기회를 주어도 "별로 할 말이 없는데요."라는 식으로 자기표현을 회피하는 경우가 많다. 이럴 때에는 "특별히 할 말이 없어도 자기의 의견을 이야기할 수 없겠니?"라는 식으로 물음으로써 가족상담에서 구성원 각자가 자신의 느낌과 생각을 조금씩이라도 표현하도록 다시 기회를 주는 것이 바람직하다.

가족 간의 감정 및 의사표현이 향상되고 나면 전보다 훨씬 자유로워지고 원만한 유대관계가 형성된다. 그 다음 단계에서는 가족행동의 변화를 중요한 목표로 삼아야 하다. 즉, 가족 구성원이 지금까지와는 다른 방식으로 관계를 수립하도록 이끌어 나가야 한다. 예를 들어, 더 이상 가족 중에 한 명만이 속죄양의 역할을 맡는 일이 없어지면, 그 결과로 나머지 가족들이 새롭고 더 적절한 역할을 배울 수 있게 될 것이다. 가족상담자는 가족들이 이 같은 새로운 관계를 맺을 수 있는 방법들을 찾아내도록 도와주는 사람이다.

2) 의사소통 체계적 접근방법

가족상담의 방법 중 의사소통 체계적 접근방법은 가족 간의 잘못된 의사소통 체계를 수정하는 과정을 말한다. 가족집단의 의사소통은 항상 상대방에 대한 표면적 의미와 의도적 의미를 다 같이 포함하고 있다. 가족치료에서는 자기의 의사를 분명히 말하되, 다른 가족의 의사도 경청하고 받아들이는 마음가짐을 갖도록 한다. 만일 한 가정의 의사소통 양식이 아버지는 회유하는 방식을 사용하고, 어머니는 주로 책망을 하며, 아들은 후퇴하는 유형이라면, 이 가정은 분명 의사소통상의 문제가 있는 가정이라 할 수 있을 것이다.

사티어(Satir, 1988)는 특히 역기능적인 가족은 가족 간의 역기능적인 의사소통을 하기 때문인데, 이것의 원인은 가족을 구성하는 개인의 자아존중감이 낮기 때문이라고 하면서 의사소통의 중요성을 강조하였다. 이에 따라 가족치료와 상담의 목표를 역기능적인 의사소통을 기능적으로 변화시키고 구성원의 자아 존중감을 높이는 데 두었다.

흔히 가족갈등은 가족 간에 자기의 의사를 분명히 전달하지 않고서도 마치 충분히 전달한 것처럼 착각하면서 자기의 의사에 대한 상대방의 반응이 기대보다 다른 데서 실망함으로써 갈등이 빚어지는 경우가 많다. 이러한 의미에서 가족상담은 의사소통의 정확한 의미 전달 및 받아들이는 태도의 훈련과정이라 말할 수 있다.

기본적인 심리적 욕구들은 의사소통이 자유롭게 이루어질 때 가장 잘 충족된다. 반면에 의사소통이 불안, 두려움 또는 적대감에 의해 잘못 전달될 때 가족 각자의 욕구는 거의 충족되지 않는다.

의사소통에 혼란을 가져오는 것은 '이중적 메시지(double message)' 이다. 이중적 메시지(double message)를 사용하는 가정의 아이들은 특히 정서적으로 상처받기 쉽다. 예를 들어, 학교에서 돌아온 아이는 어머니가 고통스러워하는 모습을 보게되면 왜 그런지를 묻게 마련인데, 어머니는 아무 일도 아니고 그저 머리가 좀 아플 뿐이라고 하면서도 아이가 좀 장난을 쳤다고 해서, "내가 심한 두통이라고 말하지 않았니? 너는 어쩌면 그렇게 인정머리가 없니?" 라고 하면서 신경질적으로 말하는 경우이다. 이러한 가정에서는 안정, 사랑과 자존심은 향상될 수 없으며, 정서적으로 건강하게 될 수도 없다.

그러므로 상담자는 가족 구성원들이 서로의 심리적인 욕구를 충족시키는 효과적인 의사소통을 할 수 있도록 도와주어야 한다. 어떤 유아는 영유아기의 고립적이고 과보호적인 성장 경험의 결과로 의사소통의 기법을 배우지 못했을 가능성도 있고, 부모나 형제들 간의 감정의 대립으로 인해 의사소통에 어려움을 겪는 경우도 있다.

효과적인 의사소통을 위해서는 첫째, 가족들은 나 아닌 다른 가족의 의사를 정확히 이해하려고 노력하고 상대방을 존중하는 태도로 관심을 기울여야 한다. 둘째, 상대방의 의사를 얼마나 정확히 파악했는지를 확인해 보는 것이 필요하다. 의사를 확인하는 목적은 의사소통에서 자신이 이해한 내용을 말해 줌으로써 상대방과의 의사소통을 좀 더 명확히 할 수 있도록 하려는 데 있다.

3 | 가족상담의 실제

가족상담을 잘 이끌어 나가기 위해서는 상담자는 가족관계를 평가하고, 그 평가를 기초로 해서 상담목표를 설정하여야 한다. 상담의 실제에 들어가서는 상담의 과정이 중요하다.

1) 가족상담의 단계

가족상담은 네 단계로 나눌 수 있는데, 초기는 상담자와 내담자들 간의 원만한 관계의 수립이 필요하다는 점에서 개인 상담의 절차와 같다.

(1) 제1단계 : 상담자와 내담자 간 친밀한 관계의 형성

상담자와 가족 또는 가족 상호 간의 친밀한 관계를 발달시키는 단계이다. 친밀한 관계란, 온화하고 서로 신뢰하는 진실한 관계를 말한다. 상담자와 가족들 간에 친밀한 관계를 수립하기 위하여 상담자가 유의해야 할 점은 다음과 같다.

첫째, 상담자는 자신의 개인적인 생활과 상담자로서의 역할을 구분할 수 있어야 한다.

둘째, 상담자가 자신의 가치관과 내담자의 가치관을 구분할 수 있어야 내담자의 생각이나 행동도 수용할 수 있게 된다. 즉, 상담자는 내담자의 가치관을 존중하는 태도를 유지해야 한다.

셋째, 가족들이 자신들의 문제를 해결하려는 동기가 부족할 경우에는 친밀한 관계의 수립이 어렵게 마련인데, 치료자는 이때 많은 이해와 특별한 인내심을 발휘해야 한다.

(2) 제2단계 : 정서적 이해의 증진

가족 내에서 일어나는 여러 가지 문제와 가족 상호 간의 관계에 대한 정서적인 이해를 발달시키는 단계이다. 가족 구성원들은 일단 친밀한 관계가 수립되면 더욱 편안하고 기분 좋게 상호작용할 뿐 아니라 치료자와도 친밀한 관계를 가지려 한다. 가족 상호 간의 정서적인 이해가 깊어지면 불안이 감소되고, 문제를 해결하는 다양한 방법들을 제기하는 모습도 보이게 된다.

이 단계에서 상담자는 가족들 간의 정서적인 이해를 돕기 위해 다양한 기법을 사용하게 된다. 즉, 가족 구성원들이 자기의 생각과 감정을 아무런 불안 없이 말할 수 있도록 도와주기도 하고, 역할놀이의 기회도 준다. 각자가 자기의 생각과 감정을 표현하도록 격려하는 방법은 아동에게 많이 활용된다. 아동은 자기들의 생각을 충분히 표현하지 못하는 경우가 많으므로, 부모에 대해 부정적인 생각을 가지고 있다면, 이를 표현할 수 있는 기회를 부여해야 한다는 것이다.

역할놀이는 개개의 가족 구성원에게 다른 사람의 역할을 수행할 기회를 주는 것이다. 역할놀이에 있어서 가장 중요한 조건은 역할놀이자가 자기의 역할에 적합한 사람처럼 느끼고 행동해야 한다는 것이다. 대부분의 사람들이 자기의 역할에 대해 좌절, 억압, 위협 등을 느끼는 것은 사실이다. 그러면서도 자기들의 역할을 벗어날 수 없다는 것을 안다.

역할놀이는 이 같은 감정들로부터 자신을 해방시켜 주게 된다. 비난을 많이 퍼붓는 어머니와 복종적인 딸의 역할놀이를 통해 두 사람은 필연적으로 서로 간에 의사소통을 하게 되고, 다른 가족들도 이들의 역할놀이를 경청함으로써 많은 것을 깨닫게 된다. 결국 역할놀이는 가족 상호 간의 감정 변화를 일으키게 하고, 자신들의 생각과 감정을 명백하게 표현하게 하기 때문에 가족상담에 도움이 된다.

(3) 제3단계 : 대안적인 행동양식 제시

현실적이고 구체적인 대안적 행동양식을 발달시키는 단계이다. 가족 구성원들은 정서적인 이해와 더불어 대안적인 행동양식을 제시하기 시작한다. 예를 들면, 잔소리를 많이 하는 어머니가 자녀가 공부를 시작하려고 할 때 참견을 하려고 한다면, 아버지가 개입하여 아이에게 "숙제 다 끝내면 보고해라, 숙제를 검사해 주겠다."라고 말한 뒤, 어머니에게 다른 일을 하도록 권하는 방법이 대안이 될 수 있다.

(4) 제4단계 : 실제상황에의 적용

대안적인 행동양식을 실제에 적용하는 단계이다. 상담자는 제3단계에서 설정한 대안적인 행동양식을 가족들이 실천하도록 돕는 역할을 하게 된다.

대안적인 행동양식을 실제에 잘 적용하기 위해서는 가사분담을 잘 해야 한다. 이때, 상담자는 개개의 가족 구성원에게 어느 정도 책임을 수행할 수 있는지를 묻고 현명한 조언을 해준다. 또 상담시간이 끝날 무렵에는 항상 책임에 대해서 토론하도록 한다.

2) 가족상담자의 역할

가족상담에 임하는 상담자는 먼저, 참여하는 가족들이 상담자에 대해 신뢰감을 가지도록 해야 한다. 이 신뢰는, '우리 가정의 문제를 우리 가족과 함께 해결해 나가도록 도와주는 사람'이라는 가족들의 기대와, 이러한 기대를 충족시킬 수 있는 상담자의 책임감 있는 태도로부터 출발한다. 즉, 상담자는 가족들이 가족상담에 대해서 불안해하지 않고 긍정적인 기대를 갖도록 해야 한다.

그 다음으로 중요한 것은 가족들로 하여금 가능한 한 서로 자유롭게 말하고 질문하며 궁금한 것을 알아볼 수 있는 분위기를 조성하는 일이다. 왜냐하면, 대개 가족관계에서는 서로 간의 공개적인 감정 표현에 대한 두려움과 만족시켜 주지 못한 것에 대한 죄책감 등이 원만한 의사소통을 가로막고 있기 때문이다. 상담자는 가족들이 의사 표현을 두려워하지 않고 서로 이해하지 못한 부분을 확인하도록 격려하여, 결코 위축되거나 방관하지 않도록 하는 분위기를 조성해야 한다.

Part 4

특수 아동의 이해와 지도

14

Chapter

지능 및 발달상의 문제와 지도

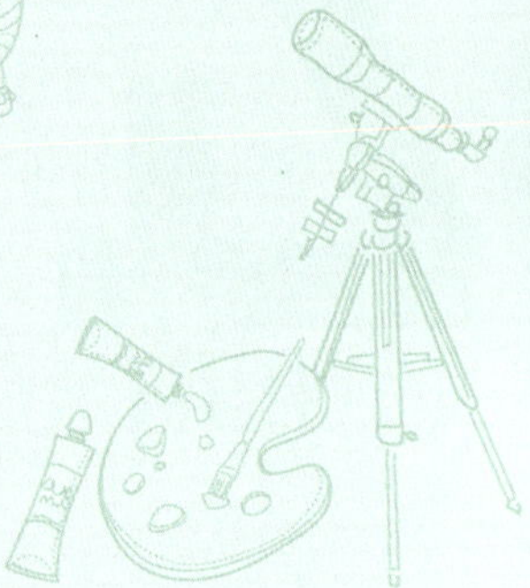

지적 능력이 얼마나 선천적 또는 환경적인 영향에 의해서 결정되느냐의 근본적인 논의는 접어두고라도 아동의 지적 능력은 전반적인 발달에 중요한 영향을 미친다. 이 장에서는 지능발달이 정상에서 벗어나는 두 집단인 발달지체아와 영재아를 유아교육기관에서 발견·지도하는 방법을 소개하고 이어서 자폐아와 언어장애아의 특징과 지도방법을 알아보겠다.

유아교육기관과 초등학교에는 여러 종류의 특수아들이 교육을 받고 있다. 영재아를 비롯해서 특수학습 장애아, 신체적 장애아, 정서적 장애아, 발달지체아 등의 특수 문제를 가진 유아들은 일반 유아들과는 다른 각도에서의 독특한 도움을 필요로 한다. 이들 특수아에게 있어서 영유아기는 앞으로의 성장·발달에 가장 큰 영향을 주는 결정적인 시기가 될 수도 있으므로 각별한 주의와 보살핌이 요구된다. 영유아기에 충분한 주의를 기울이지 않음으로써 유아가 정상적인 생활을 영위할 수 있는 잠재력을 상실하게 되는 경우도 있기 때문이다.

어떤 의미에서는 모든 유아들이 그 나름대로의 특성과 개인차가 있다는 점에서 각각의 유아가 독특하다고 말할 수 있다. 따라서 일반유아들도 그들의 지적·신체적 능력의 차이와 발달 속도의 차이, 개성, 성격의 차이 등을 고려할 때 각 유아에게 알맞은 교육방법이 필요한 것은 사실이다. 그러나 이 장에서는 유아의 독특한 장애 때문에 특수한 교육방법과 서비스, 프로그램 및 시설들을 필요로 하는 유아에 국한해서 문제별로 그 특징과 영유아기에 유아교육 교사가 제공해 줄 수 있는 도움을 중심으로 다루고자 한다.

교육을 필요로 하는 특수 대부분의 유아들이 가장 먼저 공식적인 교육을 받는다고 할 수 있는 유아교육기관의 교사로서 해야 할 중요한 임무 중의 하나는 담당하고 있는 학급의 유아들 중 신체적·정신적으로 또는 정서적으로 심각한 문제점이 있는 유아가 있는가 하는 것을 가려내는 일이다. 유아교육 교사는 매일 하루에 3시간 이상 유아를 관찰하고 접촉할 수 있는 기회를 가지며, 또한 비슷한 연령의 유아들의 발달과 학습 등에 관련된 지식과 경험을 풍부하게 쌓게 됨으로써 장애를 가진 유아의 문제점을 파악할 수 있는 위치에 있게 된다.

말할 것도 없이 유아의 문제점을 신속히 발견해 내어 그에 적합한 교육상담이나 처치를 받도록 하는 것이 가장 바람직하나, 유아를 장애아로 규정하거나 진단하는 것은 유아교육 교사의 권한 밖의 일이다. 따라서 만일 교사의 집중적인 관찰에 의해서 유아의 상태에 관해 의심을 품게 된다면, 교사는 먼저 부모에게 알리고 유아를 전문가(의사, 심리학자 등)에 의해 종합적인 진단을 받도록 권고해야 한다.

일단 특수교육이나 시설, 장비 또는 교육과정을 필요로 하는 유아로 진단이 내려졌다고 해도 장애의 정도에 따라서는 일반 유아와 함께 일반 유아교육기관에서 적응할 수 있으며, 오히려 이곳에서 더욱 큰 교육적 효과를 얻을 수도 있다는 점을 고려해야 한다. 교사의 민감한 배려와 보살핌이 이 경우에 한층 더 요구됨은 물론이다.

이 장에서는 지능 및 발달상의 문제를 가진 유아들 중 지적 우수아, 발달지체아, 자폐아 및 언어장애아에 관하여 그 특성과 지도방법을 살펴보기로 하겠다.

1 | 지적 우수아

지능검사에 따라 조금씩 영역대의 차이가 있기는 하나 일반적으로 표준화된 지능검사에서 얻은 지능지수(IQ)의 점수가 130 또는 135 이상에서 150에 근접한 유아를 지적 우수아 또는 영재아라고 칭한다. 이러한 유아들은 유아교육기관에 들어오기 전부터 이미 나름대로의 우수성을 보여 온 유아일 경우가 많다. 지적 우수아들이 보여주는 행동적 특징들은 영재아의 조기 발견에 중요한 단서가 되기도 한다.

1) 행동적 특징

지적 우수아에 대한 정의는 다양하며 이름도 천재아, 수재아, 재능아, 영재아 등으로 다양하나 대체로 다음과 같은 특성을 갖는다.

- 같은 연령의 다른 일반유아보다 더 빠르고 쉽게 과제를 배운다.
- 상식이나 실용적인 지식이 풍부하며 이를 유용하게 사용한다.
- 동년배 집단에 비해 추리력이 뛰어나며, 명쾌하게 사고하고 사물의 관계를 정확히 파악하고 이해력이 우수하다.
- 기억력이 뛰어나다.
- 어휘력이 뛰어나며, 쉽고 정확하게 어휘를 구사한다.
- 독서능력이 보통 1~2년 이상 동년배보다 앞선다.
- 다양한 흥미를 가지고 있으며, 호기심이 많아서 질문을 많이 한다.
- 대체로 사회에 잘 적응하는 편이나 자기 자신에 대해 비판적일 수 있으며 만족하지 못하는 경우도 있다.
- 매우 예민하고 관찰력이 강하며, 재빠른 반응을 보여준다.
- 독특한 방법으로 문제를 해결하고 새롭고 독창적인 아이디어를 개발하는 등의 창의성을 보여준다.

2) 지적 우수아의 지도방법

이상에서 살펴 본 지적 우수아를 지도하는 방법은 다음과 같다.

- 지적 우수아의 학습속도가 매우 빠르다는 것을 감안할 때, 교사는 이들에게 같은 과제를 계속해서 복습하도록 하는 기회를 될 수 있는 한 줄여야 한다. 한 가지 개념에 대한 학습기간을 오래 지연시키지 않도록 하며, 연습문제도 다른 일반아보다 많이 필요하지 않으므로 적게 배당한다. 유아에게 부과된 과제가 지루하다는 느낌이 주어지지 않도록 유의한다. 학습활동이 다른 유아보다 먼저 끝났을 때에는 이야기책을 읽게 하거나 만들기, 조작놀이, 과학 등의 활동을 독자적으로 할 수 있도록 배려해 준다.
- 지적 우수아를 가진 부모나 교사들은 유아가 놀라운 양의 지식과 상식을 가진 것을 보게 된다. 뿐만 아니라 가끔 어른들이라도 쉽게 대답해낼 수 없는 수준의 질문을 던져 당황하게 되는 경우도 있다. 교사는 유아의 무한한 호기심과 폭넓은 흥미를 유아가 새로운 문제를 좀 더 깊이 탐색하는 데에 동기유발적인 도구로서 사용되도록 유도해야 한다.
- 때로 우수아는 한 가지 문제에 몰두하여 교실에서 이루어지는 일상적인 일과에는 관심을 보이지 않을 수가 있다. 이때 만일 교사가 비교적 엄격한 규율을 고수하는 사람이어서 학급에 있는 유아는 누구나 똑같은 과제를 가지고 활동해야 한다고 믿고 있다면, 우수아를 다루는 데 문제점이 발생할 것이다. 그러나 만일 교사가 유아로 하여금 주어진 과제를 모두 끝내고 남는 시간에는 유아가 흥미있어 하는 다른 작업을 할 수 있게 한다면 분위기는 훨씬 융통성 있게 될 것이다.
- 비록 우수아가 대체로 환경에 잘 적응하고 있다고 하지만 만일 유아의 창의성이나 독특한 사고방식 등이 올바르지 않을 때에는 지나치게 자기 중심적인 경향을 나타내거나 남과는 다르다는 생각으로 집단에서 고립될 가능성이 있다. 이러한 문제를 갖게 되지 않도록 미리 예방하는 것이 교사의 임무라고 할 것이다. 이는 부모와의 긴밀한 유대가 이 경우에 특히 요청된다. 특히, 지나친 자만심이나 지나친 자기비판, 자기 불만족 등이 있지 않은가에 유의하는 것이 바람직하다.
- 유아의 창의성을 길러주기 위해, 교사는 유아가 스스로 과제를 발견해서 준비하고 이를 발표할 수 있는 기회를 갖도록 마련해 준다.

- 풍부한 자료와 도서, 다양한 활동, 융통성 있는 학습 분위기 등으로 지적 우수아의 성취동기를 높여주고 학교활동에 적극적으로 참여하면서 독립적으로 흥미와 호기심을 만족시켜 나갈 수 있는 분위기의 제공이 매우 중요하다.

이상의 지도방법들은 한 교실에서 많은 유아들을 지도해야 하는 일반 유아교육기관에서는 교사에게 부담을 줄 수 있다는 단점이 있다. 이러한 문제점을 어떻게 해결하는가 하는 것이 영재아들을 효과적으로 교육시키는 데 중요한 요소로 작용할 것이다.

2 발달지체아

대부분의 유아교육 교사들은 유아발달에 관해 비교적 잘 알고 있으며, 연령에 따른 발달과정에 익숙해 있다. 그러나 아주 심한 정신발달상의 지체가 없는 한 유아교육 교사는 쉽게 발달지체아를 일반아에서 구분해 내기 어려울 수 있다. 물론 유아에게 진단명을 붙여서 다른 유아와 구별하거나 차이를 두어서는 안 될 것이다. 그러나 교사가 유아의 지능발달상의 문제점을 인식하지 못하고 있다면, 교사는 유아에게 일반아와 똑같은 과제물과 활동을 부과해서 이를 유아가 해낼 수 있기를 기대하게 될 것이다. 이것은 발달지체아에게 있어서는 정신적으로나 정서적으로 무거운 부담이 되어 행동상의 문제로 표출될 가능성이 많아진다. 따라서, 적절한 진단을 통해서 유아의 장애의 종류와 정도를 파악함으로써 유아의 능력수준에 알맞은 기대를 유아에게 하는 것이 매우 중요한 문제라고 생각된다. 발달지체에 대한 정의는 각국에 따라 그리고 학자에 따라 약간씩 차이가 날 수 있으나 우리나라 「특수교육진흥법 시행령」에서는 "지능검사 결과 지능지수가 75 이하이며, 적응 행동에 결함을 지닌자"로 규정하고 있다.

1) 발달지체아의 행동적 특징

발달지체아는 정신지체아로 불리기도 하는데, 이들의 행동적 특징을 살펴보면 다음과 같다.

- 신체적 장애가 복합되어 있지 않은 한 대체로 발달지체아의 신체발달은 일반아와 비슷하거나 약간 지체되어 있을 뿐이다.
- 언어구사력, 어휘력 등의 언어능력이 지체되어 있다.
- 주의집중력이 약하며, 주의집중시간도 매우 짧아서 한 가지 과제에 오래 집중하지 못하고 산만하다.
- 욕구좌절을 참아내는 힘이 약하다. 이것은 유아의 빈번한 실패 경험과 깊은 관계가 있다.
- 동년배 유아보다는 나이 어린 아이들과 친구가 되어 어울리는 경향이 있다. 이것은 생활연령보다는 정신연령이 일치되는 친구를 찾기 때문이다.
- 자기중심성에서 탈피해 나가는 데 어려움이 있다. 자기 자신과 자기의 욕구의 측면에서 사고하고 행동하려는 경향이 많다.
- 사고에 융통성이 없으며, 응용력이 부족하다.
- 개념파악 및 이해력, 기억력, 일반화 능력, 상상력, 창의력 등의 지적 기능이 동년배에 비해 상당히 낮아서 학교 교재를 학습해 나가는 과정이 매우 느리다.
- 지능검사, 특히 개인용 지능검사를 실시했을 때 동년배 집단보다 의미있게 평균에서 이탈된 점수를 보인다. 평균에서 이탈된 정도에 따라서 유아를 교육가능급(IQ 50~79) 또는 경도(輕度) 정신지체, 훈련가능급(IQ 30~49) 또는 중도(中度) 정신지체, 보호급(IQ 29 이하) 또는 중도(重度) 정신지체 등으로 구분하기도 한다. 이러한 구분은 그 자체로서는 아무런 교육적 의미를 가지고 있지 않다. 다만 이러한 구분이 유아를 위한 교육계획을 세우고 보다 효과적인 개별화된 지도방법을 구안하는 데 활용될 때 비로소 의미를 가진다고 하겠다.

2) 지도방법

유아교육기관에서 발달지체아를 일반아와 함께 학습하게 할 것이냐, 아니면 분리시켜서 이들만의 집단을 구성해야만 할 것이냐의 문제는 오래 전부터 논쟁의 초점이 되어 왔으나, 근래에 이르러서는 심한 발달장애가 있지 않는 한, 그리고 다른 특수시설을 필요로 하지 않는 한 대체로 일반아들과 함께 유아교육기관 생활을 하도록 권장되고 있다.

유아교육기관 수준에서 발달지체아를 지도할 때 강조해야 할 기본적인 학습목표는 다음과 같다.

- 자조능력을 기름으로써 가능한 한 독립적으로 자신을 보살필 수 있게 한다.
- 언어 이해와 전달의 기술을 발달시킨다.
- 또래나 주위의 사람들과 적절한 방법으로 잘 어울릴 수 있는 사회적 기술을 학습하도록 한다.

이러한 교육목표 자체는 일반 유아교육기관의 목표와 크게 다를 것이 없다. 그러나 발달지체아의 지체 정도를 고려하면서 이들을 어떻게 지도하느냐가 중요하다. 다음은 발달지체아의 지도방법을 제시해 보았다.

- 구체적이고 직접적이며 간단하게 가르친다.
- 가능한 한 학급의 다른 유아와 똑같이 다룬다. 발달지체유아에게 지나치게 높은 기대를 걸거나 지나치게 낮은 기대를 갖지 않도록 유념한다.
- 유아의 발달 단계를 고려하여 단계적인 학습을 제공하도록 노력한다.
- 한 번에 한 가지 활동만을 소개한다. 예를 들면, 음식 먹는 법을 가르칠 때, 숟가락 사용하는 법을 먼저 가르치고, 그 다음에 젓가락 쓰는 법, 그 다음에는 우유 따라 먹는 법 등 한 가지씩 차례로 가르친다.
- 지시를 줄 때 가능한 한 언어적 지시를 간단하게 하고 구체적으로 물건이나 모형 또는 그림들을 언어적 지시와 함께 보여주거나 교사가 실제로 시범행동을 보여줌으로써 교사가 원하는 것이 무엇인지를 보여준다.

- 교사가 제시하고 있는 자료에 유아가 주의를 기울이고 있는가를 확인하도록 한다.
- 한 가지씩 과제를 반복해서 학습할 수 있는 기회를 마련해 준다. 단순한 규칙이나 과제일지라도 반복해서 학습하게 한다. 여기에는 교사의 무한한 인내심이 필요하다.
- 한 가지 과제를 완성하는 데 충분한 시간적 여유를 준다.
- 언어발달을 촉진시키도록 노력한다.

가능하다면 언제나 유아의 언어적 표현이나 응답이 어떤 형태로든 나오기를 기다린다. 차츰 단어의 수와 질을 높여서 언어를 사용하도록 돕는다. 그러나 유아가 지나치게 자신의 언어표현에 주의를 기울여 위축되지 않도록 조심한다.

- 가능한 한 성공적인 경험을 많이 갖도록 하기 위해서 학습자료와 과제 및 지도방법을 특별히 유아의 수준에 알맞게 마련한다. 주어진 과제를 완성했을 때 칭찬을 아끼지 않는다. 유아가 긍정적인 자아개념을 발달시키도록 도와준다.
- 한 가지 과제를 학습함으로써 그와 비슷한 다른 과제를 해낼 수 있으리라는 기대는 최소로 줄이는 것이 바람직하다. 예를 들면, 신발끈 매는 것을 학습할 때 모형신발로 끈 매기를 학습한 후 유아가 자신의 신발을 직접 신고서 신발을 신은 각도에서 신발끈 매기를 다시 학습하는 것이 더 효과적이다.

참고로 유치원 수준에서 제공할 수 있는 발달지체아를 위한 교과과정의 개요와 내용을 살펴보면 다음과 같다.

(1) 사회성 훈련

- 집단활동에 참여하기
- 집단에서 취해야 할 기본적인 학습태도 익히기
- 다른 유아와 장난감이나 학용품 등의 공공물건을 나누어 쓰고, 차례를 지키며, 다른 유아의 권리 존중하기

- 교실의 정리정돈을 돕기
- 어머니, 아버지, 형, 누나, 언니 등으로 가족을 적절히 호칭하기
- 어머니와 아버지의 역할 알기
- 상점, 경찰, 우체국 등의 공공시설에 관해 알기

(2) 언어발달

- 일상적으로 자주 사용되는 어휘 습득하기
- 생리적인 기본적 욕구를 해결하기 위해서 이와 관련된 어휘를 알고 사용하기(예 : 먹는다, 배고프다, 졸립다, 춥다, 화장실 등)
- 신체부위와 관련된 단어를 습득하고 이를 사용하기(예 : 머리, 눈, 귀, 코, 입, 팔, 다리, 발 등)
- 흔히 쓰이는 사교적인 어휘를 습득하고 사용하기(예 : 고맙습니다, 안녕, 선생님, 인사하기 등)
- 가정과 관련된 어휘를 습득하고 사용하기(예 : 부엌, 안방, 침실, 거실, 냉장고 등)
- 지역사회와 관련된 어휘를 습득하고 사용하기(예 : 상점, 교회, 큰길 등)
- 교통수단과 관련된 어휘를 습득하고 사용하기(예 : 버스, 자동차, 자전거 등)
- 교실에 흔히 있는 물건 이름 말하기(예 : 책상, 의자, 창, 문, 장난감 등)
- 유아가 흔히 볼 수 있는 물건이나 동물들의 이름 말하기(예 : 꽃, 물, 나무, 개, 고양이, 새 등)
- 간단한 언어적 지시 따르기
- 그림을 보고 그 안에 있는 물건들, 장면들, 행동들을 교사가 말하는 대로 지적해 보이고, 5까지 세어 본 후 기본적인 색깔(예 : 빨강, 노랑, 파랑 등) 지적해 보이기
- 이야기를 듣고 간단히 이야기해보기
- 집이나 학교활동에 관련된 이야기해보기

(3) 자조기술

- 청결과 옷차림에 대해 바람직한 태도 습득하기
- 얼굴과 손을 청결히 씻는 방법 배우기
- 이 닦는 습관(언제, 어떻게) 기르기
- 옷을 단정히 입기, 놀이가 시작되기 전에 코트나 모자 벗어 걸기

(4) 건 강

- 청결에 대한 바람직한 태도 기르기
- 먹는 습관에 관련된 적절한 태도 기르기(예 : 너무 빨리 먹지 않기, 너무 많이 먹지 않기, 음식 꼭꼭 씹어 먹기, 사탕류를 너무 많이 먹지 않기)
- 컵, 접시, 숟가락, 젓가락, 밥그릇 등을 적절히 사용하기
- 밥, 우유, 김치, 고기, 물, 사과 등과 같은 기본적인 음식에 관련된 단어 습득하기
- 화장실 사용하는 법(예 : 화장실에 가는 시간, 휴지를 사용하는 방법, 옷을 벗고 다시 입기, 손 씻기)을 습득하기
- 안전에 관련된 기본적인 습관과 기술 습득하기(예 : 층계에서 뛰지 않기, 뜨거운 난로에 너무 가까이 안 가기, 교통신호의 멈춤 표시(빨간 불)를 알기, 길 건너는 방법 익히기, 거리에서 놀지 않기, 놀이터 기구를 안전하게 쓰는 방법 알기

(5) 정신-운동협응의 발달

- 뛰기, 스키핑, 공던지기, 세발자전거 타기 등의 활동을 통해서 일반적인 대근육 협응 발달시키기
- 손으로 두드리기, 조각그림 맞추기, 못판꽂기, 가위질, 색칠하기 등의 활동을 통해서 소근육운동 발달시키기
- 음악에 맞추어 여러 가지 동물의 흉내를 내면서 걷기, 스키핑, 깡충뛰기를 함으로써 대근육과 소근육운동의 협응 발달시키기

(6) 교과목 활동

언어활동을 제외하고는 학과목에는 큰 비중을 두지 않는다.

① 기억력 기르기

- 숨바꼭질, 조각그림 맞추기, 빠진 부분 찾기 등 시각을 통해 제시된 사물을 기억해냄으로써 시각적 기억능력 발달시키기
- 이야기, 동요, 동시, 음악, 노래 등의 듣는 활동을 통해서 청각적 기억력 발달시키기
- 텔레비전 프로그램, 영화, 일상활동 등에 관한 집단토의에 참여하기
- 유아의 경험과 관련된 그림을 보고 이야기해보기
- 그림책이나 잡지책을 본 후 그에 관한 이야기하기 즐기기

② 변별능력 기르기

- 시각적 변별 : 색, 형태, 군, 크기에 따라 물건을 짝짓기하기, 한 가지 물건을 연관된 의미에 따라 짝지우기(예: 머리와 모자, 컵과 받침접시, 손과 장갑 등), 그림을 보고 물건, 동물, 사람들을 찾아내기, 색칠하기, 풀칠하기, 그림 그리기, 선따라 그리기 등과 같은 기본적인 정신-운동활동하기, 공간관계에 대한 개념을 발달시키기(예 : 위-중간-밑, 멀다-가깝다, 위-아래, 앞-뒤, 안-밖), 수량의 개념을 발달시키기(크다-작다, 많다-적다)
- 청각적 변별 : 흔히 듣는 사람의 소리들을 알아맞히고 구별해 내기(예 : 높은 목소리-낮은 목소리, 큰 소리-작은 소리, 개-고양이 소리, 어른-아이의 말소리)
- 촉각적 변별 : 말랑거리는 것과 단단한 것, 뜨거운 것과 차가운 것, 날카로운 것과 무딘 것을 알아맞추고 구별하기
- 읽기 : 자신 자신의 이름을 보고 알기

③ 수 개념

- 1~10까지 암기로 셀 수 있기
- 2~5까지 물건을 보고 세어서 줄 수 있기

(7) 창의적 표현

① 음악활동

- 간단하고 짧은 노래 배우기
- 음률과 템포에 따라 걷기, 달리기
- 유아를 위한 노래모음 듣고 즐기기

② 미술활동

- 크레용, 그림물감, 붓, 찰흙, 백묵, 두꺼운 도화지, 풀, 가위 등의 재료를 사용하여 활동하는 경험 갖기
- 여러 가지 재료를 가지고 자유롭게 표현해 보기
- 큰 종이에 아무 것이나 그리기, 여러 가지 선과 형태를 그려 보기, 공다루기, 두 손가락으로 물건 집어 올리기, 비틀어 짜기, 종이 오리기, 접기, 찢기, 풀칠하기, 색칠하기 등과 같은 다양한 활동에 참여하기

(8) 놀이활동

소꿉놀이, 모래놀이, 물놀이, 나무토막 쌓기, 장난감놀이 등

3 | 유아자폐증

유아자폐증(infantile autism)이란, 일종의 전반적인 발달장애로서 대인관계, 정서, 지각, 주의집중, 자조능력 등의 여러 부분에서 발달적인 장애가 있는 것이다.

유아자폐증은 1943년 미국의 캐너(Kanner) 교수에 의해서 처음으로 설명되었는데, 그는 11명의 특이한 문제를 가진 유아에 관하여 기술하면서 이들을 '애정, 접촉상의 자폐적인 장애를 가지고 있는 유아들'이라고 말하였다.

표 14-1 DSM-4의 자폐증

구 분		내 용
A	(1) 다음 항목들 중 적어도 두 가지에서 분명하게 사회적 상호작용의 질적 손상이 있을 때	• 사회적 상호작용을 조절하기 위한 눈마주치기, 얼굴표정, 몸자세 몸짓과 다양한 비언어적 행동을 사용함에 있어서 현저한 손상 • 발달수준에 적합한 또래관계 발달의 실패 • 자발적으로 다른 사람과 기쁨, 관심, 성공을 나누지 못함
	(2) 다음 항목들 중 적어도 한 가지에서 의사소통의 질적 손상이 있을 때	• 구두 언어 발달의 지연 또는 완전한 발달 결여 • 적절한 말을 하는 경우, 다른 사람과 대화를 시작하거나 지속하는 능력의 현저한 손상 • 상동증적이고 반복적인 언어나 괴상한 언어의 사용 • 발달수준에 적합한, 자발적이고 다양한 가상적 놀이나 사회적 모방놀이의 결여
	(3) 다음 항목들 중 적어도 한 가지에서 분명하게 제한적이고, 반복적이며 상동증적인 행동, 관심, 활동을 보일 때	• 강도나 초점에 있어서 비일반적인, 한 가지 이상의 상동증적이고 제한적인 관심에 집착 • 특이하고 비효율적인, 틀에 박힌 일이나 의식에 고집스럽게 매달림 • 상동증적이고 반복적인 동작성 매너리즘(예 : 손이나 손가락으로 딱딱 때리거나 비틀기, 또는 복잡한 몸 전체 움직임) • 대상의 부분에 지속적인 몰두
B	다음 중 적어도 한 가지 영역에서 기능이 지연되거나 비일반적이며, 3세 이전에 시작됨	• 사회적 상호작용 • 사회적인 의사소통에서 사용되는 언어 • 상징적 또는 상상적 놀이

최근에 와서 특수교육자, 임상심리학자, 유아교육전문가, 소아정신과 의사 등 여러 전문가들이 자폐증의 진단과 치료에 관심을 보이고 있으며, 연구도 이루어지고 있음을 보게 된다. 미국 정신의학협회에서 1994년에 발간한 『정신장애의 진단 및 통계 편람 4집(Diagnostic and Statistical Manual of Mental Disorders, DSM-IV)』에 의하면 자폐증을 자폐성 장애로 명명하면서 표 14-1과 같은 진단기준을 제시하고 있다.

1) 자폐증의 증상

자폐증 유아들의 증상은 유아의 특성에 따라 매우 다양하나 대체로 다음의 세 가지 증상을 모든 자폐증 유아에게서 볼 수 있다.

(1) 대인관계장애

대인관계장애는 유아가 다른 사람과의 인간관계를 맺는 데에 어려움을 갖는 것으로서 다음과 같은 형태로 나타난다.

- 부모와의 애착형성이 되지 않는다. 부모와의 접촉을 피하고, 부모에게 안기거나 매달리는 행동을 하지 않으며, 안아주려고 해도 안기려 하지 않고 부모를 특별히 좋아하는 것 같지 않다.
- 다른 사람과 눈을 마주치거나 눈과 눈을 접촉하려고 하지 않고 피한다.
- 사람들과의 신체적인 접촉을 싫어하고 피한다.
- 다른 아이에게 전혀 관심을 보이지 않으며, 같이 놀지도 않는다.
- 우정, 애정, 우애 등 다른 사람과의 감정적인 관계 형성이 어렵다.
- 다른 사람의 감정을 이해하지 못하며, 공감하지 않고 타인의 권리나 감정을 고려하지 않는다.

(2) 언어발달의 장애

언어장애는 모든 자폐아에게서 발견되는 증상으로서 다음과 같은 특징으로 나타난다.

- 언어발달이 전반적으로 늦다.
- 말하기를 시작하기 전부터 대부분의 유아는 생후 3~4개월이 되면 옹알이를 하고 타인과의 상호작용을 하며 부모의 관심을 끌려고 하는 행동을 보여준다. 그러나 자폐아는 옹알이나, 모방 등의 사회성을 띤 행동을 보이지 않는 경우가 많아서 언어 이전의 기술이 자폐아들에게는 결여되어 있음을 볼 수 있다.
- 자폐아는 언어를 이해하는 능력이 부족하다. 이름을 불렀을 때나 무엇을 설명했을 때 이를 이해하지 못하는 경우가 많다. 또한 이해했다 하여도 적절한 반응을 보여주지 않으므로 가끔 청력을 의심하게 되는 경우가 있다.
- 의사소통능력의 발달이 지체되어 있어서 타인과의 대화가 이루어지기 어렵다.

- 언어가 시작되더라도 특징적인 반향(echo)을 보여주는 경우가 많다. 즉, 다른 사람의 질문에 대해 적절한 대답을 하는 대신에 앵무새처럼 그 질문 자체를 그대로 반복하여 말하는 것이다. 예를 들면 "네 이름이 뭐냐?"라는 질문에 대해 "내 이름은 철수에요."라고 대답하는 대신에 "네 이름은 뭐냐?"라고 질문 자체를 되풀이하는 것이다. 또한 TV에서 나오는 선전문구나 노래가사 등은 똑똑히 따라할 수 있으나, 이러한 언어가 의사소통에는 쓰이지 않는 경우가 많다.
- 대명사를 혼동하여 쓰는 경우가 많아서 너와 나, 우리 등의 구별을 잘 하지 못한다.
- 말을 하더라도 문장을 만들기 어려우며 억양이나 발음이 비교적 고음으로 단조롭게 들리기 쉽다.

(3) 행동상의 장애

자폐아는 일상생활의 리듬이 깨지는 것을 참기 어려워하는 특징이 있다. 즉, 자신이 항상 해오던 일, 자신이 이미 알고 있는 것만을 계속하려고 하며 자신이 익숙하게 알고 있는 환경과 행동을 동일하게 유지하려고 하는 특징을 보여준다.

- 놀이를 할 때에 놀이도구가 한두 가지로 한정되는 경향이 있으며, 한 가지 놀이를 계속해서 되풀이한다.
- 특정한 물건에 강력한 애착을 느껴서 그것이 없으면 울고 몸부림치며 참기 어려워한다.
- 사람들과의 접촉에는 냉담하나 장난감이나 물건들을 가지고 노는 데는 열심히 몰두하는 편이다. 특히 둥근 모양의 물체나 잘 돌릴 수 있는 물체(예: 팽이, 자동차 바퀴, 둥근 접시 등)를 가지고 계속해서 몇 시간씩 돌리면서 시간을 보내기도 한다.
- 주위환경에 어떤 변화가 있을 때 이를 참지 못하고 변화에 적응하기가 매우 어렵다. 예를 들면, 물건의 위치가 바뀌는 것을 싫어하여 항상 있던 자리에 놓기를 고집하며, 새로운 음식을 먹으려 하지 않고 같은 음식만을 먹겠다고 고집하는 것 등인데, 이러한 고집을 다루기가 어려운 경우가 많다.

(4) 기타 증상

- 주의집중력이 부족하며 과잉운동을 보이는 때가 많다.
- 손가락과 같은 자신의 신체 일부를 물어뜯거나 머리를 벽에 부딪치는 등의 자해행위를 보이는 경우가 있다.
- 특정한 감각적 자극에 대하여 과잉 또는 과소반응을 보이는 경우가 있다. 즉, 어떤 소리에 대해서는 매우 민감한 반응을 보여주지만, 때리거나 꼬집는 등의 피부 접촉적 자극에 대해서는 전혀 반응을 보이지 않는 경우가 있다. 또 반대로 어떤 아이는 피부접촉에 대해서는 민감하지만 청각자극에 대해서는 둔감한 특징을 보이기도 한다.
- 발달수준이 각 영역에 따라 불규칙하다. 표면상으로 나타나는 신체발달이나 운동발달은 정상인데 비해 언어발달이나 사회성의 발달은 상당히 지연되어 있다.

2) 자폐증의 원인

자폐증의 원인이 무엇인가에 대하여 한마디로 대답하기는 어렵다. 그러나 대체로 다음과 같은 몇 가지를 자폐증의 원인으로 생각하고 있다.

(1) 심리적·환경적 원인

자폐증은 심리적·환경적 원인 때문에 생긴다는 학설이다(Bettlelheim, 1967). 이 원인을 주장하는 사람들은 자폐증을 보이는 유아의 부모나 그 주위환경에서 무엇인가 결손이 있기 때문에 자폐아가 되었을 것이라는 가설이다. 즉 부모들의 애정이 결여되어 있거나 부모의 육아방법에 문제가 있기 때문에 자폐아가 된다는 것이다.

그러나 캐너가 처음으로 자폐증을 설명할 때 "이 아이들의 자폐적 고립은 출생 직후부터 있는 것으로 보아 그 이유를 모두 부모와의 관계 이상에 있다고 하기는 힘들다."라고 말함으로써 부모의 성격이나 부모-자식 간의 관계 맺음 방식이 반드시 자폐증을 유발한다고 보기는 어려움을 시사한 바 있다.

(2) 기질적 원인

자폐증이 기질적 원인 때문에 초래된다는 학설이다. 이것은 생물학적으로 우리의 인체에 어떤 이상이 있거나 문제가 있을 때 오는 자폐증을 말하는 것이다. 예를 들면, 임신 중에 풍진을 앓은 어머니가 낳은 아이들 중에는 여러 가지 선천적인 기형이나 이상을 보일 뿐 아니라 이들 중 자폐증아의 발생빈도가 일반아동들보다 훨씬 많은 것으로 알려져 있다. 이러한 증거를 기초로 하여 자폐증이 생물학적·기질적 원인 때문에 일어난다고 주장하는 것이다.

(3) 중추신경계의 장애

중추신경계통의 발달에 문제가 있기 때문에 자폐아가 되었을 것이라는 학설이다. 즉, 중추신경계가 태아기와 영아기에 발달하면서 뇌의 각 부분에 적당한 연결과 통합 등이 이루어져야 되고, 또 뇌기전이 정상적으로 발달하여 어떤 자극을 받았을 때 이들을 적절히 처리할 수 있는 능력이 생겨야 하는데, 자폐아들은 이러한 능력에 결함이 있다는 것이다. 다시 말하면, 신경생리학적 이상으로 정보처리과정과 감각입수처리의 통합성에 문제가 있기 때문에 자폐증을 나타낸다는 학설이다.

(4) 중추신경계 인지작용의 결함

자폐아는 언어발달과 관련된 뇌의 부분, 특히 청각과 뇌연상중추와의 연결 등 언어를 포함하는 중추신경계의 인지작용에 어떤 결함이 있는 것이 기본적인 문제라는 학설이다. 이 학설은 영국의 루터(Rutter, 1978)에 의해서 주장된 것으로 가장 유력한 학설로 알려지고 있다.

이상에서 몇 가지 자폐증의 원인을 살펴보았다. 그러나 일반적으로 분명한 것은 자폐증을 가진 유아는 출생하면서부터 자폐아로서 발전할 소질과 문제성을 가지고 태어난다는 사실이다. 최근의 연구결과를 보면, 발달장애는 전반적으로 뇌파검사나 신경학적 검사를 했을 때 이상이 있음이 발견된다고 한다. 또 정신지체아나 뇌손상 유아들 중에 자폐증을 보이는 유아가 있는 것으로 추측하건대, 자폐증은 뇌의 어떤 손상이 있어서 나타날 가능성을 크게 해준다.

그러나 이러한 기질적인 소질을 가지고 태어나는 유아의 경우, 부모의 반응이나 환경적 여건이 어떠한가에 따라서 그 증상의 정도가 다르게 나타날 수 있다. 즉 기질적인 원인을 가지고 태어나는 유아를 양육할 때 부모들이 잘 다루지 못했거나, 애정이 결핍되어 있을 경우, 자폐아가 좀 더 자폐적으로 발전하게 될 가능성을 높여준다고 할 수 있다.

3) 자폐증을 가진 유아의 지도와 치료

자폐증은 그 증상이 완전히 없어지도록 만드는 특수요법이나 치료방법이 아직은 없다고 보는 것이 일반적인 견해이다. 다만 자폐아들이 보다 정상적인 생활을 영위할 수 있도록 의학적, 교육적, 심리·사회적 제반 분야에서 도움을 받아야 할 것으로 생각된다. 이들을 위한 치료적인 원칙은 대체로 다음과 같다.

(1) 부모상담

자폐증상을 보이는 유아의 부모들은 심리적으로 당황하고 자녀를 어떻게 지도해야 할지 위축되어 있어서 우선적으로 치료가 필요한 대상이라고 해도 과언이 아니다. 부모상담은 다음과 같은 원칙을 가지고 진행하는 것이 바람직하다.

① 팀워크 접근

자폐증은 발달 전반에 걸친 장애를 가지고 있으므로 의학, 교육, 심리, 사회, 가정, 언어치료 등 다방면에서의 전문적인 도움이 필요하다. 이러한 다방면에 걸친 도움을 주기 위해서 각 전문가들의 상호협조가 절대적으로 필요하며 팀워크(team work) 접근방법이 중요하다.

② 정확한 진단과 평가

교육과 상담을 시작하기 전에 정확한 진단과 교육적인 평가를 해야 한다. 평가는 자폐아의 지적 능력, 사회성, 언어, 자조능력, 대근육운동, 소근육운동 등 각 분야별로 세밀하게 해야 한다.

③ 조기발견과 교육

자폐아를 조기발견하는 것은 다른 장애를 가진 유아와 마찬가지로 매우 중요하다. 따라서 부모들이 자폐증을 가진 자녀를 가진 것에 대한 죄책감이나 당황함에서 빨리 벗어나서 정확한 진단과 평가를 할 수 있도록 최대한으로 협조할 수 있도록 촉구한다. 자폐유아에게 있어서 제일 중요한 것은 조기발견, 조기교육임을 주지시킨다.

④ 전문가의 적극적 개입

적극적인 방법으로 도와주어야 한다. 자폐아는 어떤 영역의 능력이 결여된 유아이므로 적극적으로 이 능력을 개발하도록 해야 한다. 적당한 환경을 마련해 주면 그들 스스로 성장·발달할 것이라는 막연한 기대만으로는 충분치 못하다. 따라서 보다 적극적인 방법으로 그들에게 접근하여 가능한 한 많은 자극을 주고 혼자만의 자폐적인 세계에서 이끌어내어 또래나 가족과의 접촉을 갖도록 하고 교육적인 경험을 많이 쌓도록 도와주는 것이 중요하다.

(2) 자폐아의 지도원칙

① 일반유아와의 접촉을 최대화

자폐아가 가능한 한 자폐아만을 수용한 특수교실이 아닌 일반 교실에서 최대한으로 일반유아와의 접촉을 많이 가지도록 하는 것이 중요하다. 일반유아와의 많은 접촉을 통해서 그들의 행동을 모방하고 배울 수 있는 기회가 마련되어야 한다. 궁극적으로 치료와 교육의 목적은 이들이 최대한으로 정상화할 수 있는 즉, 일반유아와 가깝도록 만들어 주는 것이므로 일반유아와 같은 경험을 할 수 있도록 도와주어야 한다.

② 치료 및 교육보조자로서의 부모

부모는 가장 중요한 치료자이며 교육자이다. 따라서 먼저 부모가 자녀의 증상에 대한 이해와 함께 사실을 받아들이고 자녀를 적극적으로 교육하고자하는 의지와 동기화가 중요하다. 특히 학교에서의 교육을 부모가 배우고 조급하지 않으면서 일상생활 속에서 실천해 나가는 등 가정과 학교가 협조하는 방법이 자폐아의 증상을 개선해 나가는 데 크게 도움이 된다.

③ 자폐아의 병발적인 발달장애에 대한 정확한 진단

자폐아는 여러 가지 발달면에서 장애를 가질 수 있다. 특히 지적 기능이 지체되거나, 언어장애를 함께 가지고 있는 경우 등이 많다. 따라서 이들의 세부적인 발달을 평가하고 그 분야별로 다음 단계의 발달이 무엇인가를 생각하여 다음 발달단계로 진전될 수 있도록 적당한 자극을 주고 교육을 해주어야 한다.

④ 환경적 자극과 변화의 제한적 도입

앞에서 살펴 본 바와 같이 자폐증을 가진 유아는 특정한 환경적 자극에 지나치게 민감하거나 또는 반대로 무관심할 수 있다. 따라서 유아에게 동시에 많은 자극을 제공하거나 교육환경의 급격한 변화, 또는 하루 일과의 변화 등은 유아에게 혼란을 주어 적응이 어려울 수 있음을 유념한다. 또한 이러한 부적응적 행동은 과잉운동증후군으로 자칫 오진될 가능성이 있음도 유의한다.

4) 교사의 역할

교사의 역할은 다음과 같다.

첫째, 교사는 자폐증이 있는 유아를 발견할 수 있는 위치에 있다. 특히 유아교육기관에 근무하는 교사의 경우, 자폐증 유아를 조기발견할 수 있는 입장에 있다.

둘째, 교사는 일반아동의 연령 단계에 따른 발달 특징을 잘 알고 있어야 한다. 이러한 지식은 자폐아를 조기 발견하고 이들의 발달영역에 따른 지체의 정도를 인식하여 도움을 줄 수 있도록 하는 데 매우 중요하다.

셋째, 자폐아의 약점인 대인관계 장애를 극복하도록 하는 데 교사의 역할이 중요하다. 특히 1 : 1의 관계에서 교사는 놀이나 신체적 접촉, 눈과 눈의 접촉 등 적극적인 접근을 통해 자폐아의 대인관계 장애의 벽을 깨는 데 도움이 된다.

넷째, 유아교육기관은 자폐증 치료에 있어서 자폐아가 일반유아들과 가까이 접촉할 수 있는 기회를 부단히 제공해 줄 수 있다는 장점이 있다. 교사는 자폐아를 일반아와 똑같이 다루면서 자폐아가 학급내의 다른 유아들과 접촉할 수 있도록 세심한 배려를 해주어야 한다.

다섯째, 잘 정돈된 환경, 잘 구성된 프로그램에 의한 교육을 제공해야 한다. 지나치게 많은 변화를 제공하고 자극이 난무하며, 허용이 많은 교육적 환경보다는 계획이 잘 구성되어 있는 구조화된 프로그램 속에서 자폐아는 더욱 혜택을 받을 수 있다.

여섯째, 항상 부모와의 긴밀한 유대를 갖고 상호교류를 해야 한다. 자폐아의 학교생활에 관해서 부모와 협의하며 가정과 학교에서 가능한 한 일관된 생활지도를 제공해 줄 수 있도록 협조한다.

4 | 언어장애아의 지도

말을 배우고 언어를 통해서 충분히 의사를 소통할 수 있는 나이가 되었는데도 불구하고, 말을 듣고 이해하며 직접 언어를 구사하는 데 문제를 보여주는 유아를 주위에서 가끔 보게 된다. 역사적으로 볼 때, 언어장애아는 대체로 발달지체아와 동일한 지적 수준을 가진 것으로 취급받아 왔다. 그러나 언어장애아 중 어떤 유아들은 그들의 몇 가지 행동 특성들을 관찰해 보았을 때 이들을 발달지체아로 취급하기가 석연치 않은 점이 있음을 알게 되었다. 그런데 별다른 치료 또는 교육방안이 개발되지 못했기 때문에 경도 발달지체 또는 다른 뇌장애가 있다고 생각되어 발달지체아들과 동일한 교육을 받았던 것이 사실이다.

그러나 근래에 이르러서 발달지체아와 언어장애아는 구별하여 교육해야 한다는 학자들의 주장이 높아지면서 조기교육이 이들에게 필수적인 처치방안임이 밝혀짐에 따라 이들을 어떻게 다른 장애아와 구별해 내며 이들의 핵심적인 문제를 어떻게 진단하고 이에 따른 교육방안을 어떻게 제시할 것인가에 관심이 집중되었다.

언어장애아는 특히 유치원에서부터 초등학교 저학년에 이르기까지의 유아에게서 발생률이 높으며, 연령이 높아갈수록 그 비율이 감소한다고 보고되고 있다. 연구자의 연구방법이나 조사대상자의 특성에 따라 숫자상의 차이는 있으나, 보통 유치원에서 초등학교 저학년까지의 언어장애아 발생률은 10% 내외이다가 고학년이 되면서 5% 이내로 감소하며, 청소년 인구를 포함해 보았을 때 약 3% 정도를 언어장애아 집단으로 보고 있다.

언어장애가 무엇인가에 관해서도 학자에 따라 각기 다른 정의를 내리고 있다. 이 정의의 문제는 사실상 언어장애의 원인이 무엇이냐에 따라 달라지기도 한다. 청각장애로 인해서 언어장애가 오는 경우도 있으며, 또는 발달지체나 뇌성마비 등과 같은 다른 장애와 중복이 되어서 발생하는 경우도 빈번하기 때문이다. 언어장애는 결국 언어이해나 언어표현(口語)이 정상에서 이탈된 경우를 말하며, 특히 언어장애의 정도가 자신의 다른 능력(비언어적 능력)에 비해서 2/3에 미치지 못하는 유아를 언어장애아라고 할 수 있다.

1) 언어장애의 종류

언어장애는 크게 구어(口語)장애와 의사소통장애로 나눌 수 있다. 구어장애에는 구음장애·음성장애·말더듬이가 있으며, 의사소통장애에는 언어발달의 지체, 실어증, 특수 언어장애 등이 있다. 다음에서는 특히 유아기와 아동기 초기에 관찰되는 언어장애의 몇 가지 종류를 살펴보기로 하겠다.

(1) 구음장애

구음장애의 문제는 어떤 의미에서는 화자(話者) 쪽에서 느끼는 문제라기보다는 청자(聽子) 쪽에서 지각하는 문제라고 생각될 수 있다. 다시 말하면, 구음장애란 청자가 말을 들으면서 거기에서 어음의 생략이나 대치, 첨가 또는 왜곡을 지각함으로써 생기게 되는 문제라고 볼 수 있는 것이다. 화자가 어떤 방법으로 발성기관을 움직여서 음소를 발음했든지 간에 청자가 그 어음을 틀리게 듣지 않으면 구음에는 문제가 없는 것으로 생각될 수 있다. 즉, 청자가 충분히 알아들을 수 있는 정도의 명확성을 가지고 어음을 발음한다면 되는 것이다. 그러나 구음장애의 문제는 화자의 발음이 정확하지 못함으로써 청자가 발음상의 오류를 알아챌 수 있게 되는 것이 보통이다.

(2) 말더듬이

언어의 유창성(流暢性)에 장애가 있는 것은 대체로 리듬의 장애라고 생각하나, 좀 더 세밀히 관찰해 보면 말의 순서, 지속시간, 속도, 리듬, 유창성의 다섯 가지 측면이 있다.

말의 순서라는 것은 어음이 발성될 때 올바른 음의 순서에 의해서 타이밍(timing)이 맞도록 조음(調音)하는 것을 말한다. 지속시간은 어음의 발성과 쉼 사이의 시간을 적절히 조정함으로써 청자가 구(句)나 절(節)과 같은 언어의 한 단위를 쉽게 알아차리도록 하는 것이다. 언어의 속도는 각 음운이나 단어, 문장을 말하는 속도를 일컬으며, 언어의 리듬은 말의 흐름을 말하는 것으로서 호흡의 조절이 제대로 안 되거나 막힘으로써 언어의 음률적인 부드러운 표현에 장애가 생기는 것이다. 언어의 유창성은 음절이나 단어, 구절, 문장을 매끄럽게 연결시키는 기술과 관계된다.

말을 더듬는 이유는 이 다섯 가지 요인들과 밀접한 연관을 갖는 것이다. 예를 들면, 단어를 발음할 때 바른 순서가 아닌 틀린 순서로 발음한다든지(예 : 청개구리 → 청구개리), 상대방이 이해하기 어려울 정도로 지나치게 빠르게 말함으로써 불완전한 조음을 한다든지, 문장의 엉뚱한 곳에서 휴지(pause)를 한다든지, 말의 흐름이 유창하지 못한 현상(예 : 단어나 음절의 반복 "응-응-" 또는 "어-어-"와 같은 무의미한 음의 삽입, 말의 주저 또는 끊임) 등과 같은 것이다.

말더듬은 보통 2~6세 사이의 유아들에게서 자주 찾아볼 수 있다. 보통 일시적인 현상으로서 별다른 치료가 없이도 정상으로 돌아오는 경우가 대부분이다. 그러나 만일 이러한 현상이 지속적으로 나타날 때에는 특별한 치료가 요구된다.

(3) 언어발달지체

언어의 발달이 유아의 생활 연령에 비하여 지체되어 있는 경우로서 언어의 이해력과 표현력이 연령에 비해 발달되어 있지 않음이 특징이다. 언어발달 지체아의 언어는 대체로 문법이나 구문상의 오류를 범하는 특징을 찾아볼 수 있으며(예 : 이것들은 내 신발이 아니야, 이거 내 거 아냐 신발), 또는 언어발달이 미숙한 유아에게서 볼 수 있는 전보식 언어를 사용하는 것이 관찰된다.

언어발달에 지체가 있는 유아들은 발달지체아, 정서장애아, 자폐아, 뇌손상 유아 등에서 주로 찾아 볼 수 있다. 또 드물기는 하지만 신체적으로나 정신적·정서적으로 정상아에게서도 간혹 언어발달의 지체현상을 찾아볼 수 있다. 정상적인 언어발달에서 몇 년 정도나 지체되었을 때 언어발달 지체아라고 하는 지에 대해서는 정확하게 구별해서 말하기는 어려우나, 일반적으로 볼 때 3세가 되어도 전혀 언어를 사용하지 못하거나 4세가 되어서도 단일 어휘만을 사용하여 의사소통을 하는 유아는 언어발달이 심하게 지체되어 있는 것으로 생각될 수 있다.

(4) 실어증

말을 정상적으로 잘 하던 유아가 후천적으로 뇌손상을 입게 됨으로써 의사소통 능력을 상실하게 되는 경우가 있다. 이러한 증상은 마치 성인들의 경우에서 나타나는 실어증(失語症)과 유사하게 보인다. 실어증의 문제를 가진 유아는 말하기뿐만이 아니라 읽기, 쓰기, 계산하기, 심지어는 제스처를 적절히 사용하기에 이르기까지 모든 종류의 상징을 사용하는 데 결함을 가질 가능성이 있다. 아주 간단한 지시를 제외하고는 지시를 따를 수 없고, 흔히 쓰는 평범한 단어를 기억해 내지 못하며, 정서적으로도 불안한 증상을 보여준다. 따라서 언어 중추와 관련된 부위의 뇌손상을 가진 유아는 언어를 사용하는 데 있어서 전반적인 결함을 보여 준다고 말할 수 있다.

(5) 특수언어장애

명백한 뇌손상의 증거도 없으면서 위에서 말한 실어증과 비슷한 증상을 보여주는 유아들이 있다. 마이클버스트(Myklebust, 1968)는 이러한 유아들을 '유아기 실어증' (childhood aphasia)이라고 이름 붙이고 다음과 같이 정의를 내렸다.

"청각적 지각력, 청각적 기억력, 청각적 정보의 통합능력, 구어의 이해 및 언어적 표현력에 있어서 실제의 성취수준과 잠재적 능력 간의 차이가 있는 증상이 유아기 실어증이다."

즉, 그는 유아기 실어증을 1차적으로 청각적 언어의 결함에 있다고 보면서, 이러한 결함은 감각기관이나 운동장애(예 : 뇌성마비), 발달지체 또는 정서장애 등의 원인에 의해서 온다기보다는 미세한 뇌기능장애 때문에 생긴다고 주장하였다.

이들의 가장 근본적인 문제는 정상적인 정보통합 능력이 결핍되어 있는 것이다. 다시 말해서 이 문제를 가지고 있는 유아는 정상아와 같이 보고 듣고 느낄 수는 있으나 청각, 시각 등의 감각기관을 통해서 들어온 정보를 통합하여 내면화하고 체험화시킴으로써 이 지식을 자기의 것으로 만들기가 어려운 것이다. 따라서 유아가 일상생활에서 여러 가지 경험을 할 때 자기의 환경을 보고 쉽고 논리적으로 이해하려면 이미 배워 축적해 둔 이들 지식들을 정보원으로 활용할 수 있어야 하나, 선천적 실어증이 있는 유아들은 이 축적된 정보를 유효적절하게 활용할 수 있는 능력이 부족하다는 것이다.

이들 장애의 원인은 아직 확실히 밝혀진 바가 없으며, 대체로 국소적인 뇌장애의 문제를 원인이라고 보고 있다. 이들의 장애는 언어에서 뿐 아니라 읽기나 셈하기에 이르기까지 개개 유아에 따라 그 증상과 장애의 정도가 다르다. 그러나 이 문제를 가진 대부분의 유아가 정상적인 지능을 가졌으며, 감각기관의 장애가 없다는 점에서, 오늘날 이들 장애아를 특수언어장애아(specific language disabilities)라고 이름 붙이고 있다.

2) 교사의 역할

언어를 가르치는 데 있어서 교사가 가지는 역할은 첫째, 좋은 언어모델로서의 역할, 둘째, 다양한 언어 경험의 제공자로서의 역할, 셋째, 유아와 경험을 함께 나누는 상호작용자로서의 역할이다. 이러한 세 가지 역할은 각 유아의 언어발달 수준과 개인적 요구에 따라 균형 있게 유지되어야만 한다. 또한 교사는 유아가 스스로 발견해 내도록 하기 위하여 언제 정보를 제공해주며 언제 정보제공을 중지해야 하는가를 알아야 하며, 언제 유아에게 이야기해야 하며, 언제 유아의 얘기를 들어야 하는지도 그때그때 민감하게 판단해서 행동으로 옮겨야 한다. 이러한 순간적인 민감성과 행동은 유아의 언어발달에 커다란 영향을 준다.

(1) 모델로서의 교사

- 교사의 언어 자체뿐만이 아니라 행동이나 태도까지도 유아는 모방하려는 경향이 있다. 교사는 분명하고 명백한 언어를 사용해야 하며, 말의 속도나 억양도 이해하기 쉽도록 해야 한다. 또한 발음은 가능한 한 정확하게 해야 한다.
- 교사는 표준어를 사용해야 한다. 지방의 사투리나 억양을 사용할 수도 있으나, 자신이 사용하고 있는 말이 방언인지 표준어인지는 적어도 알면서 사용하는 것이 중요하다. 알고 있을 때 교사는 자신의 언어를 향상시키기 위한 노력을 하게 될 것이기 때문이다.
- 교사는 가능한 한 완전한 문장을 사용해야 한다. 교사는 자신의 언어가 유아에게 커다란 영향을 준다는 점을 인식하여, 편안하고 자연스러운 방법으로 정확하고 완전한 문장을 사용하도록 노력해야 한다. 또한 "미안합니다.", "죄송합니다.", "고맙습니다."와 같은 공손한 어투도 자연스러운 상황에서 사용하는 것이 유아에게 좋은 모델이 될 것이다.
- 교사는 문법적으로 정확한 언어를 사용해야 한다. 문법적으로 정확한 언어를 사용하는 것은 유아 언어의 문법적 측면을 발달시키는 데 도움이 된다. 그러나 유아가 문법적인 오류를 범하였다고 해서 곧 이를 수정해 주는 방법은 오히려 바람직하지 못하다. 왜냐 하면, 수정의 빈도가 높아질수록 유아는 교사 앞에서 말하기를 두려워할 가능성이 커지기 때문이다. 따라서 즉각적인 문법적 오류의 수정보다는 유아의 언어적 흥미와 상호 의사소통을 확장 내지 촉진시키면서 자연스럽게 정확한 문장을 사용함으로써 교사가 좋은 언어모델을 보여 줄 수 있을 것이다.
- 교사는 말하기뿐만 아니라 경청하기에서도 좋은 모델이 되어야 한다. 활발한 대화가 오간다는 것은 열심히 경청한 결과라고 할 수 있다. 교사가 유아의 이야기에 열심히 경청하는 태도를 보여주는 것은 유아로 하여금 교사의 이야기에, 그리고 유아 상호 간의 이야기에 주의를 집중하는 태도를 기르게 하는 데 도움이 될 것이다.

표 14-2 언어활동에서 교사의 역할

역 할	지도 내용			
모델로서의 역할	• 말하기 • 어 조 • 태 도 • 호기심	• 표준어 • 듣 기 • 열 성	• 억 양 • 조 음 • 행 위	• 존대말 • 발 음 • 관 심
언어자료 제공자로서의 역할	• 다양한 기회 • 교 구 • 신체적 접촉 • 수용적인 교실 분위기	• 말할 필요성 • 경청하기 • 정 보	• 다양한 활동 • 교 재 • 다양성	• 집단상황 • 어휘들
상호작용자로서의 역할	• 주의집중해 주기 • 질문하기 • 동기 유발 • 반복학습의 계획 • 피드백해 주기 • 강화해 주기 • 계획 안 된 상황의 이용 • 경청하기	• 생각하는 것을 크게 말해 보기 • 어린이의 흥미를 알아채기 • 어린이의 말을 확인해 주기 • 새로운 학습과 이전학습을 연결짓기 • 매일 어린이와 개인적 대화 갖기 • 흥미를 확장시키기 • 탐색을 촉진시키기 • 어린이가 생각을 말로 표현해 보도록 돕기		

모델로서의 교사의 역할을 정리하면 표 14-2와 같다.

(2) 언어자료 제공자로서의 교사

- 유아의 흥미를 끌 수 있는 언어활동들은 무한하고 다양하다. 교사는 이미 설정된 언어교육목표에 기초를 두고 언어활동 자료와 언어경험들을 창출하도록 계획해야 한다.
- 여러 가지 활동들을 수록해 놓은 자료집이나, 워크숍, 유아교육교재, 전문잡지 등을 통해서 교사는 스스로 언어활동 자료집을 수집·작성해 본다. 모든 활동들을 유효적절하게 사용하도록 하기 위해서 활동목록집을 카드화하는 것이 바람직하다. 이것을 활동 유목별로 나누어 적절한 제목을 붙이고 (예 : 동요, 동화, 극놀이, 손가락놀이, 듣기 활동, 쓰기, 계절 이야기, 말하기, 인형극 등), 가나다 …… 순으로 정리해 놓으면 필요할 때 쉽게 이용할 수 있다.

- 자료 제공자로서의 교사는 모든 학습활동들이 언어 표현과 이해를 자극시키는 유용한 프로그램 도구로서 이용될 수 있음을 알아야 한다.

항상 새로운 것, 자극적인 것만을 찾을 것이 아니라 일상생활에서 흔히 대하는 사물들, 벽에 걸린 시계에서부터 문 손잡이에 이르기까지 모든 항목들이 유용한 언어교육의 자료로서 이용될 수 있음을 알아야 한다.

(3) 상호작용자로서의 교사

- 상호작용자로서의 교사는 항상 유아가 말하는 것과 행동하는 것에 관심을 가진다.
- 교사는 유아가 선택한 어떤 주제에 대해서도 관심을 보이며 대화를 나누고 대화를 격려한다.
- 상호작용자로서의 교사는 항상 각 유아와 대화를 가질 마음의 준비를 갖추고 있으며, 항상 관심과 흥미를 유아와 함께 나눌 시간을 마련해 둔다.
- 교사는 각각의 유아와 1 : 1의 관계를 가지기도 하며, 각 유아의 개인적인 감정을 존중해 주고 관심을 보여줌으로써 유아가 교사와 대화를 나누고 싶어하는 동기를 유발시키고 마음의 문을 열어 줄 수 있다. 또한 교사는 유아의 질문에 대하여 관심을 보여줌으로써 유아의 말하기 행동을 강화시킬 수 있다.
- 교사는 일상적인 경험을 유아와 나눔으로써 유아의 인지적 능력의 발달을 촉진시키게 된다. 특히 유아가 이미 학습한 개념과 새로운 개념과의 관계를 명백히 볼 수 있도록 교사는 유아와의 질의응답이나 탐색활동을 통하여 도와줄 수 있다. 더욱이 언어학습은 유아의 개념학습의 촉진제 역할을 하며, 기억을 돕고, 저장된 정보를 재생시키는 데 중요한 역할을 한다.
- 교사는 상황에 맞는 어휘들을 유아에게 제시함으로써 유아가 새로운 어휘를 학습하도록 하는 데 도움을 준다. 일반적으로 볼 때, 성인이 새로운 단어를 학습하려면 적어도 세 번 정도 반복 사용할 기회가 있어야 한다고 한다. 유아의 경우에는 아마도 세 번 이상의 기회를 주어야 할 것이다.

- 유아와의 상호작용 속에서 교사는 유아의 행동에 대한 피드백(feed-back)을 해주어야 한다. 교사는 유아가 새로운 단어나 언어 개념을 사용하는 것을 강화해 주어야 하며 그렇게 함으로써 유아로 하여금 자신의 언어활동에 대한 긍정적인 태도를 갖게 하도록 도와주어야 한다.

15 Chapter

신체 및 감각발달상의 문제와 지도

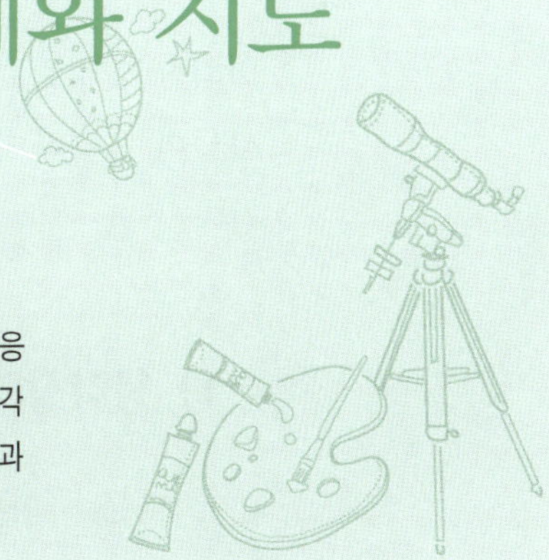

신체발달에 이상이 있거나 감각기관의 기능이 정상이 아닐 때, 유아들은 학습하고 적응하는 데 어려움을 겪게 된다. 이 장에서는 감각기관에 이상이 있는 아동 중 시각과 청각 장애아의 특징과 지도방법을 살펴보고, 신체발달 장애아로서는 뇌성마비 아동의 특징과 지도방법을 알아보기로 한다.

대부분의 영아와 유아는 정상적으로 신체를 발달시키며 시각, 청각 등의 감각 기능도 정상적이다. 그러나 소수이기는 하나 영유아들 중에는 선천 또는 후천적으로 신체와 감각기관의 구조나 기능에 장애가 있어서 일상생활을 해 나가는 데 필요한 기능을 발휘하지 못하는 경우를 보게 된다. 이 장에서는 신체장애 중 지체부자유와 청각장애, 시각장애에 대해서 그 특징과 지도방법을 간단히 살펴보기로 하겠다.

1 | 청각장애아

청각장애아는 그 장애의 정도에 따라 특별한 구분되는 도움을 필요로 한다. 예를 들면, 출생 시부터 농아인 유아는 말을 배운 후에 청각을 상실하게 된 유아보다 더 큰 문제점을 갖게 되며, 난청인 유아보다 더 전문적인 도움을 필요로 할 것이다.

청각장애아가 가지고 있는 언어장애는 보다 쉽게 교사의 관심을 끌게 되지만 가벼운 난청의 경우에는 유아의 청력을 의심하기 전에 유아의 행동 문제나 주의 산만, 반응능력 결핍 등으로 간과해 버리기 쉽다.

교사가 일단 유아의 청력을 의심하게 되면 지체없이 전문의(이비인후과)에게 의뢰하여 정밀검사를 받고 필요한 조처를 받도록 해야 한다. 유아교육기관의 교사들이 유념하여야 할 청각장애아들의 행동특징과 이에 따른 지도방법은 다음과 같다.

1) 청각장애아의 행동 특징

- 다른 유아와 이야기를 나누는 경우가 거의 없거나 매우 드물다.
- 정상적인 음성으로 교사가 유아에게 이야기하고 있는데 반응을 보이지 않거나, 돌아서서 다른 곳으로 가 버린다.
- 이야기 듣기 시간에 언제나 주의를 기울여 듣지 않거나 항상 교사 앞에 앉으려고 고집하는 경향이 있다.
- 발음이 분명치 않아서 말을 이해하기 어려운 경우가 자주 있다.
- 다른 아이들보다 유난히 크거나 작은 목소리로 이야기한다.
- 교사가 언어지시를 반복해 주기를 항상 원한다.
- 만성감기에 걸려 있거나 코를 흘리고 귀가 자주 아프거나 입으로 호흡하는 특징을 보여 준다.
- 교사가 바로 눈 앞에서 이야기하지 않는 한 교사의 지시를 무시하는 행동을 자주 보여준다.
- 홍역, 뇌막염, 성홍열, 심한 뇌손상 등을 앓고 난 지 얼마 안 되거나 병력이 있다.

이상의 특징을 보이는 유아가 학급에 있으면 우선적으로 정밀한 청력검사를 받도록 보호자에게 권유해야 한다. 유아 중에는 청각이 손상되지 않았어도 교사의 옆에 늘 앉고 싶어하거나 교사의 지시에 주의를 기울이지 않는 등의 행동문제를 나타낼 수도 있다. 그러나 증상들이 정서적 이유이거나 행동적인 이유 이외의 것이라면 청력검사를 받아 보는 것이 바람직하다.

2) 청각장애아의 지도방법

- 교사는 항상 유아를 마주보면서 이야기한다. 자연스럽고 일상적인 방법으로 유아와 이야기할 기회를 자주 갖도록 노력한다. 유아는 비록 완전히 들리지 않는다 해도 말하는 사람의 입술의 움직임과 얼굴표정, 머리의 움직임, 소리의 진동 등을 통하여 언어를 서서히 발달시켜 나갈 것이다.
- 지나친 제스처나 사인을 사용하지 않는다.
- 피아노, 북, 탬버린 등의 악기를 사용하는 리듬활동을 갖는다. 이러한 리듬활동을 통하여 유아는 소리의 진동을 느끼게 되며, 이는 이후의 언어발달에 중요한 공헌을 한다.
- 학급의 일반 유아들과 자주 어울려 놀이를 즐길 기회를 제공한다. 이는 집단에서의 사회화를 도우며, 또한 의사소통 기술도 습득하는 데 도움이 될 것이다.
- 일반유아보다 먼저 글자 읽기를 가르친다. 만 5세 정도가 되면 카드나 칠판에 단어와 간단한 문장을 적어 넣고 읽기를 공부하게 한다. 만 5세의 유아는 청각과 말하기를 통해서 주로 의사소통을 하나 청력장애를 가진 유아는 시각을 주로 사용하여 의사소통을 한다는 점을 고려할 때, 읽기를 보다 일찍 시작하는 것이 바람직하다.
- 유아가 보청기를 착용할 경우에 이의 바른 사용법을 익히도록 도와준다.
- 기본적인 수 개념을 발달시키도록 도와준다.
- 청각 이외의 다른 감각들, 즉 시각·촉각·운동감각 등의 감각기관을 활용하여 학습을 돕는다.
- 다른 교과과정은 정상적인 청력을 가진 일반 유아들과 크게 다름이 없이 유아의 발달과 학습 속도에 따라 진행시킨다.

2 | 시각장애아

1) 시각장애아의 특징

유치원에서 약시 등의 시각장애를 가진 유아를 보게 되는 경우가 적지 않다. 다음의 증상을 보일 때, 교사는 유아가 안과 진단을 받을 필요가 있다는 점에 유의해야 한다.

- 사시(사팔눈), 면진증(눈동자가 불수의적으로 움직이는 것)을 보이는 경우가 있다.
- 유아가 사물을 볼 때 머리를 한쪽으로 기울이거나 또는 물건을 보려고 눈 가까이에 가져가거나 눈을 자주 비비거나 가늘게 뜨고 보거나 밝은 빛에 민감하게 반응한다.
- 그림책을 보는 일 같은 시각적 과제에 주의를 기울이지 않으며 흥미를 보이지 않는다.
- 눈과 손의 협응을 요구하는 게임을 할 때 어색하다.
- 세밀한 시력을 요하는 작업을 피하려고 한다.
- 잘 보이지 않는다고 자주 불평한다.
- 근육의 불균형 때문에 한쪽 눈의 시력이 다른 쪽 눈보다 약하여 시력이 좋은 쪽 눈만 사용하는 습관을 보여 준다.

시각장애의 경우도 다른 장애를 가진 유아와 마찬가지로 조기발견과 처치가 무엇보다도 중요하다. 시력검사에 의해서 유아의 시력상의 이상이 발견되었을 때는 그에 알맞는 처치를 받도록 전문의와 상의해야 할 것이다.

2) 시각장애아의 지도방법

- 유아의 시력상실의 정도에 따라서 각 유아의 수준에 알맞는 개별화된 지도가 필요하다.

- 시각장애아는 청각과 촉각을 주로 이용하여 환경에 관련된 지식을 습득하게 된다. 따라서 유아에게 어떤 개념을 학습시킬 때 교사는 유아가 구체적으로 물체를 만져보면서 교사의 설명을 듣고 또한 그의 한정된 시력도 최대한 이용할 수 있도록 프로그램을 구성해야 한다. 예를 들면, 집과 관련된 어휘를 습득할 때 구체적으로 인형집이나 모델하우스 등을 사용하여 문, 창문, 지붕, 계단, 부엌 등의 부분들을 유아가 실제로 만져보고 또한 동시에 교사의 설명을 듣는 방법을 택하는 것이 바람직하다. 도형, 크기, 무게 등 질량에 관련된 학습도 마찬가지 방법으로 모델을 이용한다.
- 유아 스스로 독립적으로 활동할 수 있는 기회를 주도록 하며, 지나친 보호를 삼가한다. 이때 유아가 안전에 대한 개념을 습득하도록 도와준다.
- 학급의 일반유아들과 함께 놀이에 참여하여 소속감과 사회성을 발달시키도록 격려한다.
- 자주 눈의 피로를 푸는 시간을 갖도록 배려한다.
- 눈의 피로를 경감시키기 위하여 물체와 눈 사이에 적절한 간격을 유지하게 하며 빛이나 반짝거리는 것을 직접 보고 있지 않게 유념한다.
- 가능한 한 큰 글씨로 인쇄된 그림책을 보게 한다.
- 방향감각을 학습시키기 위하여 별도 지도를 한다(예 : 화장실 찾아내기, 교실 찾아가기).
- 유치원 수준에서는 시각장애아가 별로 큰 어려움이 없이 일반유아들과 함께 공부할 수 있다. 그러나 그림 그리기, 정교한 공예, 공작 및 바깥놀이 활동을 할 때는 약간의 어려움이 있으므로 교사가 그때그때 활동을 수정 또는 변경할 필요가 있을 수 있다. 그러나 가능한 한 많은 활동에 유아가 참여하도록 배려한다.

3 지체부자유아

지체부자유는 뇌성마비, 소아마비, 척수장애, 관절염 등과 같은 신경성 또는 운동기질환에 의해서 야기된 것과 사고, 절단 등과 같은 외상성 원인에 의한 것, 그리고 선천성 내반족이나 X각, O각과 같은 형태 이상에서 생긴것 등이 있다.

과거에 지체부자유의 대부분을 차지해 왔던 소아마비는 예방주사(salk vaccin)의 개발로 발생률이 급격히 저하되었으나, 뇌성마비 유아는 유아교육기관이나 초등학교 등 각급 학교에서 다른 지체장애에 비하여 가장 자주 만날 수 있는 사례이므로 여기에서는 뇌성마비에 관하여 그 특징과 지도방법을 살펴보려고 한다.

1) 뇌성마비의 원인

임상적으로 분류해 보면, 뇌성마비의 원인은 출산을 전후해서 구분해 볼 수 있다.

출산 전의 원인으로는 산모의 영양실조, 임신 중에 고열을 수반하는 질병을 앓은 것(예: 풍진), 약(항생제·피임약·습관성 안정제 등)을 너무 많이 복용한 것에 의한 약물중독, 연탄가스 중독, 복부에 심한 충격, 성병, 방사능오염 등의 경우를 들 수 있으며, 이는 발생 원인의 60% 정도를 차지한다고 한다.

출산 중 원인으로는 출생 시 외상으로 인한 뇌의 출혈과 산소결핍이 원인이 되는 수가 있으며, 조산·난산의 경우도 이에 속하는데 뇌성마비 사례의 약 30% 정도가 된다. 출산 후 원인으로는 출산 후 6개월 이내에 발생한 산소결핍(황달), 사고에 의한 뇌의 외상, 뇌막염 후유증, 뇌종양, 고열 등을 들 수 있으며, 뇌성마비 사례의 약 10% 정도가 이에 속한다.

뇌성마비아의 출현율을 보면 신생아 1,000명 중에 2~6명 정도 발생한다는 보고가 있다. 한국에는 뇌성마비 인구를 정확하게 알기는 어려우나 최저 출현율 0.1~0.2%만 적용한다고 하여도 4~8만 명의 뇌성마비아가 있을 것으로 추정된다. 뇌성마비아는 일반적으로 여자보다 남자에게 더 많은 것으로 보고되고 있다.

2) 뇌성마비의 증상 및 특징

일반적으로 뇌성마비아의 특징적 증상은 사지가 빳빳하고 유연하지 않으며, 머리를 늦게까지 가누지 못하고 이상한 자세를 고집하며 작은 자극에도 잘 놀란다. 운동발달이 매우 지연되어 있으며, 심한 증상을 보이는 유아는 출생 후 곧 뇌성마비임을 진단해 낼 수 있다.

뇌성마비는 일반적으로 뇌신경에 손상이 있기 때문에 나타나는 운동기능의 장애이다. 따라서 대뇌손상 때문에 신생아기와 유아기에 정상아들이 보여주는 기어다니기, 서기, 걷기, 잡기, 쥐기, 몸 균형을 유지하기 등에 결함을 나타낸다. 물론 뇌손상의 정도에 따라 일반 유아와 구분이 거의 어려울만큼 정상활동을 할 수 있는 경미한 경우에서부터 남의 도움을 받지 않으면 어떤 행동도 하기 어렵거나 불가능한 정도에 이르기까지 다양하다.

또한 뇌성마비아는 여러 가지 복합적인 장애를 가지고 있는 경우가 많은데, 특히 뇌성마비아의 70% 이상이 언어장애를 가지고 있다. 언어는 턱, 혀, 잇몸, 입술, 목젖 등 발음과 관련된 부위를 움직여야만 발성이 나오게 되어 있으므로 뇌의 운동중추에 손상을 입은 뇌성마비아들은 혀의 움직임이나 호흡이 잘 조화를 이루기 어려워서 정확한 발음을 하는 데 장애를 받게 된다. 따라서 언어의 발달이 지체되고 어휘력의 획득이 뒤떨어지게 됨으로써 개념 형성과 사고력발달에 지장을 받게 된다.

뇌성마비아의 60~70% 정도는 지적 발달 지체를 나타낸다고 보고되어 있다. 특히 지각, 기억, 추리 기능의 손상으로 정보처리과정에서 일반유아에게 뒤떨어지는 것을 볼 수 있다. 그러나 20~30%의 뇌성마비아는 정상 이상의 지적 능력을 보여주고 있다.

뇌성마비아는 운동기능이 뒤떨어지기 때문에 육체적으로나 심리적으로 부모에게 의존적이 되기 쉽다. 또한 또래들과 어울릴 기회가 극히 제한되어 있어서 사회성 발달이 잘 안 되며 자기중심적이고, 의존적이며, 사회적으로 미숙한 특징이 있다. 자신감이 없고, 지구력이 약하며, 좌절감, 자신비애감, 고독감에 젖는 정서적 특징을 보여주기 쉽다.

영유아기에 뇌성마비아를 조기 진단하려면 다음의 사항을 유의해야 한다.

- 팔다리가 빳빳해지고 머리와 목을 가누지 못하며 앉거나 기어다니지 못한다.
- 젖을 잘 빨지 않으며 기저귀를 채울 때 다리를 벌리지 않고 잘 보챈다.
- 이상한 자세를 고집하며 눈동자의 움직임이 별로 없다.
- 작은 충격에도 잘 놀라며 주위에 관심이 없다.
- 생후 1년 6개월이 되기 전에 오른손이나 왼손만 쓴다든지, 주먹을 꼭 쥐고 있을 때 엄지가 손안으로 들어간다.
- 나이가 조금 더 든 다음에도 침을 흘리며 말을 하기 힘들어 하고 발음이 매우 부정확한 증상을 보여준다.

3) 뇌성마비아의 지도방법

앞에서도 밝힌 바와 같이 뇌성마비의 완전한 치료는 거의 불가능하다. 그러나 다른 장애아와 마찬가지로 뇌성마비도 조기 발견, 조기치료 및 교육이 가장 바람직하다고 하겠다. 다음에서는 교사가 유의하여야 할 몇 가지 지도방법을 살펴보기로 하겠다.

- 정확한 진단이 필요하다. 평가나 진단은 재활의학, 언어치료, 특수교육학, 심리학 등 제반 전문분야에서 종합적으로 받도록 한다.
- 각 발달영역에서 유아의 발달수준이 어느 정도인가를 파악해야 한다. 즉, 정신연령은 어느 정도이며, 언어능력은 어느 수준에 있는가를 이해하는 것이 중요하다.
- 뇌성마비아의 잠재능력이 어느 정도인가를 파악하여 이를 최대한으로 발전시킬 수 있는 교육환경을 제공해 주어야 한다. 그러나 무엇보다 중요한 것은 장애아의 학습동기와 의욕을 북돋우는 일일 것이다.
- 장애의 정도가 심할 경우에는 지체장애아를 위한 치료 및 교육기관에 의뢰하여 이들에게 필수적인 물리치료, 작업치료, 언어치료, 기타 재활치료 등을 받도록 하는 것이 바람직하다.

참고문헌

• 국내문헌

가족치료연구모임 편(1993). **해결 중심적 단기 가족치료**. 서울: 하나 의학사.

강문희 · 박경 · 정옥환(2011). **아동심리검사**. 서울: 교문사.

강문희 · 신현옥 · 정옥환 · 정정옥(2004). **아동발달**. 서울: 교문사.

강문희 · 이혜상(1996). **아동 문학 교육**. 서울: 학지사.

강문희 · 장연집 · 정정옥(1998). **아동정신건강**. 서울: 정민사.

강문희 · 장연집 · 박혜원(1997). **아동문제 및 행동 수정**. 서울: 양서원.

강문희 · 손승아 · 안경숙 김승경(2008). **아동상담**. 서울: 교문사.

곽금주(2002). **아동심리평가와 검사**. 서울: 학지사.

교육부(1998). **제6차 유치원교육과정**.

교육부(1998). **제6차 유치원교육과정 해설**.

김광웅(1993). **유아생활지도**. 서울: 학문사.

김군자(1984). 자폐아의 음악요법. **서울의대 정신의학보,** 8(5); 138-149.

김군자(1998). **음악치료의 이론과 실제**. 서울: 양서원.

김순혜(2004). **현대아동상담**. 서울: 학지사.

김영숙 · 이재연 편(1993). **아동을 위한 상담이론과 방법**. 서울: 교육과학사.

김유숙(1998). **가족치료**. 서울: 학지사.

김재은(1980). **아동의 심리요법**. 서울: 배영사.

김재은(1984). **유아의 발달심리**. 서울: 창지사.

김재정(1986). **미술교육총론**. 서울: 학연사.

김충기(1983). **생활지도교육**. 서울: 학문사.

김충기(1992). **생활지도와 상담**. 서울: 교육과학사.

김충기, 장선철(2000) **유아생활지도**. 서울: 동문사.

계정희 외(1985). **생활지도**. 한국행동과학연구소 편.

동아일보 2006년 4월 10일자.

박성수(1986). **아동생활지도**. 한국방송통신대학.

염현경(1993). 배경음악이 과제수행에 미치는 영향. 이화여대대학원 석사학위 논문.

액슬린 저 · 서영숙 역(1986). **놀이를 통한 아동 심리치료**. 서울: 학문사.

양옥승(1997). **유아교육연구방법**. 서울: 양서원.

여성가족부(2005). **표준 보육과정**.

오님 외(Ornum,n W. V. & Mordock, J.B.) 저, 강문희 역(1991). **아동과 청소년을 위한 위기상담.** 서울 : 교문사.

유기섭 · 김재은(1978). **심리검사**. 서울 : 중앙적성출판사.

이연섭 · 강문희(1997). **유아의 언어교육**. 서울 : 창지사.

이소현 · 박은혜(1998). **특수아동교육**. 서울 : 학지사.

이소현(1995). **유아교육과정**. 서울 : 정민사.

이영덕 · 정원식(1973). **생활지도의 원리와 실제**. 교육과학사.

이장호(1983). **상담심리학 입문**. 서울 : 문성출판사.

이재연 · 서영숙 · 이명조 역(1990). **아동상담과 치료**. 서울 : 양서원.

이재창(2005) **생활지도와 상담**. 서울 : 문음사.

장선철(1984). **어린이 생활지도론**. 문성출판사.

정미라 · 배소연 · 이영미(1999). **유아건강교육**. 서울 : 양서원.

정영조(2002). **음악치료**. 서울 : 하나의학사.

정옥분(2002). **아동발달의 이해**. 서울 : 학지사

카플란 외(Caplan, F. & Caplan, T.)저 · 강문희 역(1989). **놀이와 아동**. 서울 : 교육과학사.

황응연 · 윤희준(1983). **현대 생활지도**. 교육출판사.

• 국외문헌

Allport. G. W.(1961). *Pattern and Growth in Personality*. N. Y. : Holt, Reinehart & Winston.

American Psychiatric Association(1994). *Diagnostic and Statistical Manual of Mental Disorder*(4th ed.). Washington, D.C.

Axline, V.M.(1969). *Play Therapy*. Boston : Houghton Mifflin Co.

Azrin, N.H., Sneed, T.J. & Fox, R.M.(1974). "Dry-Bed Training : Rapid Elimination of Childhood Enuresis". *Behavior Research and Therapy, 12*; 147-156.

Baldwin, A. L.(1948). "Socialization and the Parent-Chlid Relationship". *Child Development, 19*; 127-136.

Bandura, A.(1976). *Social Learning Theory*. Englewood Cliffs, N.J. : Prentice Hall.

Baumrind, D.(1972). "Socialization and Instrumentel Competence in Young Children", In W. W. Hartup(Ed.). *The Young Child : Reviews of Restearch, 2*. Washington D.C. : National Association for the Education of Young Children.

Bee, H.L.(1978). *The Deveoping Child*. N.Y : Harper & Row.

Bee, H.L. & Milchell, S.K.(1980). *The Developing Person.* San Francisco : Harper & Row.

Berk, L. A.(2006). *Child Development*(6th ed.). MA. : Allyn & Bacon.

Bettelheim, B.(1967). *The Home for the Heart.* N.Y : Knoff.

Bexton, W.A.(1954). Heron, W. & Scott, T.H., "Effects of decreased variation in the sensory environment". *Canadian J. of Psychology, 8*; 70-76.

Brammer, L.M., & Shostrom, E.L.(1977). *Therapeutic Psychology-Fundamentals of Counseling & Psychotherapy.* New Jersey : Prentice Hall.

Brems, C.(2002). *A Comprehensive Guide to Child Psychotherapy.* Long Grove, IL. : Waveland Press, Inc.

Brown, D.T. & H. Thomson(Eds).(1991). *Counseling & Psychotherapy with children and Adolescents* Brandon : cppc.

Carmichael, K. D.(2006). *Play Therapy : An Introduction.* Jew Jersey : Person Education, Inc.

Chess, S. et. al.(1965). *Your Child is a Person.* New York : Viking

Cook, R.E., A. Tessier & D. Klein(1992). *Adapting Early Childhood Curricula for children with special needs.* N. Y. : Mcmillan Co.

Coombs. A. & Snvgg. D.(1959). *Individual Behavior.* N. Y. : Harper & Row.

Coopersmith, S.(1967). *The Antecedents of Self-Esteem.* San Francisco : W.H. Freeman.

Coopersmith, S.(1968). "Studies in self-esteem". *Sci. Amer., 218;* 96-107.

Davies, W. B., Gfeller, K. B., & Thaut, M. H.(1999). *An Introduction to Music Theraqpy : Theory and Practice.* N.Y. : McGraw-Hill Co.

Devoe, M. W.(1997). "cooperation as a Function of Self-Concept, Sex and Race". *Educational Research Quarterly, 2;* 3-8.

Di Leo, J.(1973). *Children's Drawings and Diagnostic Aids.* N.Y. : Brunner/Mazel.

Dinkmeyer, D.C.(1968). *Guidance and Counseling in the Elementary School : Readings in Theory and Practice.* N.Y. : Holt, Rinehart & Winstorn.

Erikson, E.H.(1936). *Childhood and Society.* N.Y. : Norton.

Fowler, W.(1980). *Infant and Child Care : A Cuide to Education in Group Settings.* Boston : Allyn and Bacon.

Freud, S.(1922). *Beyond thc Pleasure Principle.* London and vienna International Psychoanalytic Press.

Freud, S.(1960). "Jokes and Their Relation to the Unconscious". *Complete Works, 8.* London : Hogarth.

Fröel F.(1912). *Chief Writings on Education.* London : Arnold.

Gaston, E.(1968). *Music in Therapy.* N.Y. : MacMillan.

Gibson, R.L. & Mitchell, M. H.(1999). Introduction to Counseling and Guidance. New Jersey : Prentice- Hall.

Glanz, E. C. & Hays, R. W.(1968). *Groups in Guidance*(2nd ed.). Boston : Allyn and Bacon.

Gumaer, J.(1984). *Counseling and Therapy for Children.* N.Y. : Free Press.

Hall, C.S. & Lindzey, G.(1957). *Theories of Personality.* N.Y. : John Wiley & Sons, Inc.

Harter, S.(1982). The perceived competence scale for children. *Child Development,* 53, 87-97.

Hartup, W.W.(1989). Peer Relations. In P.H. Mussen(ed.) *Handbook of Child Psychology.*(Vol. 4) Socialization, Personality and social development(pp.103-196). New York : Wiley.

Hebb, D.O.(1960). "The American Revolution". *American Psychologist, 15*; 73-75.

Kokenes, B.(1974)., "Grade level differences in factors of self-esteem". *Developmental Psychology, 10*; 954-958.

Kramer, E.(1958). *Art Therapy in a Children's Community.* Springfield. IL : Thomas, 1958.

Kramer, E.(1998). *Childhood and Art Therapy*(2nd ed.). Chicago : International University Press.

Kris, E.(1940). "Laughter as an Expressive Process". *International Journal of Psychoanalysis, 21;* 314-341. 19

Landreth, G. L.(1991). *Play Therapy : The Art of Relationship.* Muncie, In. : Accelerated Development Inc.

Landreth, G. L.(1999). 유미숙·이영미·장미경 역. 놀이치료-아동중심적 접근, 서울 : 상조사.

Levine, J., & Redlich, F. C.(1960). "Intellectual and Emotional Factors in the Appreciation of Humor". *Journal of General Psychology, 62*; 25-35.

Levine, J.(1980). "The Clinical Use of Humor in Work with Children". In P. McGhee & A. Chapman(Eds.). *Children's Humor.* Chichester : John Wiley & Sons, Ltd.

Lowenfeld, V.(1957). *Creative and Mental Grouth, 3.* N.Y. : MacMillan.

Machover, K.(1949). *Personality Projection in the Drawing of the Human Figure.* Springfield. IL : Thomas.

Marion, M.(1999). *Guidance of Young Children, 5.* N.J. : Prentice Hall.

McGhee, P.E.(1971). "Cognitive Development and Children's Comprehension of Humor". *Child Development, 42 ;* 123-138.

McGhee, P.E.(1974). "Cognitive Mastery and Childeren's Humor". *Psychological Bulletin, 10 ;* 514-525.

McGhee, P.E.(1976). "Children's Appreciation of Humor : a Test of the Cognitive Congruency Principle". *Child Development, 47 ;* 420-426.

Minuchin, S.(1974). *Families and Family Therapy.* Massachusetts : Harvard University Press.

Montemayor, R. & Eisen, M.(1977). "The development of self-conceptions from childhood to adolescence". *Developmental Psychology, 13*; 314-319.

Myklebust. H.(1968). Learning Disabilities : Definitions and Overview in H.

Myklebust(ed.). Progress in Learning Disabilities(vol. 1). New York : Grune & Stratton.

Nash, J.(1978). *Developmental Psychology.* New Jersey : Prentice-Hall.

Omwake, L.(1939). "Factors influencing the sence of humor". *Journal of Social Psychology,* 10 ; 94-104.

Ornum, W.V., & Mordock, J. B.(1983). *Crsis Conuseling with Children and Adolescents.* N. Y. : Continuum.

Patterson, C. H.(1977). *Foundations for a Theory of Instruction and Educational Psychology*(5th ed.). New York : Harper and Raw.

Piaget, J.(1962). *Play, Dreams, and Imitation in Childhood.* N.Y. : Norton.

Piaget, J.(1970). *Judgment and Reasoning in the Child.* N.Y. : Peter Wydn.

Rogers, C.(1980). *A Way of Being.* Boston : Houghton Mifflin.

Rothbart, M. K.(1976). "Incongruity, Problem Solving and Laughter, In A.J. Chapman & H.C. Foot(Eds.)". *Humor and Laughter : Theory, Resarch and Applications.* Chichester : Wiley.

Rutter, M.(1980). *Helping Troubled Children,* 5th de., N.Y. : Penguin Books.

Schafer, C.E., Millan, H.L.(1978). *Therapies for Children,* San Francisco : Jossey-Bass.

Sear, R., Maccoby, M. and Levin, H.(1957). *Patterns of Child Rearing, Evanston,* Ⅲ : Row, Peterson.

Shaefer, E.S.(1959). "A Circemplex Model for Maternal Behavior". *J. of abnor. & Soc. Psychol., 59*; 226-235.

Shertzer, B., & Stone, S. C.(1980). *Fundamentals of Counseling.* Boston : Houghton Mifflin.

Shultz, T.R.(1976). "A Cognitive-Developmental Analysis of Humor". In A.J. Chapman and H. C. Foot(Eds.), *Humor and Laughter : Theory, Research and Applications.* Chichester : Wiley.

Traxler, A. B.(1966). *Techniques of Guidance.* New York : Harper and Brothers.

Vasta, R., Haith, M. M., & Miller, S. A.(1999). *Child Psychology(3rd ed.),* N.Y. : Wiley & sons.

Wattenberg, W.W. & Clifford, C.(1964). "Relation of self-concepts to beginning achievement" in *Reading Child Development, 35 ;* 461-467.

Wolpe, J.(1973).*The Practice of Behavior Therapy*(2nd ed.). Oxford : Pergamon.

Yamamoto, K.(Ed.).(1972). *The Child and His Image : Self Concept in the Early Years.* Boston : Houghton Mifflin Co.

ㄹ

ㅁ

ㅂ

ㅅ

저자소개

• **강문희**

고려대학교 문과대(문학사)

이화여자대학교 교육심리학과(문학석사, 문학박사)

캐나다 마니토바대학교 교육심리학과(교육심리학석사)

현재 서울여자대학교 아동학과 명예교수

청아심리상담센터 대표

영유아생활지도

2012년 1월 12일 초판 인쇄
2012년 1월 19일 초판 발행

지은이 강문희
펴낸이 류제동
펴낸곳 (주)교문사

책임편집 성혜진
본문디자인 에바다에딧
표지디자인 신나리
제작 김선형
영업 정용섭·이진석·송기윤

출력 현대미디어
인쇄 동화인쇄
제본 과성제책

우편번호 413-756
주소 경기도 파주시 교하읍 문발리 출판문화정보산업단지 536-2
전화 031-955-6111(代)
팩스 031-955-0955
등록 1960. 10. 28. 제406-2006-000035호

홈페이지 www.kyomunsa.co.kr
E-mail webmaster@kyomunsa.co.kr
ISBN 978-89-363-1214-5 (93370)

값 18,000원
* 저자와의 협의하에 인지를 생략합니다.
* 잘못된 책은 바꿔 드립니다.